U0941104

湖南社會科學院
年鉴

HUNAN ACADEMY OF SOCIAL SCIENCES YEARBOOK

2010

《湖南社会科学院年鉴》编辑部 编

CNS 湖南人民出版社

图书在版编目（CIP）数据

湖南社会科学院年鉴2010 /《湖南社会科学院年鉴》编辑部编. --长沙：湖南人民出版社，2011.11

ISBN 978-7-5438-7993-5

I. ①湖… II.①湖… III.①社会科学院－湖南省－2010－年鉴 IV. ①G322.236.4

中国版本图书馆CIP数据核字（2011）第241027号

湖南社会科学院年鉴2010

编 著 者 《湖南社会科学院年鉴》编辑部

责任编辑 莫艳 胡萍 吴优优

装帧设计 古元文化传媒（0731-28680424）

设计总监 周文杰

设　　计 于海同

出版发行 湖南人民出版社 [http://www.hnppp.com]

地　　址 长沙市营盘东路3号

邮　　编 410005

经　　销 湖南省新华书店

印　　刷 湖南天闻新华印务有限公司

版　　次 2011年11月第1版

2011年11月第1次印刷

开　　本 889×1194 1/16

印　　张 15.5

字　　数 530千字

书　　号 ISBN 978-7-5438-7993-5

定　　价 88.00元

营销电话：0731-82226732 （如发现印装质量问题请与承印厂调换）

《湖南社会科学院年鉴2010》

编 辑 说 明

《湖南社会科学院年鉴》是比较全面、翔实地记录和反映湖南省社会科学院以及正在发展中的市属社会科学院工作全貌的综合性工具书、资料书，是全省社科研究机构之间加强沟通的桥梁，也是展示社科湘军风采的平台。

《湖南社会科学院年鉴》2010卷考虑到首次编辑以及长沙市、株洲市社科院与社科联一体的特殊情况，省社科院和两市社科院三大部分的体例结构不拘全同。湖南省社科院部分共设“全院概况”、“特载”、“机构设置”、“党群工作”、“专项工作”、“科研机构”、“学术人物”、“学术成果”、“重要活动”、“获奖情况”、“大事记”十一编，收录了2010年度湖南省社科院的机构设置以及党务、科研、行政后勤、报刊出版等工作和活动情况，重点介绍了湖南省社科院的学科建设、学术人物、重要学术成果；长沙市社科院（社科联）部分共设“全院概况”、“特载”、“社科人物”、“重要成果”、“专项工作”五编，介绍了长沙市社科院（社科联）的总体概况，专题收录了长沙市社科联第五次代表大会等文献；株洲市社科院部分共设“全院概况”、“特载”、“专项工作”、“重要活动”、“社科人物”五编，全面介绍了30年来株洲市社科院（社科联）的总体概况以及重要活动、社科普及、评奖等专项工作。同时，还适当收录了一些非2010年度的重要图片，以留存资料。

《湖南社会科学院年鉴》2010卷的编辑工作是在湖南省社会科学院、长沙市社科院、株洲市社科院各级领导的关心下，在《湖南社会科学院年鉴》编委会的指导下，在省社科院各部门、长沙市社科院和株洲市社科院的帮助下，在湖南省社会科学院网和《湖南社会科学报》的大力协助下完成的，我们对各方面的大力支持和密切合作表示衷心的感谢！

编辑《湖南社会科学院年鉴》尚属首次，由于时间和水平所限编排不当之处，敬请提出宝贵意见，以便我们进一步改进。

《湖南社会科学院年鉴》编辑部

2011年11月

目 录

CONTENTS

湖南省社会科学院

01 全院概况

02 特 载

03 机构设置

04 党群工作

05 专项工作

目录
CONTENTS

目录
CONTENTS

目 录
CONTENTS

株洲市社会科学院

01 全院概况

02 特 载

03 专项工作

04 重要活动

05 社科人物

湖南省
社会科学院

周强书记希望省社科院在服务湖南经济社会发展、服务省委省政府决策方面发挥更大作用

2010年11月2日上午，中共湖南省委书记、省人大常委会主任周强在华天大酒店接见了中国社科院研究生院党委书记黄晓勇、中国社科院西亚非洲研究所党委书记崔建民，省社科院领导朱有志、罗波阳、贺培育、刘云波等一行。

在谈到省社科院的工作时，周强书记充分肯定了省社科院近年来在湖南经济社会发展中发挥的理论创新、决策咨询、舆论引导作用。他说，朱有志同志工作热情高、干劲足，近年来社科院的各项工作都做得不错，特别是在服务省委省政府决策方面做了很多事情，取得了很好的成绩。周强书记还着重指出，在当前社会分工越来越细、知识增长越来越快的大背景下，更需要发挥社科研究机构的思想库和智囊团作用。他希望省社科院在服务湖南经济社会发展、服务省委省政府决策方面发挥更大的作用，也希望中国社科院给予湖南社科院更多的指导和支持。朱有志院长代表省社科院对周强书记多年来给予省社科院工作的重视和关怀表示衷心的感谢，并表示一定牢记周强书记的嘱托，与省社科院的同志一道，尽职尽责，努力做好各项工作。

张春贤书记对省社科院长期以来在服务省委省政府决策方面所做的工作给予充分肯定

2010年9月24日，中共新疆维吾尔自治区党委书记、中共湖南省委原书记张春贤在新疆迎宾馆接见了省社科院院长朱有志、副院长罗波阳一行。

朱有志院长简要汇报了省社科院最近一段时间的工作情况，对张书记在湘期间对省社科院的关心和帮助表示感谢。接见中，张书记愉快地回忆起了在湖南工作的日子，对省社科院长期以来在服务省委省政府方面所做的工作给予了充分的肯定，并希望省社科院一如既往地立足智库定位，内强队伍素质，着力长远发展，为湖南省委省政府决策做好服务，为繁荣发展哲学社会科学、促进湖南经济社会发展作出贡献。

此前，2008年8月8日张春贤书记视察省社科院时曾说，我到湖南来批示得最多的是宣传系统，宣传系统中批示得最多的是省社科院。

中共湖南省委宣传部给省社科院发来表扬信

表扬信

湖南省社会科学院:

近年来，你院遵循"高举旗帜、围绕大局、服务人民、改革创新"的总要求，自觉坚持为湖南科学发展、富民强省大局服务，为省委、省政府重大决策部署服务，认真组织做好了一批省社科基金重大课题，特别是在"一化三基战略"、"弯道超车"、"3+5城市群建设"、"长株潭两型社会建设"、"深刻认识和把握'十二五'期间湖南经济社会发展的阶段性特征"等重大课题研究方面，取得了有价值的研究成果，为省委、省政府重要决策发挥了思想库和智囊团的作用，为促进我省经济社会发展作出了贡献。为此，特向你们表示祝贺并予以表扬。

希望你们再接再厉，继续发扬团结拼搏、开拓创新的精神，在推进"四化两型"、打造"四个湖南"新名片等重大课题研究方面再创佳绩，为推动我省加快发展和转型发展、早日实现全面建成小康湖南的目标作出新的更大贡献！

湖南省哲学社会科学领导小组

中共湖南省委宣传部

2010年12月28日

近年来，湖南省社会科学院承担了"一化三基战略"、"国际金融危机与我省经济'弯道超车'的理论与实践研究"、《深刻认识和把握'十二五'期间湖南经济社会发展的阶段性特征》等一系列重大课题，紧扣湖南经济社会发展中的实际问题，以省委省政府正在做的事为中心，履行职责，发挥作用，对全局性、战略性、前瞻性的重大问题进行研究，为服务湖南省委省政府科学决策，为促进湖南经济社会发展作出了贡献。

为此，省哲学社会科学领导小组、湖南省委宣传部于2010年12月28日特给省社科院发函予以祝贺和表扬。

HUNAN ACADEMY OF SOCIAL SCIENCES YEARBOOK

全院概况 01

湖南省社会科学院概况

湖南省社会科学院“十一五”工作回顾与2010年工作总结

湖南省社会科学院概况

湖南省社会科学院

湖南省社会科学院坐落在古城长沙开福区德雅村，毗邻省烈士公园，水碧山青，人文荟萃。

湖南省社会科学院前身为1956年成立的中国科学院湖南历史考古研究所和1959年成立的湖南省哲学社会科学研究所。1969年两所合并后成立湖南省历史哲学研究所。1980年更名为湖南省社会科学院。

湖南省社会科学院现有文学研究所、历史研究所、哲学研究所（毛泽东研究所）、经济研究所、区域社会经济系统工程研究所、工业经济研究所、政治与公共管理研究所、社会学法学研究所、人才学研究所、国际问题研究所、农村发展研究所、财经研究所、城市研究所等13个研究机构，以及湖南省中国特色社会主义理论体系研究中心湖南省社科院基地、湖南省情与决策咨询研究基地、湖南省新农村建设研究基地、湖南省创意产业研究基地等4个湖南省社科研究基地。与湘潭大学和湖南农业大学分别创建中国哲学、农村经济管理2个博士点。设院办公室（人事处）、科研开发处、行政处、机关党委、离退办、省社科系列职改办等6个综合职能部门和工会、妇委会、共青团委会等3个群团组织；编辑出版《求索》、《企业家天地》、《中国乡村发现》等期刊和《湖南社会科学报》、《湖南省情要报》等多种内部资料；建有1个藏书量50余万册的综合性图书馆，为全国地方社科院唯一的“全国古籍重点保护单位”。截至2010年年底，在职人员198人，离退休人员109人（其中离休人员20人），共计307人。其中在职研究员35人、副研究员58人；博士（含在读）35人、硕士73人；享受国务院政府特殊津贴专家8人。

湖南省社会科学院是湖南省委省政府直接领导下的社会科学综合性专门研究机构，在全省社科界具有鲜明的代表性，注重基础理论研究，强化应用对策研究。多年来，在湖湘文化研究、湖湘地方史研究、中国特色社会主义理论研究、区域经济研究、“两型社会”建设研究、省情对策研究等方面成绩斐然。承担了2项国家社科基金重大招标项目和60多项国家社科基金项目、国家软科学项目。率先提出并进行长株潭经济一体化研究、率先提出“3+5”城市群构想、率先提出“湖南人要充满经济自信”、率先为“三个基础”、“弯道超车”、“湖南在当代中国的战略地位”、“低碳崛起”、“四化两型”、“四个湖南”等提供理论论证，得到了历届省委省政府的高度重视，进入了省委省政府的决策，为湖南经济社会发展作出了贡献。

湖南省社会科学院正在按照“马克思主义的坚强阵地、省委省政府的合格智库、湖南社会科学研究的最高殿堂”三位一体的整体发展战略思路，秉承“为行动而思想，为思想而行动”的院训，团结进取，开拓创新，迈向科学跨越的新征程，谱写科学发展的新篇章！

湖南省社会科学院“十一五”工作回顾与2010年工作总结

一、关于“十一五”工作的回顾

“十一五”时期是我省经济社会发展史上极不平凡的五年，也是我院发展史上极不寻常的五年。这五年，在省委省政府的正确领导下，在省委宣传部的亲切关怀下，由于全院干部职工的共同努力，我院科研实力大幅提升，智库地位日益凸显，基础建设成效显著，工作条件极大改善，党建工作有效推进，管理文化日渐丰厚，人才队伍不断优化，职工待遇明显提高。

1. 科研工作登上新台阶

“十一五”期间共出版著作79部，发表论文1316篇，发表调研报告476篇，发表A类文章118篇，论文反馈64篇，领导批示45篇。年均出版著作15.8部，发表论文263.2篇，发表调研报告95.2篇，发表A类文章18.8篇，论文反馈14.6篇，领导批示9篇。与“十五”时期相比，“十一五”时期的著作、论文、反馈、批示数量均呈大幅增长之势，其中著作增长46.3%，论文增长43.2%，调研报告增长31.9%。“十一五”期间国家社科基金课题共立项18项，其中朱有志主持的《加强农业基础地位和确保国家粮食安全战略研究》和乌东峰主持的《资源节约型、环境友好型农业生产体系研究》，被立项为2009年度国家社科基金重大招标课题，分别占当年全国地方社科院系统的1/2和湖南省的2/3；省社科基金课题共立项94项；省社科联课题共立项10项；省软科学课题共立项22项；横向课题共承担108项。年均国家社科基金立项3.6项；省社科基金立项18.8项；省社科联课题立项2项；横向课题立项20.1项；省软科学课题立项4.4项。与“十五”时期相比，“十一五”时期的课题立项数大幅增长，其中国家社科基金课题数增长63.6%，省社科基金课题数增长25.3%，软科学课题数增长83.3%。

2010年，科研工作延续了“十一五”的发展势头。一是成果发表再创新高。论文方面：全年共发表学术论文270篇，在A类以上报刊发表高档次论文56篇，接近2006—2009年四年的总和。邹智贤的《毛泽东的民生思想及启示》，尹向东的《着力增强农民工消费能力》，胡良桂的《文学原创与中国声音》，黄海的《让幸福与经济同步增长》，贺培育、黄海的《以方式转变促进快速发展》等五篇文章，分别在权威报刊《哲学研究》、《人民日报》发表；在《光明日报》、《中国农村经济》、《世界宗教研究》、《国际问题研究》等A类报刊发表论文50篇。论文被转载8篇，其中“人大复印资料”全文转载5篇，《中国社会科学文摘》全文转载1篇。著作出版方面：黄海的专著《“灰地”——红镇混混研究》、向志柱的点校本《稗家粹编》等9部著作分别在三联书店、中华书局等高档次出版社出版，1部著作被《光明日报》发文评介，7部著作获省第十届哲学社会科学优秀成果奖，1部著作获“省首届社科优秀科普读物奖（2006—2009）”，1部著作被省委宣传部推介为全省党政领导干部学习阅读的六大理论读本之一。二是课题立项再获突破。2010年我院各类课题的总立项数取得历史性突破。全年立

项国家社科基金课题3项，省社科基金课题27项，其中获重大项目7项，创我院历史之最，在全省社科系统中也是独一无二的；获省软科学课题立项2项；由于2010年是“十二五”规划之年，各级横向委托课题达40项，数量大幅增加，接近我院前5年年均数的2倍。三是决策咨询层次再度提升。全年共承担各类委托任务达40余项，其中省委省政府委托的重大省情对策研究达7项；全年得到副省以上领导肯定性批示的研究成果达9篇次，其中《湖南与发达国家、全国中部省份经济社会发展的主要指标比较分析》、《湖南进入“快车道”后又好又快发展对策研究》得到时任省委书记张春贤批示；《将县域发展作为推进“四化两型”的主战场》得到省委书记周强批示；《加快湖南产业低碳化转型调研报告》得到省长徐守盛批示。全年共有7项研究成果进入省委省政府文件，分别是：胡跃福等的《湖南省中长期人才发展纲要（2010—2020年）》、童中贤等的《关于深入实施湘西地区开发的若干意见》，童中贤等的《湘南地区开发开放规划》，汪金敖等的《湖南省人民政府关于加强大中型水库移民安置工作的意见》，王毅等的《湖南省战略性新兴产业文化创意产业发展专项规划》，朱有志、罗波阳等的《“十二五”时期经济社会的阶段性特征及战略创新研究》，张萍的《关于转变经济发展方式、走绿色低碳道路、加快“两型社会”建设的建议》。此外，胡跃福所长在省委常委中心组集中学习会上就贯彻落实《国家中长期人才发展规划纲要》作专题辅导报告，得到了周强书记的高度评价，为提升我院决策咨询研究品牌的影响力与声誉度作出了重要贡献。由于我院在服务决策中的突出表现，省委宣传部于2010年12月28日给我院发来表扬信，表扬我院“在一些重大课题研究方面，取得了有价值的研究成果，为省委省政府重要决策发挥了思想库和智囊团的作用，为促进我省经济社会发展作出了贡献”。四是研究空间再次拓展。成立了县域发展研究中心，开展与蓝山县的深度合作，为发挥我院在县域发展中的智库作用拓展了平台；成立了毛泽东研究所，为建设马克思主义坚强阵地提供了载体；工业经济所与省经信委建立了深度合作机制，为充分发挥我院在全省工业经济发展中的智库作用创造了平台；理论成果的通俗化也得到新开拓，《新型农民能力培养》丛书被国家新闻出版总署列入“2010—2011年全国农家书屋重点图书推荐目录”。

2. 后勤保障实现新突破

“十一五”时期通过抓项目求发展，筹措资金四千多万元，全面完成了“推倒一堵墙，削平一座山，打通一条路，修建一扇门，立起一栋楼”的建设目标，我院办公条件、居住条件、区位条件从整体上得到极大改善。办公条件的改善体现在，现在我院的办公大楼在地方社科院中除了上海社科院是最好的，而且省社科院的周边环境比上海社科院要

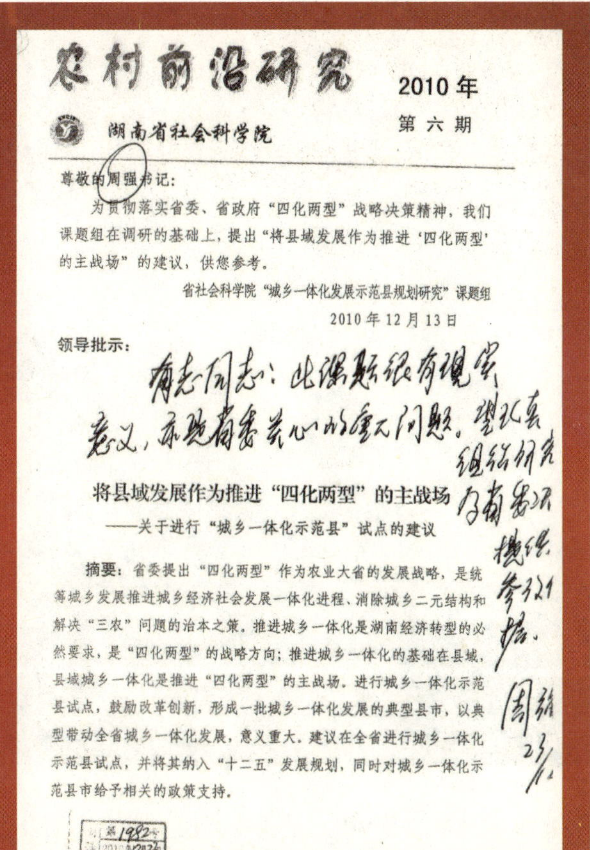

农村前沿研究

2010年 第六期

湖南省社会科学院

尊敬的周强书记：

为贯彻落实省委、省政府“四化两型”战略决策精神，我们课题组在调研的基础上，提出“将县域发展作为推进‘四化两型’的主战场”的建议，供您参考。

省社会科学院“城乡一体化发展示范县规划研究”课题组

2010年12月13日

领导批示：

将县域发展作为推进“四化两型”的主战场

——关于进行“城乡一体化示范县”试点的建议

摘要： 省委提出“四化两型”作为农业大省的发展战略，是统筹城乡发展推进城乡经济社会发展一体化进程、消除城乡二元结构和解决“三农”问题的治本之策。推进城乡一体化是湖南经济转型的必然要求，是“四化两型”的战略方向；推进城乡一体化的基础在县域，县域城乡一体化是推进“四化两型”的主战场。进行城乡一体化示范县试点，鼓励改革创新，形成一批城乡一体化发展的典型县市，以典型带动全省城乡一体化发展，意义重大。建议在全省进行城乡一体化示范县试点，并将其纳入“十二五”发展规划，同时对城乡一体化示范县市给予相关的政策支持。

省委书记张春贤同志在全省“抓住中部崛起机遇，加速推进新型工业化座谈会”上作完报告后，于5月12日写信给省社科院朱有志院长，并给每位专家送了一份报告，还将给朱有志院长的信复印给每位专家。信的原文是：

有志院长：上次座谈会上张萍等六位专家的许多观点我均赞成，并在我的全省新型工业化的报告中引用，现送上报告，既是对社科系统工作成果的重视和肯定，也是请同志们提出意见，以利下步工作中不断修正。

张春贤

二〇〇六年五月十二日

好；居住条件的改善体现在：建设了住宅楼、修建了健身园、新建了沿湖路，提质了水电气、扩大了绿化地；区位条件的改善体现在：由相对闭塞向便捷开放转变，由低附加值向高附加值转变，由区位劣势向区位优势转变。

2010年，基础设施建设主要是高质量完成了大院东向路、东大门、沿湖路及绿化广场的新建、扩建和改造工作，大院面貌焕然一新。行政处在开展基础设施建设的同时，通过加强管理，优化方式，综合治理及消防工作得到了明显改观，在综治工作检查中得到领导部门和兄弟单位的好评，被评为全省综治工作先进单位，并在19个获奖厅局单位中位列第二。向外争取资金工作取得显著成效，保证了综合大楼工程结算工作顺利进行。积极向财政厅汇报争取加大投入，经费保障状况进一步改善。由后勤服务中心改制成立的远航物业公司，运转良好，实现了稳定发展。

3.科辅工作呈现新面貌

“十一五”期间，全院科辅部门紧紧围绕科研这个中心，服务科研这个大局，为科研人员多出成果、出好成果创造了良好条件。院办公室积极推进了全员坐班制的实行；图书馆成功申报了“全国古籍重点保护单位”，是全国地方社科院系统唯一的一家，共有23部古籍入选“国家珍贵古籍名录”；《湖南省情要报》很好地发挥了为省委省政府提供决策咨询的功能，共编发文稿69篇，其中获得省级以上领导肯定性批示13篇次；老干工作得到上级各界高度肯定，2009年推荐张萍同志当选为全国离退休干部先进个人；《求索》、《企业家天地》的社会影响力不断扩大。

2010年，院办公室按照“主动服务、细致服务、全方位服务”的要求，坚持严格办文、精心办会、认真办事，较好地发挥了枢纽作用，保障了全院工作顺畅有效运转。科研处在行政处支持下，成功争取到省财政为“湖南省情决策与咨询研究课题”追加年度预算30万专项经费，也成功争取到科技厅同意给我院增加软科学课题申报指标。图书馆在认真做好常规工作的同时，积极进行国家珍贵古籍名录的申报工作，2010年又有10部古籍入选第三批“国家珍贵古籍名录”，在全国社科院系统中继续名列前茅，并逐步开展了对馆藏资料的开发利用工作，被省直机关工委授予“芙蓉标兵岗”称号；省情基地办全年共编发《省情要报》20期，并认真做好了相关重大应用项目及重大学术活动的协调服务工作；职改办圆满完成了省社科系列的职称评审工作；《求索》杂志社成功举办了创刊30周年庆祝活动，在全国竞争激烈的CSSCI角逐中索引频次，即影响因子继续居较高位置，并有所提升；《企业家天地》杂志社成功承办了第九届湖南十大杰出经济人物评选活动，这一活动已成为本土最具权威、影响

力和公信度最强的经济类评选活动。院离退办全力帮助老干解决生活中的急事、难事、愁事，为我院营造了和谐发展的氛围。由于工作出色，离退办被评为“全省老干部工作先进单位”。

4. 人才结构出现新变化

“十一五”时期通过采取竞聘上岗、引培结合、“三个十”等重大举措，人才队伍得到不断优化。与2005年相比，在全院员工学历结构中，博士学历由10名增长到31名，增长2.1倍；硕士由61名增长到76名，增长24.6%；学士由74名下降到66名，下降10.8%；大专及以下人员由34名下降到24名，下降29.4%。在全院员工职称结构中，正高职称由29名增长到34名，增长比率达17.2%；副高职称由47名增长到55名，增长比率达17.0%；中级职称由48名增长到65名，增长比率达35.4%。

2010年，我院继续推进人才队伍建设“三个十”举措，坚持外引与内培相结合，走出去与请进来相促进，人事人才工作成效明显。一是提高标准，人才引进优中选优。针对人才要求越来越高与我院编制越来越紧的实际情况，党组反复强调人才引进要提高层次，提升档次。2010年从国内外100多名博士研究生中精心遴选、引进来自北京大学、清华大学、中国人民大学、中央民族大学、韩国成均馆大学5名博士研究生，新进人员学历、学校层次之高创我院历年之最。二是立体推进，人才培训推陈出新。2010年选派访问学者3人，分别赴中国社科院、广西大学学习；根据与蓝山县委的合作协议，选派3名青年科研人员赴蓝山县乡镇挂职锻炼；选派7人赴省直机关挂职；选派9人赴省委党校、省直党校及全省哲学社会科学教学科研骨干班学习；全年组织学术讲座、青年论坛等各种学术培训、讲座10余次，尤其是为适应学术交流国际化趋势，我院启动了全员英语培训活动。全年共组织英语培训15次，参加人员达500余人次，在全院掀起了学英语、用英语的浓厚氛围。三是积极有为，人才推荐颇有建树。全年有2人获国务院特殊津贴专家，4人入选省新世纪121人才工程，3人获任省非物质文化遗产保护专家委员会委员。另外，通过努力，2010年共向人社厅争取编制3个，使我院编制数由209个增加到212个。

5. 对外交流打开新局面

“十一五”时期，我们坚持开放活院思路，注重通天、连地、和人，主动加强对外联系，对外交流工作打开新局面。国内学术交流与联系方面，与中国社科院，省委省政府及相关部门，有关厅局、地市县区党委政府、大型企业、有关高校等建立了广泛的经常性联系。国际学术交流与联系方面，与美国、俄罗斯、意大利、越南、新加坡、马来西亚、非洲等国家和地区建立了学术联系或交流合作。共接待国（境）外来访人员300余人次，50余人次出国进行学术交流或考察，举办或参与举办各类学术会议200余次，其中大型国内外学术会议50余次。

2010年，对外交流成效更为明显。一是学术交流更活跃。全年接待美国、英国、印度、俄罗斯、中国台湾及非洲18国等国（境）外来访人员6批80余人次，接待范围与人次均创历年新高。同时，进一步加大了学术交流走出去的步伐，全年共有7批18次

赴美国、意大利、日本、朝鲜、古巴、新加坡、马来西亚、越南、中国台湾等国家和地区进行学术交流或考察。主办或参与举办各类学术会议50余次。其中规格高、反响好、影响大的会议有："2010中国工业创新发展论坛暨第二届技术创新管理与政策国际研讨会"、"2010海峡两岸产业创新与合作国际研讨会"、"海峡两岸宗教与区域文化暨梅山宗教文化研讨会"、"2010年长株潭经济论坛"、"第三届湖湘三农论坛"、"本土经验与中国现当代文学的世界性学术研讨会"等。二是工作交流更频繁。通过近年来的团结进取与顽强拼搏，我院硬件设施建设有了极大改善，软实力建设也有了很大提升。正因如此，来访客人逐年增多。全年接待国（境）内外来访达20批次138人次，其中省外来访达11批次52人次。省外来访中很大一部分是其他兄弟社科院来我院考察与交流工作。三是宣传工作更有力。为推进宣传工作，我们一是构筑载体推进网站建设。截至2010年底，院网站的点击率达到120多万次，其中2010年达46万余次，日均访问量1000余次。其中，"第二届技术创新管理与政策国际研讨会在长沙召开"被新华网全文转载，"湖南'省情决策与咨询工作'工作座谈会在衡阳召开"被中国社会科学网全文转载。二是创新栏目办好一报。《湖南社会科学报》全年编发20期，60多万字。作为湖南社科界唯一专门性的社科类报纸，《湖南社会科学报》在汇通社科信息、宣传社科人才、展示社科成果等方面，发挥了重要作用，得到了领导、同行和读者的一致好评。三是加强理论宣传力度。我院专家全年接受国家级媒体采访以及撰写反映我院情况的稿件被国家级媒体采纳共计24篇（次），省级媒体54篇（次），接受省、市电视台或电台、报刊采访达322人次，进一步扩大了我院的影响力和学术地位。

6.党群工作迈开新步伐

"十一五"时期通过开展学习党的十七大精神、学习实践科学发展观、三项学习教育活动、创先争优活动、文明单位创建活动等重大活动，全院干部职工的政治觉悟大大提升，精神面貌大为改观，较大改变了"懒、散、庸、穷、乱"的形象，营造了凝心聚力、干事创业的良好发展氛围。

2010年，我院党建思政工作围绕中心，服务大局，切实站准位、定准调、和准音，成绩突出。认真开展"建设学习型党组织"和"创先争优"等党建活动，将"规定动作"与"自选动作"有机结合，不搞形式主义，不做表面文章，不耍花拳绣腿，取得了实实在在的效果，产生了积极广泛的影响。建设学习型党组织的先进经验由人民日报内参《情况汇编》介绍，并得到了省委组织部的充分肯定。"省直文明单位"创建取得圆满成功。在机关党委的牵头组织下，2010年我院如火如荼地开展了文明单位创建活动，被顺利评为"省直机关文明单位"。机关党委服务中心组学习组织到位，开展送温暖献爱心活动得到农民兄弟好评。纪检监察室组织开展了党风廉政教育，牵头了结了一桩官司和陈年旧债，工作稳中有序。院工会组织工会会员开展了形式多样的活动，丰富了职工的业余生活。妇委

会通过多种形式关心女职工和儿童，传送组织的关怀和温暖。院团委积极配合，组织参与了青年人才的培养培训。

二、关于“十一五”工作的经验

第一，必须坚持通天连地理念。通天连地和人，是顺时代之举，合规律之为。“十一五”时期，在“通天连地，开门办院”发展理念指导下，我们主动联系各界领导来我院视察指导工作、我们广泛邀请院外专家学者来我院讲学、我们不断主办各类国际国内学术会议……越来越多的院外人士被“请进来”了；我们连年开展“全省省情大调研”，我们集体组织中层干部赴京学习取经，我们积极支持出省出境出国开展学术交流，我们大量接受媒体采访、应邀外出作报告……越来越多的院内人士“走出去”了。正是通过践行“通天连地，开门办院”发展理念，扩大了我们的联系，盘活了我院的资源；开阔了我们的视野，提升了我院的影响；兴旺了我们的事业，提升了我院的地位。

第二，必须坚定智库建设导向。成为省委省政府的“合格智库”是我院的基本职能定位，这一认识已经被我院广大干部职工、社会各界人士、党委政府领导所广泛认同。通过“十一五”时期大力加强智库建设，推出一系列有影响的应用对策研究成果，我院才在全省确立了应用对策研究方面的龙头地位。也正因如此，我院的社会影响才越来越大，社会形象才越来越好，社会地位才越来越高。完全可以说，只有坚定智库建设导向，我们的研究才能为领导决策提供科学咨询，为地方经济社会发展提供智力支持；只有坚定智库建设导向，我院才能被决策层所重视，被学术界所认同，被全社会所称道；也只有坚定智库建设导向，我院才能不断地克服困难，增强活力，拓展空间。

第三，必须强化高端精品意识。作为湖南“省级”社科院，作为以成为湖南社会科学研究的最高殿堂为奋斗目标的我院，高端精品意识不容缺失，高端精品成果理应丰硕。省委领导也对我们作出了“数量多了，要注重质量；成果多了，要注重转化”的明确指示。为此，多年来，党组反复强调、明确要求在高档次刊物发表高档次学术论文，要求大家像重视国家课题一样重视高档次文章的发表，要求大家将精品意识转化为一种理性的自觉、行动的自觉；为此，我们合理调整科研布局，创新科研奖励制度，全力营造重视学术水平和成果质量的科研氛围，形成了出精品力作、创学术品牌的科研机制。如果没有多年来对精品意识、品牌意识的强调，我们就不可能获得这么多的国家课题，不可能发表这么多高档次的文章，不可能获得如今的学术地位。

第四，必须弘扬改革创新精神。创新是哲学社会科学事业繁荣发展的必由之路，也是一个单位持续发展的不竭动力。作为社会科学研究单位，创新更是其生命力之所在。只有弘扬改革创新精神，不断推动理论创新与工作创新，不断确定新的目标，采取新的举措，把蕴藏在群众中的内在积极性不断激发出来，把群众内在的潜力不断挖掘出来，我们才能不断创造新的业绩，开拓新的局面。我们之所以强调“年年要有新目标、事事要谋新招数”，“人人都有创新能力、事事都有创新空间”，就是要求弘扬改革创新精神。这些年来，正是因为我们一直坚持在改革创新中推进工作，我院才保持了持续发展的势头。

第五，必须重视管理文化建设。管理文化是一个单位软实力的重要组成部分，是推进一个单位持续强劲发展的重要因素。通过智库建设研讨班，我们进一步深化了对管理文化内涵和外延的理解，大家认为，一个单位的管理文化，通俗点讲，就是存在于这个单位的一些让大家“听起来顺耳、说起来顺口、做起来顺手、用起来顺心”的理念、规定和制度；或者说，就是一些融入大家的工作模式与思维方式的理念、规定和制度，是一些如果不说了不做了反而不习惯、不适应的理念、规定和制度；还可通俗地说就是一个单位深入人心的“说法”和“做法”。因之，管理文化具有指导大家的思想、规范大家的行为、引领大家的行动的作用，并且这种作用的发挥是内在的、自然的、无形的。任何一个单位，要持续长远发展，就一定要建设具有自身特色的管理文化，同时，任何一个有特殊影响和特殊地位的单位，也一定会形成独具特色的属于“自身”的管理文化。由于重视管理文化建设，这些年来，我们在管理文化建设方面颇有建树，比如“通天连地和人”、“睁大眼看世界，跳起来摘桃子”、“会唱湘剧，能哼京腔”、“上下结合，左右开弓，交叉进行，整体推进”、“凑上去，靠拢去，挤进去，抬上去，压下去，推出去”、“让自己的想法变为别人的说法，让自己的说法变为人家的做法，让自己的言论变为社会的舆论，让自己的文章变成上级的文件，让自己的思考变化领导的思想，让自己的发言变更社会的发展”、“为领导解决难题，请领导解决问题”、“问题就是课题”等等，这些已经成为我们管理文化的重要组成部分。实践证明，这些管理文化为我院的发展提供了很好的精神支撑和文化力量。

第六，必须实施人才兴院战略。人才是兴院之本、强院之基！推进我院发展关键在于人才。党组始终将人才队伍建设摆在全院工作的战略地位。为推进人才队伍建设，我们不断深化人事制度改革，实行了一系列充满活力的用人机制，给想干事的人以机会，给能干事的人以舞台，让真正的人才脱颖而出。我们推行了“三个十”的人才发展举措，提出了“会唱湘剧高腔，能哼现代京剧”的人才要求，紧扣了培养、吸引、用好人才三个环节，强调了科研人员与管理人员两支队伍并重的人才理念。近年来，人才队伍整体实力的提升，为我院的发展奠定了坚实的基础，提供了强劲的动力。

02 特载

HUNAN ACADEMY OF SOCIAL SCIENCES YEARBOOK

给中国工业创新发展论坛暨第二届技术创新管理与政策国际研讨会组委会的贺信

中国工业创新发展论坛暨第二届技术创新管理与政策国际研讨会组委会：

欣闻"中国工业创新发展论坛暨第二届技术创新管理与政策国际研讨会"在长沙开幕，我谨代表中共湖南省委、湖南省人民政府，并以我个人名义，对会议的隆重召开表示热烈的祝贺！向远道而来的各位专家学者、各位来宾和国际友人表示诚挚的欢迎！

工业是国民经济的重要支柱，是现代化建设的重要推动力。近年来，我们坚持以科学发展观为统领，立足湖南省情，始终把加速推进新型工业化作为富民强省第一推动力，全力以赴谋工业、抓工业，走出了一条具有湖南特色的新型工业化道路，全省工业经济呈现出总量快速增长、结构不断优化、效益大幅提升、综合竞争力明显增强的良好发展态势。这次会议在我省召开，必将为我省在新的起点上加快工业经济发展方式转变、推进"两型社会"建设提供宝贵的智力支持。

当今世界，经济全球化、区域经济一体化深入发展，工业创新和技术创新已成为一个国家和地区提升可持续发展能力、增强国际竞争力的活力源泉。加大工业创新力度，加快自主创新步伐，加速经济发展方式转变，是我国在后国际金融危机时期抢占竞争制高点、争创发展新优势的必然选择。我相信，这次会议，一定会在促进我国工业经济创新发展和技术创新管理等方面，获得新的共识，取得重要成果。

预祝本次研讨会取得圆满成功！

祝各位专家学者、各位来宾身体健康，万事如意！

中共湖南省委副书记　梅克保

2010年8月21日

给海峡两岸产业创新与合作研讨会组委会的贺信

海峡两岸产业创新与合作研讨会组委会：

欣闻“海峡两岸产业创新与合作研讨会”在长沙隆重开幕，我谨代表湖南省人民政府，并以我个人名义，对会议的召开表示热烈的祝贺！向远道而来的各位专家学者、台湾同胞表示诚挚的欢迎！

近年来，在海峡两岸同胞和社会各界的共同努力下，两岸互利共赢合作深入推进。两岸往来之便捷、经济关系之密切、各项交流之活跃、同胞感情之融洽、共同利益之广泛前所未有。海峡两岸经济合作框架协议的签署，开启了两岸投资双向化、形态多元化、产业配套体系化，进一步加速了两岸人流、物流、信息流的流动，促进了两岸大交流、大合作、大发展新格局的形成。

当前，全球经济已进入新一轮大变革大调整时代，科技创新日新月异，产业调整快速深刻，区域竞争日益激烈，加快产业创新、谋求合作共赢已经成为时代发展的主题。大陆正在加快经济结构调整和发展方式转变，着力培育和发展战略性新兴产业，促进经济进入创新驱动、内生增长的轨道，努力实现经济社会又好又快发展。两岸产业创新合作面临难得的新的发展机遇。

湖南是大陆中部地区六个主要省份之一，是全国“两型社会”综合配套改革实验区，近年来大力实施新型工业化带动战略，积极推动产业高新化、规模化、特色化、绿色化、国际化发展，推出了一批行业领先的核心技术，培育了一批成长性好的优势新兴产业，壮大了一批竞争力强的龙头骨干企业，产业发展基础好、创新能力强，湘台产业创新合作空间广阔。

此次海峡两岸产业创新与合作研讨会在湖南成功召开，对加快湖南产业转型升级，推动湘台两地以及海峡两岸产业合作共赢发展将产生积极的促进作用。我希望，与会各位专家和学者奉献聪明才智，发挥“智囊”作用，为湖南的产业结构调整、发展方式转变和战略性新兴产业发展多提宝贵意见。我相信，在各位专家和学者的共同努力下，本次研讨会一定能够形成一批深化两岸产业创新与合作的新理念、新思想、新成果，丰富和完善有规划指导、有政策支持、有产学研一起参与的两岸产业合作新模式，为推动两岸产业的优势互补、共同发展作出新的更大贡献。

湖南省人民政府副省长　陈肇雄

2010年8月30日

中共湖南省委宣传部给省社科院的贺信

省社会科学院：

欣闻你们成立毛泽东研究所，特表示热烈祝贺！成立毛泽东研究所，对于加强毛泽东思想的研究，推进中国特色社会主义理论体系的普及，繁荣和发展我省哲学社会科学事业，加强社会主义核心价值体系建设，推动我省在新的更高起点上实现又好又快发展，具有重要意义。希望你们充分利用我省作为毛泽东同志家乡的这一独特优势，加强组织领导，整合人才队伍，创新研究方式，不断推出优秀成果，努力把毛泽东研究所建设成为全国研究毛泽东生平与思想的重要基地，建设成为弘扬社会主义核心价值体系的重要平台，建设成为创新湖湘文化的重要载体，为推进湖南“四化两型”建设作出应有的贡献。

中共湖南省委宣传部

2010年10月11日

走城乡一体化道路　建社会主义新农村

——在第三届“湖湘三农论坛”上的讲话

中共湖南省委常委、省委组织部部长　黄建国

各位来宾，同志们、朋友们：

“云带钟声穿林去，月移塔影过江来。”水府庙前，双江汇流；资江南北，两塔并峙；江流婉转，四桥飞虹；近水遥山，绿意葱茏。今天，在这历史悠久、人文浓郁、秀丽天成的邵阳，第三届“湖湘三农论坛”隆重举行，来自国家部委、科研院所、高等学府、地方基层的两百多名代表，欢聚一堂，探讨理论，交流经验，这对于湖南推进城乡一体化发展将具有重要意义，对全国新农村建设将产生积极的影响。在此，我代表第三届“湖湘三农论坛”组委会，向出席论坛的各位领导、各位嘉宾、各位专家学者、各位朋友表示热烈的欢迎！向给予此次论坛大力支持的有关部门、企业、社会团体和各界人士表示衷心的感谢！

“湖湘三农论坛”，是由湖南省社会主义新农村建设促进会发起，会同中国社会科学院农村发展研究所、湖南省人民政府农村工作办公室、湖南省社会科学院、湖南省广播电视局、湖南日报报业集团等单位主办的每年一届的“三农”学术研讨会，也是当前为数不多的全国性的“三农”学术盛会，旨在为总结新农村建设新经验、宣传新农村建设新成就、研讨新农村建设新问题、探索新农村建设新路子提供多层次多方面交流对话的平台。2008年由长沙市人民政府承办，在长沙举办了首届“湖湘三农论坛”，2009年由常德市人民政府承办，在常德举办了第二届“湖湘三农论坛”，两届论坛均取得了较为丰硕的成果，在社会上产生了广泛影响，并初步形成了一个多层次、多方面参与的格局。本届论坛在邵阳举行，得到了邵阳市委市政府的高度重视和大力支持，论坛主办单位增加到了16家，比前两届都多，我相信，在大家的共同努力下，本届论坛一定能取得更显著的成效，“湖湘三农论坛”必将成为国内享有盛名的“三农”学术论坛，必将成为全国“三农”问题研究、学术交流、推介的重要平台。

本届“湖湘三农论坛”的主题是“新农村建设与城乡一体化发展”。这一主题比较切合时宜，是贯彻落实2010年中央一号文件，应对经济社会发展新形势的需要。农民增收是“三农”问题的核心，是社会主义新农村建设的基本出发点和归宿。新世纪以来，我国农村发展取得了举世瞩目的成就，但如何建立增加农民收入的长效机制，至今仍是社会各界讨论的热点，也是政策选择的难点。本届论坛将按照统筹城乡一体化发展的要求，在更宽的领域、更高的层面、更广的视野来探讨国民经济的发展和分配格局、农民的发展机会和国民待遇、农业的支持保护体系和公共财政投入、城乡二元结构体制和社会保障体系等问题，以推进农业发展方式转变来破解农民增收难题，建立起促进农民收入增长的长效机制。

解决“三农”问题，缩小城乡差距，是全面建设小康社会以及现代化建设最艰巨、最繁重的任务，也是关键所在。“三农”问题，其实质就是城乡二元结构造成的城乡差别和工农差别问题，是城乡、工农发展不平衡的问题。党中央把“三农”列为党和政府工作的重中之重，连续7年来，下发了七个“一号文件”，说到底就是为了解决城乡发展不平衡问题，适应科学发展的新要求。十七大报告强调要“形成城乡经济社会发展一体化新格局”，今年中央一号文件把统筹城乡发展、推进城乡经济社会发展一体化进程作为农业农村发展的战略任务。刚刚闭幕的十七届五中全会明确提出，要加快社会主义新农村建设，统筹城乡发展，拓宽农民增收渠道，建设农民幸福生活的美好家园。走城乡一体化发展道路，已经成为解决“三农”问题，促进农村全面进步乃至推动整个经济社会发展的必然选择。但向何处发力和怎样发力需要全方位探索。本届论坛将以加快推进农业发展方式转变为着力点，推动资源要素流向农业农村，促进工业与农业、城市与乡村协调发展，以期能为城乡一体化发展探索实践路径，为促进农业现代化的顺利实现提供一个前进的路线图。

湖南是农业大省，近年来，在省委省政府的高度重视和推进“一化三基”战略的有力带动下，农业农村发展取得了显著成就，即使在2009年这样的严峻形势下，农村居民人均纯收入仍实现了8.8%的增长。但与工业化、城市化取得的显著成就相比，农业农村发展仍然比较缓慢，农业资金短缺、经营方式粗放、农产品比较效益较低、农村优质人力资源不足、小城镇建设滞后等问题仍然突出，迫切需要在转变农业发展方式，加快新农村建设（下转19页）

一个富有实效的评选活动

——在第九届“湖南省十大杰出经济人物”颁奖典礼上的讲话

中共湖南省委常委、省委组织部部长　黄建国

各位来宾，同志们、朋友们：

第九届湖南省十大杰出经济人物评选活动，历时半年多，今天即将公布结果。我谨对颁奖典礼的隆重举行，对就要揭晓的十大杰出经济人物及有关奖项获得者，表示崇高的敬意和热烈的祝贺！

湖南十大杰出经济人物评选活动自2001年开始，每年一届，共评出了105位杰出经济人物。他们当中，有中国工程院院士，也有主管一个行业、地区经济的领导干部，有国有企业负责人，也有民营经济领头雁。评选活动的开展，促进了杰出经济人物的不断成长，推动了经济社会的可持续发展。

“经济”这个词，有双重含义。一是投入少、产出多；二是经世济民。这次评出的杰出经济人物和特别贡献奖得主，都是在投入产出和经世济民这两方面做得很出色的代表人物。他们爱祖国、爱人民，胸襟宽、眼界宽，能谋深、能谋远，懂经济、懂管理，敢创新、敢争先，很执著、很务实，不仅积累了可观的硬实力，而且形成了独特的软实力、巧实力，不仅创造了显著的经济效益，而且创造了宝贵的社会效益、生态效益。

王菲在《传奇》中唱道：“想你时，你在天边、你在眼前；想你时，你在脑海、你在心田。”各位优秀的企业家、管理者，你们只争朝夕、勇争一流，走得很快、很远，但你们所做的一切、不朽的业绩，就在我们的眼前、我们的脑海、我们的心田。党和政府永远感谢你们，三湘人民永远记着你们。

“人是三节草，三穷三富过到老。”这是湖南乡间的一句俗话，讲人是分阶段的，不可能总这样，也不可能总那样，一节一节，一段一段，穷到难时不气馁，富到极处不骄躁。能够当选杰出经济人物、获得特别贡献奖，既是一种荣誉，也是一种责任。相信各位一定能珍惜来之不易的殊荣，再创辉煌、再立新功。我们也希望有更多的新人通过这个平台成长起来，促进潇湘人才辈出，像湘资沅澧四水一样，后浪推前浪，一代更比一代强。这样，湖南的明天，就会更有希望！

(上接18页)步伐，推进城乡一体化发展中寻求解决途径。城乡一体化是我国现代化和城市化发展的一个新阶段，它的核心是把工业与农业、城市与乡村、城镇居民与农村居民作为一个整体统筹谋划，通过体制改革和政策调整，促进城乡在规划建设、产业发展、市场信息、政策措施、生态环境保护、社会事业发展等诸多方面的一体化发展，改变长期形成的城乡二元经济社会结构，使整个城乡经济社会全面、协调、可持续发展。因此，城乡一体化是一项重大而深刻的社会变革，不仅要更新思想观念，也要创新政策措施；不仅要转变发展方式，也要调整利益关系；不仅要完善体制机制，也要改进领导方式和工作方法。这是摆在我们面前的一项重大战略任务。

我国当前已进入“以工促农、以城带乡”的新的发展阶段，进入农业农村现代化发展的历史新时期，党中央不失时机地作出统筹城乡发展推进城乡经济社会发展一体化进程这一重大战略决策，并通过转变发展方式等一系列政策措施的调整，为新农村建设和城乡一体化发展提供了坚强保障。湖南正处于城乡分割向城乡交融的发展阶段，在经济发展已经进入“快车道”的今天，对于推进城乡一体化更有着难得的机遇。如何抓住机遇，乘势而上，科学发展，既需要自身的实践探索，也需要借鉴全国各地的经验，还需要与在座的各位共同商讨和研究。我相信，本届“湖湘三农论坛”必将在推进“三农”理论发展上发挥重要作用，也一定能够为党委、政府提供新的有价值的理论成果。

各位来宾，同志们、朋友们！历史进入新时期，向我们提出了新要求；时代有了新发展，农村正在产生新的期待。让我们齐心协力，紧跟时代的步伐，肩负起时代的重任，为加快新农村建设步伐，推进城乡一体化发展而共同努力！愿城乡一体化不仅在三湘大地开理论之花，而且结实践之果！

最后，预祝本次论坛取得圆满成功！

长株潭“两型社会”建设是一项全新事业

——在“加快转变发展方式推进‘两型社会’建设论坛”上的致辞

中共湖南省委常委、省人民政府常务副省长　于来山

各位专家、各位教授、各位来宾和同志们：

大家好！

长株潭城市群是湖南省高度集中的精华区域，是全省经济的核心增长极。2007年12月，国务院正式批准长株潭城市群为全国“两型社会”建设综合配套改革试验区。从此，长株潭城市群的建设又翻开了新的一页。这几年，是长株潭“两型社会”试验区扎实推进的几年，也是长株潭地区发展、变化最快的几年。我们高标准地完成了长株潭试验区顶层设计，启动了一大批改革措施，建立了部省合作共建长株潭的平台和机制，特别是建设了一大批重大的基础设施建设项目，规划了五区十八片示范区的建设。通过这几年的努力，我们把长株潭三市融合推到了一个新的高度。

当前，我国已经进入“加快发展方式转变 调整经济结构”才能促进又好又快发展的新阶段，对于湖南来说，就是要紧紧抓住建设长株潭“两型社会”试验区这个重大的历史机遇，把建设“两型社会”作为加快经济发展方式转变的方向和目标，以经济发展方式的转变推进“两型社会”建设，实现湖南经济社会又好又快的发展。

长株潭城市群作为全国的试验区，理所当然的要在转方式、促两型上做出表率，创造经验，我们深知自己肩负的责任重大，使命光荣，我们将坚持已经被实践证明是正确的基本原则、工作方法和创新精神，继续实施“一化三基”的战略，突出“两型”要求，发展“两型”产业，以两新带“两型”，“四化”带两型，继续坚持新型新事，不断加大投融资、土地、环保、节能、城乡统筹等方面的体制机制创新力度，继续加快城市轨道交通、三网合一、乡镇综合治理等重大基础设施建设。和重要基础工作，以大项目促进大融合，继续抓好部省共建、示范区建设，通过几年的努力，力争在推进市场一体化、基础设施一体化、社会管理一体化、城乡一体化等方面取得更大的突破，为湖南科学发展、富民强省开辟新境界、闯出新天地。

长株潭“两型社会”建设是一项全新的事业，没有固定的模式，需要在实践中集中智慧全力探索，这一次论坛以转方式促“两型”为主题，既体现了中央的精神，又完全符合湖南的实际，很有现实意义。这次论坛，将为我们搭建一个很好的平台，让我们有机会同全国和省内的专家学者面对面的交流。至此，我们还有幸地请到了著名的专家潘家华教授为我们作专题报告，我们一定会受益匪浅，我真诚地希望各位专家围绕论坛的主题广泛交流，深入研讨，多为湖南的改革发展和“两型社会”建设出谋划策，传经送宝。

最后，我预祝论坛和《蓝皮书》首发式取得圆满成功，祝各位专家、各位教授、各位来宾和同志们，工作顺利、生活愉快、身体健康！

加强理论和政策创新
推动工业创新发展

——在2010中国工业创新发展论坛暨第二届技术创新管理与政策国际研讨会上的致辞

湖南省人民政府副省长　陈肇雄

各位专家、各位嘉宾，女士们、先生们：

大家好！

今天，来自国内外的专家学者相聚在星城长沙，隆重举行2010中国工业创新发展论坛暨第二届技术创新管理与政策国际研讨会。在此，我谨代表湖南省人民政府，对论坛的成功举办表示热烈的祝贺！并向与会的各位专家表示诚挚的欢迎！

湖南省总面积21万平方公里，总人口6900万，区位交通优越、经济腹地广阔，文化底蕴深厚、科教人才发达，自然资源富集、产业基础厚实，是中国中部地区的重要省份之一。近年来，湖南抢抓国家实施中部崛起战略和长株潭“两型社会”综合配套改革的机遇，大力实施“一化三基”战略和新型工业化带动战略，2009年全省GDP达12930亿元，位居全国第十位，经济社会科学跨越发展态势强劲，日益成为一块充满生机与活力的发展热土、创新高地。

近年来，湖南坚持把加速推进新型工业化作为加快富民强省的第一推动力，积极推动传统产业高新化、高新产业规模化、特色优势产业集群化发展，高新技术成果转化和产业化步伐不断加快，华菱钢铁、中联重科、三一重工等龙头企业实力不断增强，装备制造、有色冶金、轨道交通等优势产业集群迅速壮大，长沙高新区、株洲高新区、湘潭高新区等国家级高新技术产业园区加快发展，全省工业经济发展呈现速度加快、效益提升、结构优化、后劲增强的良好态势。2009年，全省规模工业增加值同比增长20.5%，增速位居全国第五位；工业对经济增长的贡献率首次超过50%，创改革开放以来的新高。今年上半年，全省规模工业增加值同比增长26.2%，延续了近年来的高位运行态势。

创新是一个民族进步的灵魂，是国家兴旺发达的不竭动力。进入后国际金融危机时期，经济全球化发展趋势不断深化，科技创新日新月异，产业结构深度调整，创新日益成为解决人类面临的能源资源、生态环境、自然灾害、人口健康等全球性问题的重要途径，成为经济社会发展的主要驱动力，成为世界各国抢占未来竞争制高点的共同选择。当前，湖南工业经济发展处于由重工业化阶段向高加工度化阶段过渡、由粗放型发展向集约型发展转变、由价值链低端向价值链高端跨越、由本土化向国际化进军的关键时期，面临资源、能源、环境制约加剧等深层次矛盾，迫切需要通过积极推进发展理念创新、关键技术创新、产业组织创新、产品品牌创新和企业管理创新，加快战略性新兴产业发展，构建现代工业产业体系，促进产业优化升级和发展方式转变，增强工业经济发展的综合竞争力和持续发展能力。

推动工业创新发展，理论和政策创新是不可或缺的重要组成部分，社科理论界和广大理论工作者是经济社会发展的思想库和智囊团。参加此次论坛的国内和美国、日本、瑞典、韩国等国家相关领域的众多知名学者，围绕区域创新集群竞争、区域创新系统模式、产业集群创新能力研究、产业集群动态演化和创新等问题进行深入研讨和交流，将形成一批工业创新发展的新理念、新思路、新成果，对推动湖南工业创新发展将产生积极的促进作用。

希望各位专家学者为湖南工业创新发展多提宝贵意见、传授先进经验，达到激荡创新思想、启迪创新理念、探讨创新途径的目的。希望湖南广大理论工作者和企业家珍惜难得的学习机会，加强交流，博采众长，切实把在这次论坛中学到的成果运用到推动工业创新发展的实践中去，积极推动全省工业经济的高新化、规模化、特色化、绿色化和国际化发展，努力走出一条具有湖南特色的新型工业化道路。

最后，预祝此次论坛取得圆满成功！

历史的使命　发展的平台

——在湖南省社科院毛泽东研究所成立大会上的讲话

中国社会科学院副院长　朱佳木

各位领导、各位专家，同志们，朋友们：

大家上午好！

今天，湖南省社科院隆重举行毛泽东研究所成立大会，我非常有幸也非常高兴来到这里，参与这一重大活动，见证这一重要时刻。在此，我谨代表中国社会科学院和当代中国研究所对湖南省社会科学院毛泽东研究所的成立表示热烈的祝贺。

近年来，湖南省社科院取得了十分可喜的成绩。这些成绩的取得，离不开省委省政府与省委宣传部的正确领导与深厚关怀，离不开院领导班子的科学决策与真抓实干，离不开全院干部职工的团结拼搏与务实创新。成立毛泽东研究所，是湖南省社科院在湖南省有关领导部门的支持下作出的又一重大决策，必将为提升湖南省社科院的影响、促进湖南省社科院的发展创造新的契机、提供新的平台、注入新的活力。

毛泽东同志作为从湖南走出的历史伟人，属于中国，也属于世界，更属于湖南；中国出了个毛泽东，这是中国共产党的骄傲，是中国人民的骄傲，是中华民族的骄傲，更是湖南人民的骄傲；研究毛泽东，中国理论界在行动，国外理论界也在行动，湖南理论界更应该行动。“主席家乡”这四个闪光的字眼，既意味着荣耀与财富，更饱含着责任与使命。研究毛泽东和毛泽东思想，是哲学社会科学一项十分重要的任务，对于坚持我们党在社会主义初级阶段的基本路线，对于发展中国特色的社会主义理论体系，对于开创中国特色社会主义事业新局面，都具有十分重要的意义。湖南社科院作为主席家乡的社会科学研究机构，更应当成为研究与宣传毛泽东、学习与继承毛泽东思想的重镇，也理应充分发挥主席家乡的独特优势。从这个意义上说，成立毛泽东研究所，加强对毛泽东的研究，既是湖南省社科院肩负的历史使命，也是湖南省社科院发展的重要平台。

希望湖南省社科院毛泽东研究所在今后的工作中，能把对毛泽东和毛泽东思想的研究和宣传，同中国特色社会主义理论体系的研究和宣传结合起来，同对社会主义核心价值体系的研究和推广结合起来，同对毛泽东和毛泽东思想产生的社会和时代背景结合起来。从而更科学、更深刻、更全面、更准确地把握毛泽东和毛泽东思想，更好地为改革开放服务，为党的理论创新服务，为中国哲学社会科学的繁荣和发展服务。

湖南拥有毛泽东生平与思想研究的独特资源和研究毛泽东的浓厚氛围。有省有关领导部门的高度重视和大力支持，有湖南社科院领导和全体同志对毛泽东同志的深厚感情，湖南省社科院毛泽东研究所定会不负众望，必将取得丰硕成果，为毛泽东研究事业作出自己的贡献。

最后，预祝湖南省社科院毛泽东研究所兴旺发达！走在全国毛泽东思想研究领域的前列！

把脚步踏在实地 将目光投向高处

——在全院2010年智库建设研讨班上的讲话

湖南省社会科学院党组书记、院长　朱有志

（2010年3月1日）

同志们：

今天是正月十六，是全院结束2010年春节集中调研，正式上班的第一天。首先，向大家拜个晚年，祝各位在新的一年身体健康、合家欢乐、工作顺利、事业有成！

一年一度的工作研讨班，是我们认清形势、树立信心的务虚会，是我们集思广益、献计献策的群英会，是我们思考招数、谋划发展的座谈会，是我们部署工作、推动发展的动员会。这次会议之前，党组两次专门召开会议进行研究，下发了《2010年全院工作安排意见征求表》、《2010年全院50件大事征集表》等两张表格，今天上午以部门为单位组织了一次讨论。在综合大家研讨成果的基础上，我讲四点意见。

一、提高思想认识

年初举办全年工作研讨班，在我院已经延续多年了，这种工作制度已经成为社科院的管理文化，对推动全院工作、促进全院发展发挥着重要作用，我们必须长期坚持。这次全年工作研讨班，同时又是中层干部培训班，我们将二者合二为一，是为了实现研讨工作与培训干部的相互促进。一方面用干部培训的方式研讨全院工作，以形成全年的工作思路，明确全年的主要任务；另一方面用研讨工作的方法培训全院干部，以提振全院干部的精神风貌、提高全院干部的领导能力。

在座各位作为中层干部，是推动社科院发展前进的中坚力量、中流砥柱，在各项工作中发挥着“承上启下”的重要作用。你们是管理者、组织者、执行者，同时也是领导者、谋划者、决策者。近年来，我一直强调领导要“自己把自己作领导当”，就是要求领导者要树立领导观念，增强领导意识，提升领导水平，发挥领导作用，把自己所领导的单位不断地引领到一个又一个新的发展高度。领导力包括许多方面，其中谋划力、决策力、创新力、想象力是领导力的重要方面。这次智库建设研讨班，就是要求大家为全院发展出谋划策，定些新目标、出些新主意、想些新点子、提些新招数，就是要激发、提升大家的谋划力、决策力、创新力、想象力。我们这些年来一直强调“年年要有新目标，事事要谋新招数”，说的也就是这个意思。在这次研讨班上，希望大家集中精力、积极思考、激发智慧、集思广益，以使统一我们的思想认识，创新我们的工作思路，展现我们的精神风貌，为进一步开创全院广大干部职工凝心聚力、共谋发展的良好局面打下坚实的基础。

二、明确研讨主题

经党组初步研究，我们把本次研讨班的主题定为“把脚步踏在实地，将目光投向高处”。去年全院发展之所以实现大跨越，与年初智库建设研讨班上，倡导“睁大眼看世界，跳起来摘桃子”的精神直接相关，与在这种精神激励下定下的一些发展目标直接相关。比如去年全院创造了高档次论文发表的历史新高，就是因为我们规定每个所必须发表1篇A类以上高档次论文，尽管这项硬指标当时部分同志觉得有压力，但最终还是都完成了。有句俗话说，“不怕办不到，就怕想不到，思想有多远，行动就有多远”。在并非“终极”决定意义上，在理论指导实践的“中介”意义上，概念引领世界，思想撬动发展。毛主席说过，人民群众中蕴藏这极大的积极性。因而我一直坚持这样的想法：一个单位，应当“年年要有新目标，事事要谋新招数”，必须通过领导层的领导力作用，不断确定新的目标，采取新的举措，把蕴藏在群众中的内在积极性不断激发出来，把群众内在的潜力不断挖掘出来，不断创造新的业绩，开拓新的局面。一个单位只要能做到常年如此，这个单位就一定会不断前进，也只有这样才会长盛不衰。这些年来，我们就是按照这个想法来谋划我院工作、推进我院发展的。

今年研讨班的主题定为“把脚步踏在实地，将目光投向高处”，旨在要求我们求实求特求新，要求我们谋大谋深谋远，要求我们自豪自信自强，要求我们开明开放开窍。“把脚步踏在实处”是希望大家察实情、想实事、出实招、求实效；“把目光投向高处”是希望大家在谋划和推进工作时有高目标、高要求、高标准、高效益。希望“把脚步踏在实

的基础上，采取多种方式向领导宣传，向主管部门宣传，向发改委、财政厅宣传。

（二）科辅工作方面

1.《求索》杂志要以品质保品牌，以质量求发展，以管理聚人心，千方百计提高在《新华文摘》、《中国社会科学文摘》、人大复印资料上的转载率，提高社会声誉和社会地位。2.《企业家天地》要竭尽全力提高转载率，提高社会声誉，努力打造成全国名刊、湖南第一经济大刊。

（三）管理工作方面

1.引进10名博士研究生，花大力气、用新办法力求引进3名学科带头人。2.坚持和完善处级干部竞聘工作。3.进一步加强通天连地工作，每个所要有一个调研基地，对口联系一个职能部门，要对口联系一个省级领导。4.加强地方社科院管理文化建设，完善创新管理制度，以课题的形式保证出成果、促工作。5.加强所级建设，发挥研究所战斗堡垒作用，提升所级管理水平和管理绩效。6.探索学部制、导师制建设工作。

（四）思想政治工作方面

1.加强文明建设，达到省直文明单位创建目标。2.弘扬四大精神：敬业精神、奉献精神、拼搏精神、创新精神。3.鼓励各单位、个人在全国、在各战线出业绩、争荣誉、获奖项。

（五）行政后勤工作方面

1.围绕科研做好行政工作，要把是否促进和保障科研出成果作为行政后勤是否取得实效的衡量标准。2.对全院道路实施全面提质改造。3.按现代花园式单位标准，加强绿化工作。4.积极探索和争取住房改造工作。

地，将目光投向高处”能成为我院的管理文化，成为引领我院发展的不竭动力，也成为在座各位立身处世、奋发有为的思想理念。

三、研讨工作指标

举办这个研讨班，就是要研究讨论。研究讨论需要我们大家来开动脑筋、思考问题、讨论问题、研究问题，需要我们在座的各位用创新精神来研究、讨论如何把我们湖南省社会科学院真正办成马克思主义的坚强阵地、省委省政府的合格智库、湖南社会科学研究的最高殿堂。如何研究这个题目，这本身就是题目。就是要求大家根据上级的要求、群众的期待、本院的实际，来研究我们的科研工作、行政工作、管理工作、服务工作，瞄准新的目标，做出新的安排，提出新的要求。也就是要有路线图、任务书、时间表等等。这就是我们这个研讨班的主要任务。经党组初步研究，我们提出了一些今年的工作目标和工作指标，好不好、准不准、行不行、全不全，请大家研究讨论。

（一）科研工作方面

1.理论文章方面，每个所要有权威刊物文章，或A1类文章两篇或A2类文章3篇，要力求在《中国社会科学》发文章上有新突破。2.课题方面，全院继续向国家社科基金重大、重点课题冲刺，在国家社科基金重大、重点课题方面，要敢于、善于“为荣誉而战”，力争有持续立项的记录。国家社科基金一般项目方面，申报数力求达到50项，力争在立项上有新突破。3.选取一些重点选题，集中出版8～10本重点著作。 4.科研成果评奖要多方面向一等奖冲刺。5.智库建设方面，各所全年内要保证上省情要报2篇，除文学、历史、哲学所不做硬性规定，只做导向要求以外，各应用类所要保证一篇获省领导肯定性批示。6.加大科研宣传力度，在通过媒体宣传

四、拿出研讨成果

这次研讨会的最终成果，要树立一个理念，拿出一个图表，确定三个计划。树立一个理念就是在全院职工中形成“把脚步踏在实地，将目光投向高处”的思想理念。拿出一个图表就是每个研究所要拿出一个对外联络图，图中要包含对口职能部门、分管省领导以及联系人和联系电话这四个层次的内容；确定三个计划，就是根据“把目标投向高处”的要求，确定全院2010年50件大事计划、单位工作计划和个人工作计划。

同志们，本次培训班时间紧，任务重，要求高，意义大，大家务必高度重视，精心组织，全力投入，确保研讨班各项任务全面完成。

年年要有新目标 事事要有新招数

——在湖南省社科院2010年智库建设研讨班总结会上的讲话

湖南省社会科学院党组书记、院长　朱有志

同志们：

今天的全院大会，既是智库建设研讨班的总结会，也是搞好今年工作的动员会，还是在农历的新年，我们全院同志的第一次集体见面会。因此，首先祝大家在新的一年里身体健康！合家幸福！工作顺利！万事胜意！

我院每年定于年初举办智库建设研讨班，以这种方式来研讨全年工作，这一工作模式已经连续了多年，早已成为我院不成文的工作制度，成为我院的管理文化，对推动我院工作、推进我院发展起了重要的作用。我们必须长期坚持这项工作制度，完善、发展这项工作制度。为了办好今年的智库建设研讨班，院党组两次召开专题会议进行研究，办公室同志加班加点、提早准备，起草、发放了《2010年全院工作安排意见征求表》、《2010年全院50件大事征集表》，并制定了研讨班日程安排表。由于办公室同志的精心组织，由于全体中层干部的高度重视，由于全院职工的积极参与，经过两天时间，通过动员会、中层干部分组讨论会、各单位讨论会、单位负责人汇报会、院长办公会这五大环节，达成了思想共识，明确了工作目标，提出了新的举措，本次研讨班取得了圆满成功。现在，根据全省宣传部长会议精神，根据我院实际情况，根据研讨班取得的成果，我就2010年全院工作讲三点意见。

一、牢固发展理念，提振发展信心

通过这次研讨班，全院干部职工广泛达成了思想共识，主要体现在：强化了一个理念、明确了一个要求、坚定了一个信心。

1. 强化了一个理念。这个理念就是“把脚步踏在实地，将目光投向高处”。“把脚步踏在实地，将目光投向高处”，是理性与豪情的交汇、是智慧与胆识的融合、是客观与主观的并重，它反映了办好事情、成就事业的基本规律。同志们认为，“把脚步踏在实地，将目光投向高处”应该成为我院长期坚持的基本理念，应该成为我院的管理文化。“把脚步踏在实地，将目光投向高处”，旨在要求我们求实求特求新，要求我们谋大谋深谋远，要求我们

自豪自信自强，要求我们开明开放开窍。“把脚步踏在实处”是希望大家察实情、想实事、出实招、求实效；“把目光投向高处”是希望大家在谋划和推进工作时有高目标、高要求、高标准、高效益，追求科研成果的高端化、人才开发的高层化、国际交流的高速化。“把脚步踏在实地，将目光投向高处”也是希望大家加强自身理论学习，加强基本功训练，打好学问功底，以便有更高的水平服务党和政府、服务社会、服务人民。“把脚步踏在实地，将目光投向高处”还是希望搞应用研究的同志要加强本学科基础理论的学习研究，要脚踏实地开展调查研究，追求高档次成果。这就是说，既要能写好调研报告，又要能发表高档论文。也就是我们曾要求的既要会唱湘剧高腔，也要会哼现代京剧。既要会说长沙话，也会讲北京话，既要会说中文，也要能讲外文。在行政管理工作方面，要求同志们：心中装着大目标，手头干好小事情，也要追求高档次，鼓励各单位在国家级平台上拿奖项，争荣誉。

2. 明确了一个要求。这个要求就是“年年要有新目标、事事要谋新招数”。这里的“目标”是指具体的、微观的工作目标或努力指标，这里的“招数”是指实现目标达到指标的主意、点子、办法、艺术。大家认为，一个单位，必须通过领导层的领导力作用，不断确定新的目标，采取新的举措，把蕴藏在群众中的内在积极性不断激发出来，把群众内在的潜力不断挖掘出来，不断创造新的业绩，开拓新的局面。一个单位只要能做到常年如此，这个单位就一定会不断前进，也只有这样一个单位才会欣欣向荣、才会长盛不衰。这些年来，我们就是按照这个要求来谋划我院工作、推进我院发展的。这次研讨班上，中层干部充分表现自己的谋划力、决策力、创新力、想象力，为推进我院2010年工作定了些新目标、出了些新主意、想了些新点子、提了些新招数，做到了“自己把自己作领导当”的要求，尽到了中层干部应尽的职责，符合我们提出的“让有理想的人搞理论，让会干事的人当干部”的要求。

3. 坚定了一个信心。这个信心就是“三大目标一定要实现，三大目标一定能实现”。经过多年反复思考，经过考察学习中国社科院，经过广大干部职工深入讨论，去年，我院明确提出“为把我院建设成为马克思主义的坚强阵地，省委省政府的合格智库，湖南社会科学研究的最高殿堂而努力奋斗”。这样，“马克思主义的坚强阵地，省委省政府的合格智库，湖南社会科学研究的最高殿堂”三位一体，构成了我院整体发展的大目标，同志们认为，这一目标符合中央精神，符合省委要求，符合社科院特点。在这三大目标提出之初，我们有些同志曾犹豫过、心虚过、胆怯过，今天，我院越来越多的人坚信，只要不懈努力，我们一定能实现这三大目标。信心是成事之基。湖南省社会科学院发展到今天，我们应该充满信心，我们必须充满信心，我们也有理由充满信心。六年前，我们院里开始搞演讲、发文章、写著作，呼吁湖南人要充满经济自信，当今天我们湖南经济进入快车道、进入第一方阵、进入全国十强的时候，我们再一次感受到“信心”的作用和力量！今天，湖南省社科院的同志一定要有这样的自信，要有这样的气势，要有这样的魄力，这就是：我们一定能把我院建成“马克思主义的坚强阵地，省委省政府的合格智库，湖南社会科学研究的最高殿堂”。

二、认清发展形势，明确发展目标

对于2010年我院发展形势，我们一个基本的判断就是，形势向好，但压力日增，也就是机遇与挑战并存、希望与困难同在。

*一是发展前景更好，但任务更重。*去年东向路的开通，东大门的建成，标志着我院硬件建设基本完成，从今年开始，我院将全面进入整体提升“软实力”的历史新阶段。提升“软实力”的历史新阶段，毫无疑问蕴含着更多的发展机遇，寓意着更好的发展前景。但是，软实力的提升比硬实力的建设，成效难以凸显，任务更为艰巨，发展更有难度。

*二是发展条件更好，但压力更大。*近几年来的发展，使我院影响越来越大、形象越来越好、地位越来越高，为我院发展提供了有利条件。但是与此同时，领导对我们的要求越来越高，社会对我们的需求越来越多，各界对我们的期望越来越大，这些又为我们的发展带来了很大压力。我们院领导初八上班后，省委书记和省委宣传部长交给我们五个材料任务，完成后都获得书记和部长好评，并都有肯定性批示。

*三是发展势头更好，但跨越更难。*过去几年，我院都保持着很好的发展势头，特别是去年更是经历了一个大发展年，各项工作都取得了历史性突破，这一方面振奋了我们的精神、激励了我们的信心，但是另一方面也容易使部分同志思想松懈，产生守摊子心理，影响发展冲劲。俗话说，百加斤易，千加两难。我们的发展程度更高，跨越的难度更大。

同志们，任务更重、压力更大、跨越更难，决不能成为我们放弃发展、放慢发展的理由和借口，相反，我们要敢于、要勇于、要善于把重担扛在肩上，把困难踩在脚下，把压力化作动力。只有这样，我们这个单位才能不断向前发展。

关于今年的发展目标和任务，在坚定三大目标的基础上，同志们根据“将目光投向高处”的理念，进一步明确了今年的发展指标和工作任务。

现在，将本次研讨会确定的目标和任务向大家报告。

*1.科研工作要再提档次，不断刷新纪录。*主要包括：高档次论文发表要冲击更高目标。全院要力争在《中国社会科学》杂志发表文章，以实现历史性突破。每个所都要在权威刊物发表论文1篇，或者在A1类报刊发表论文两篇，或者在A2类报刊发表论文3篇；争取课题立项中要有“为荣誉而战”的思想。全院要继续向国家社科基金重大课题、重点课题冲刺，力争有立项。在国家社科基金一般项目方面，申报数要达到50项，在立项数上要力争有新突破；学术著作要增强持续影响力。全院要确定一批重点选题，集中出版8～10本重点著作，确保三大系列著作不断有新成果。三大系列是指智库服务系列、湖湘文化系列、中国特色社会主义理论系列。湖湘文化系列已经有了从“十大转变”到“经济自信”到“战略地位”等成果，智库服务系列已经有了“三个基础”到“弯道超车”到“低碳崛起”等成果，中国特色社会主义系列已经有了“五大理论问题”到“行动哲学”到“忧患意识”。今年，这三大系列都要有新选题，出新著作，不断扩大这三大系列的学术品牌效应；智库服务成果要更多地进入领导视野。每个所全年要保证上省情要报2篇，除文学、历史、哲学所以外，各个应用类所要保证有一篇以上稿件获省领导肯定性批示。成果评奖要紧盯一等奖，要更多地把目光投向一等奖。最近几年的省级评奖，我们一等奖的获奖成果不是很多，评奖结果不是十分令人满意，今后，我们要用更多的勇气、信心去冲击一等奖，去拿回更多的一等奖。

*2.行政科辅工作要脚踏实地，再创佳绩。*行政工作要在脚踏实地做好常规性工作的基础上，争取开拓性工作有新突破。院办公室要组织、协调各部门，确保年底前基本完成院史、展览厅、宣传片等院庆三大工程；行政处要争取逐年增加科研专项经费。要加强全院绿化亮化美化工作，对全院旧主干道全面实施提质改造，把我院建设为现代水平的花园式单位。要积极探索和争取危、旧住房开发改造工作；两大杂志要不断提升社会影响力。《求索》要以品质保品牌，以质量求发展，以管理聚人心，千方百计提高在《新华文摘》、《中国社会科学文摘》、人大复印资料上的转载率，提高社会声誉和社会地位。《企业家天地》要竭尽全力提高转载率，提高社会声誉，努力打造成全国名刊、湖南第一经济大刊；其他行政科辅部门如图书馆、老干办、工青团妇等部门，要在去年取得成绩的基础上，再接再厉，继续强化为科研服务的大局意识，继续创造新的更大成绩。

*3.思想政治工作要积极有为，提升我院文明程度。*通过全院努力，要促成我院今年达到省直文明单位创建目标，同时要形成一种全院上下重视思想政治工作的氛围，形成一个善于、乐于做思想政治工作的团队。要坚持走思想政治工作与科研工作紧密结合的路子，强化思想政治工作为科研工作服务的理念。要通过树立先进典型，营造我院扬正气驱邪气的浓厚氛围，通过提升广大干部职工的文明修养、提升单位文明程度，通过弘扬敬业精神、奉献精神、拼搏精神、协作精神、创新精神等五大精神，开创我院凝心聚力、风清气正、生机盎然的良好局面。

三、创新发展举措，强化发展保障

根据发展新形势，围绕发展新目标，2010年我院应该在创新发展举措，强化发展保障上狠下工夫。对此，要着力抓好以下几方面工作。

1.进一步加强管理文化建设。一个地区、一个单位的发展差异，最终是文化的差异。管理文化是一个单位软实力的重要组成部分。随着我院发展阶段的转变，管理文化建设的重要性日益凸显。在今年，加强我院管理文化建设，一是要以发挥思想政治工作教育人感化人凝聚人的作用，要把注重思想政治工作推进我院各项工作，作为社科院的一种管理文化。二是要扎实推行全员坐班制。全员坐班制有利于培养好的工作作风，有利于形成良好的学术氛围，有利于组织科研攻关，有利于进行学术交流，总之，有利于改变我院形象，推进我院工作，促进我院发展，一定要抓紧抓实抓好。三是要加强所级建设，发挥研究所战斗堡垒作用，提升所级管理水平。四是要以课题招标的形式，开展地方社科院管理文化研究，并且通过推广运用研究成果，提升我院管理文化。五是要开展院训、院徽征集活动，产生具有地方社科院特色的院训院徽，塑造具有社科院特色的文化形象。

2.进一步加强体制机制创新。一是要探索学部制、导师制建设工作。二是要修改完善相关制度。包括《科研成果跟踪管理制度》、《课题攻关配套制度》、《科研成果考核奖励制度》等科研管理制度，以及《省情大调研制度》、《硕士、博士研究生培养暂行规定》、《职称竞聘上岗制度》、《学术带头人或首席专家制度》等制度。三是科研宣传工作要谋大谋深谋强，要建立及时向领导宣传，向主管部门宣传，向发改委、财政厅宣传科研成果的制度。要整合《省情要报》、《科研动态》、《湖南社会科学报》、湖南省社会科学院网的力量，形成立体宣传网络。四是要建立与媒体的常态化联系机制。

3.进一步加大人才队伍建设力度。一是要继续实施“引进10个博士、派出10个访问学者、派出10人挂职锻炼”的“三个十”举措。二是要采取硬措施、蛮办法、大力度、高待遇，重点引进1～3名学科带头人。三是要加大学术交流国际化力度、加大人才培养高层化力度，陆续派遣科研人员前往美国、俄罗斯、日本、老挝、朝鲜、越南、韩国、意大利等国学习考察。四是要推进全员培训方案的实施。在这里，要特别强调，今年培训工作除已有的方案实施外，要建立常年英语培训班。五是要组织编制《湖南省社会科学院中长期人才规划》。六是要努力造就一批理论专家、智库人才、学术权威，为实现三大目标提供人才支撑。

4.进一步增强行政执行力。一是要做好“三个转化”工作。即：把全院谋划工作的方法与激情转化为各个部门谋划部门工作的方法与激情；把谋划工作的方法与激情转化为监督、检查、落实、总结工作的方法与激情；把过去、今天谋划工作的方法与激情转化为今后谋划长远发展的方法与激情。二是要推进通天连地“三个一”工程，即每个所都要建立一个调研基地，要对口联系一个省级领导，对口联系一个职能部门。三是要以服务科研工作的成效作为衡量行政工作的标准，提升行政部门为科研服务的水平。四是要探讨建立行政人员工作激励机制，调动行政人员的工作积极性。

同志们，立足新目标，谋求新发展，实现新突破，谱写新篇章，是省委省政府的一贯要求，是全院干部职工的共同期待，是历史赋予我们的神圣职责。让我们在湖南省委省政府、省委宣传部的领导下，坚定信心，团结进取，开拓创新，为推进我院三大目标建设，谱写我院发展新篇章而努力奋斗！

智库建设"十得论"

湖南省社会科学院党组书记、院长　朱有志

20世纪90年代以来，地方社科院边缘化的现象非常突出，直到新世纪之初，仍然面临着前所未有的竞争压力和生存危机。2004年中共中央3号文件对社科院"智库"功能的强化，才逐步扭转了这种局面。怎样拓展社科院的生存空间和成长空间，怎样让社科院"从边缘走向中心，从后台走向前台"，多年来我较多地思考了这个问题。我先后提出过"六让"和"六字诀"。今天我将自己在智库建设方面的一些思考，归纳为"十得论"，敬请同行们批评指正。

一是"站得高"、"谋得早"。

"站得高"就是指我们智库建设的起点要高，要求我们具有大局意识，集中精力研究湖南经济社会发展中的重大理论问题和现实问题；要求我们具有全局观念，即使地方性的谋划也要融合到湖南的全局中去；要求我们具有国际视野，身处湖南不拘囿于湖南，跳出湖南来观察湖南和研究湖南。我们举办的"湘澳合作高层论坛"、"国际都市圈发展论坛"等，就是着力于高起点。为此我们提出了"把目标指向高处，把脚步踏在实地"。"谋得早"就是指我们要有前瞻思维，力求未雨绸缪。我们不仅要研究省委省政府、人民群众关心关注的经济社会发展重大问题和切身利益问题，而且还要学会和善于在改革开放和现代化建设的伟大实践中寻找研究课题。既要想领导之所想，又要想领导之所未想。我们汇编了《周强同志履职湖南省省长期间重要文论选编》，意在从这些字里行间对周强同志治湘理念和思路进行必要的爬剔梳理，并试图顺着他的理念和思路，充分发挥我们的"智库"优长，在深入调查、潜心研究的基础上提出一些我们认为有价值的意见和建议，以期科学决策提供参考。

二是"跟得紧"、"盯得住"。

"跟得紧"就是指我们要根据省委省政府、人民群众关心关注的经济社会发展重大问题和切身利益问题来调整和决定我们的研究方向、研究重点，主动和省委省政府及其相关部门加强沟通，开展合作研究，主动介入决策研究过程，建立正常化的稳定的合作交流机制。而且，还要具有敏锐的嗅觉，善于发现新东西。周强省长在2008年我省抗冰救灾表彰会上说：温家宝总理冰灾期间两次来湖南，一方面表明党中央、国务院对湖南人民的深切关怀，同时也凸显了湖南在当代中国的战略地位。我们意识到湖南在当代中国的战略地位既是一个有特殊意义的命题，也是一个有利于湖南跨越发展的课题。为此，我们组织力量，写成了《湖南在当代中国的战略地位》一书。该书对于认识建设湖南的价值，宣传湖南的形象，增强湖南的信心，树立湖南的品牌，提高湖南的地位，集聚湖南的资源，促进湖南的发展，无疑具有重大的意义。"盯得住"就是指我们要密切、长期跟踪省委省政府的中心工作和重大工作，紧密关注社会经济发展中的重点、难点、焦点问题的进展，以学者的理性和智慧，争取到该

问题的发言权甚至话语权，达到提供咨询服务和智力支持的目的。当2009年省委书记春贤同志提出“要把发展低碳经济作为长株潭两型社会试验区改革建设的重要内容”和省长周强同志提出“要大力发展低碳经济，进一步优化能源结构，加快发展新能源和可再生能源，建设以低碳排放为特征的产业体系和消费模式”，我们适时推出了《低碳崛起：湖南科学跨越的新路径》一书，体现了我院“围绕中心、服务大局”的智库意识。

三是“拉得拢”、“散得开”。

“拉得拢”就是指能够聚合全省的社科智慧服务于省委省政府的科学决策和湖南的经济社会发展。在全省打造出一些具有广泛性和联动性的研究平台，以便充分发挥哲学社会科学的作用。现在我们与湖南省院士专家咨询委员会联合向全省发布的“湖南省情决策与咨询研究课题”，已经逐渐成为沟通社科界与省委省政府之间的有效桥梁，也将成为整合各路社科大军服务于湖南省经济社会发展的重要纽带；我们打造的“湖南经济社会发展年度报告”和“省情要报”等，也已成为湖南经济社会发展的风向标和重要沟通渠道。“散得开”就是指我们要向全省扩散辐射社会科学的影响，把我们好的成果、好的做法、好的经验大众化和有用化，使之成为解决问题的参考和依据，而不是将我们的科研成果束之高阁。我们率先提出的“当代湖湘文化应该实现十大转换”、“湖南人要充满经济自信”等思想观念深刻影响了大众，为湖南省国民生产总值挺进全国“万亿俱乐部”，经济发展驶入“快车道”，吹响了行动的号角，取得了“概念引领世界，思想撬动发展”的效果。

四是“想得透”、“写得好”。

“想得透”就是指我们的研究论证时，既要突出当下，纵横比较，还要兼顾中长期；既立足现实，又放眼未来，要以有利于科学发展为旨归。之所以能够“想得透”，实际上源于我们的长期基层调研。“写得好”就是指我们“能唱现代京剧，还能唱湘剧高腔”，不仅能够撰写理论文章，而且能够写调研报告。最终拿出来的成果，既有义理光芒和思想力量，还有人文情怀和辞章神韵。我们提交省委扩大会议（“731”会议）的材料《活在稳中，好在快前》、《危机晚半步，防御早半步》等，往往成为会议的谈论焦点，都是我们几易其稿、字斟句酌的心血结晶。

五是“做得成”、“用得上”。

“做得成”就是指不仅在学术层面提出新的观点和对策，而且还想方设法在实践层面变为现实。我院张萍老副院长，提出“长株潭一体化”构想，长期建言，锲而不舍，最终促成了国家层面的决策。前省委书记春贤同志曾在多个场合动情地说：“提到长株潭，第一个应该铭记的是张萍！”我们要多搞一些省委省政府内设研究机构不适合、高校做不了、社科院做得成的项目，凸显社科院的智库功能。“用得上”就是指我们的研究成果要为湖南的“富民强省、科学跨越”战略服务，为省委省政府科学决策服务，为湖南经济社会发展服务。近年来，我们取得了十分可喜的成绩：从2003 年开始我院连续参加“731会议”并递交专题报告，省委省政府领导多次召开座谈会直接听取我院专家学者的意见，我院的“三个基础”研究、“3+5”城市群建设构想等研究成果，进入了省委省政府决策，写进了文件，变成了舆论，付诸了实施。尤其是我们在“第一时间拿出研究方案、第一时间推出阶段性成果、第一时间出版结项成果”的“弯道超车”论证成果，不仅进入省委省政府的决策，而且成为应对全球金融危机的全国性话题。原湖南省委书记张春贤同志多次强调，社科院的成果很有现实意义，很管用。湖南省委常委、宣传部长路建平同志也多次在讲话和批示中指示，要对社科院做出的、对推动工作很有意义的科研成果，“要组织新闻媒体做好宣传，推动成果的转化使用”。

相关链接

“六让”：让自己的想法变为别人的说法，让自己的说法变为人家的做法，让自己的言论变为社会的舆论，让自己的文章变为上级的文件，让自己的思考变为领导的思想，让自己的发言促进社会的发展。

“六字诀”：即“凑、挤、捏、台、压、推”六字。“凑”是要积极主动地与省委省政府以及职能部门建立联系，大胆“推销”社科院，使各级部门更多地知道社科院、了解社科院、理解社科院，进而支持社科院；“挤”是要想方设法挤进省委省政府有关会议及某些重大决策活动，让社科院的科研成果真正成为科学决策的重要参考；“捏”是要在“凑”、“挤”的前提下把一切有利于社科院发展的各种力量有效地捏拢来，把课题研究与实际工作有机地结合起来，为社科院的发展壮大创造有利条件；“抬”是要充分挖掘自身“宝藏”，抬出院内有成就、有威望的专家，用他们的科研成就和社会影响扩大社科院的影响；“压”是要通过思想教育和激励机制把科研人员压向基层、逼近现实，让他们把科研课题与社会现实中的问题紧密结合起来，不断创造出对经济社会发展有价值的基础理论成果和应用对策研究成果；“推”是要注重对年轻科研人员的培养和宣传，鼓励年轻人冒尖，奖励年轻人冒尖。让他们大胆地走向前台、勇敢地挑起重担，为社科院的后续发展打下良好基础。

在毛泽东研究所成立大会上的讲话

湖南省社会科学院党组书记、院长　朱有志

（2010年10月11日）

尊敬的佳木院长，尊敬的各位领导、各位专家、同志们：

大家上午好！

今天，我院隆重举行毛泽东研究所成立大会，首先，我谨代表全院干部职工，对应邀前来参加大会、指导工作的各位领导、各位专家表示热烈的欢迎和衷心的感谢！

毛泽东研究是具有世界性和永恒性的重要课题。因为，毛泽东同志作为一个伟大的历史人物，属于中国，也属于世界。因为，毛泽东同志永远活在人民心中！因为，他的名字、他的思想、他的精神，将永远鼓舞着我们继续推动中国乃至人类社会向前发展。

作为主席家乡的社会科学院，成立毛泽东研究所，加强毛泽东研究，我们感到责无旁贷、感到使命重大、感到意义非凡。

首先，这是湖南发展的需要。如果说，当今时代是品牌的时代，那么，“毛泽东”无疑是湖南最大的品牌、最亮的品牌。去年，中共中央政治局常委李长春同志在我省视察时指出，湖南要充分利用好全国人民对毛泽东同志的深厚感情，要充分用好“毛泽东”这个具有强大历史影响力的品牌，推动湖南经济社会发展。同时指示：湖南要“进一步加强对毛主席生平事迹的研究开发运用……通过各种形式把毛主席的高贵品质、崇高思想、精神境界世世代代的传承下去，使湖南以毛主席生平事迹为主题的文化建设在全国树立鲜明的特色和鲜明的形象。”我院作为湖南省委省政府的思想库和智囊团，理应在贯彻落实长春同志讲话的过程中作出应有的贡献。

其次，这是多方领导的期待。此时此刻，我应当在这里向大家汇报一个情况。在我担任社科院院长近十年期间，曾经有多位领导在来湖南指导工作时，在多种场合，在多个时间都向我语重心长地叮嘱过：你们湖南社科院应该成立毛泽东研究所，应该利用毛泽东这个品牌，以推动毛泽东研究的深入发展，推动社科院自身事业的发展。这些领导同志当中，就有今天亲临指导的中国社会科学院的朱佳木院长，还有陈奎元院长、冷溶院长、李慎明院长等。前不久广西壮族自治区李副主席来湖南时，也一再提出，湖南省社科院应成立毛泽东研究所。这些领导同志语重心长的叮嘱，多年来，一直萦绕在我的脑际，叩击在我的心头。自此，成立毛泽东研究所也就成了我要求自己在任院长期间必须完成的一件大事，今天，终于如愿以偿，我感到非常欣慰！因此，特意请来了中国社科院朱佳木副院长，省委宣传部李湘舟副部长，湖南省地方志党组书记、副主任王晓天同志，河南省社科院正院级领导赵保佑同志，湖南省委讲师团巡视员陈志强同志，湖南科技大学副书记刘建武同志，中共湖南省委党校副校长黄高荣同志，湖南林业科技大学副校长廖小平同志，湖南省委党史委副厅级纪检员夏远生同志，湖南第一师范学院副书记肖湘愚同志，韶山毛泽东同志纪念馆馆长夏佑新同志，湖南师范大学教授、博导谭献民同志，上海市社科院《毛泽东邓小平理论研究》常务副主编曹泳鑫同志，四川省社科院毛泽东思想研究所副所长、《毛泽东思想研究》杂志社副主编曾敏同志，湘潭大学哲学与历史学院院长李佑新同志，湘潭大学期刊社社长、社科学报主编章育良同志，湖南省社科联科研处处长汤建军同志，湖南省社科院研究员张胜祖同志，湖南省社科院研究员李吉同志。

第三，这是我院实现“三大目标”的要求。在经过多年的反复思考和讨论，去年，我院确立了三大奋斗目标，明确提出了，“为把我院建设成为马克思主义的坚强阵地，省委省政府的合格智库，湖南社会科学研究的最高殿堂而努力奋斗”。三大奋斗目标的确立，融汇着我们对中央精神的深刻领会，融汇着我们对省委要求的深切把握，同时也是我们向中国社科院深入学习的结果。这三大奋斗目标的实现，必然要求我们加强对毛泽东的学习、研究和宣传。毛泽东同志作为伟大的马克思主义者，一方面是马克思主义的创新理论家，另一方面是马克思主义的坚定践行者。只有加强对毛泽东的学习、研究和宣传，我们才能成为马克思主义的坚强阵地。

各位领导、各位专家，对于毛泽东研究，我院已经具有一定的基础，也出了一批有分量的成果。

在毛泽东早期哲学研究方面：自1978年以来，我

院哲学所研究人员利用地方资料优势，深入开展研究，发表了系列论文，出版了一批专著，取得了较为丰富的成果。其中，有1980年出版的李羽立、王兴国、李吉等著《毛泽东早期哲学思想研究》，该书在全国同类书中出版最早；有1988年出版的李吉等著《马克思主义哲学中国化的开端》；有1990年出版的陈建中等著《智慧的曙光——毛泽东早期、建党和大革命时期著作研究》；有1993年出版的王兴国等著《毛泽东——走向马克思主义》；还有《青年毛泽东的思想轨迹》、《第一生产力论——毛泽东思想在新时期的发展》、《毛泽东思想萌芽新论》等等。近年有邹智贤《论毛泽东社会主义建设的价值向度》，发表在《哲学研究》2008年第12期。著作方面，《毛泽东经济哲学思想》即将出版。

在毛泽东文稿编辑方面：1985年以来，我院一些科研人员，参加“中共湖南省委《毛泽东早期文稿》编辑组”，与中共中央文献研究室合作进行了《毛泽东早期文稿》和《建党至大革命时期毛泽东文稿》两书的编辑注释工作。

在课题方面，国家社科基金课题有“毛泽东早期思想研究”等，省级社科基金课题有：“毛泽东思想萌芽新论”、“毛泽东、邓小平‘结合’思想比较研究”等等。

总结过去，尽管我们的研究取得了一些成绩，但是离上级的期待和时代的要求还有不小的距离。面向未来，在今后的研究中，我们一定遵循马克思主义的唯物史观，一定坚持与时俱进的时代精神，一定增强使命感与责任感，进一步拓宽研究领域，开阔研究视野，丰富研究方法，提高研究水平，多出研究成果，为加强和深化毛泽东研究，作出新的应有的贡献。

各位领导、各位专家，毛泽东是党的毛泽东，是人民的毛泽东，是中国的毛泽东，是世界的毛泽东！因于对党和人民的深厚感情，我们对毛泽东同志怀有深厚的感情；因于对湖南、对中国和对世界的神圣责任，毛泽东研究就是我们的崇高使命！

因此，有了这深厚的感情和崇高的使命，还有各级领导的高度重视和众多省内外专家的大力支持，我对我院毛泽东研究充满期待、充满信心！

谢谢大家！

“领”到高处 “导”向深处

——在我院全员英语培训开班仪式上的讲话

湖南省社会科学院党组书记、院长 朱有志

（2010年5月21日）

同志们：

今天，我院全体干部职工汇聚一堂，在这里隆重举行我院全员英语培训班开班仪式。首先我谨代表党组对培训活动的顺利举办表示热烈的祝贺！对为开展此项活动付出大量工作和艰辛努力的同志们表示衷心的感谢！对全院干部职工积极响应党组号召、踊跃参与培训活动表示诚挚的敬意！

举办全员英语培训活动，主要是为了在新的历史条件下，根据新的工作任务和工作要求，全面提高我院干部职工的英语水平、加快培养我院国际化人才、促进我院学术交流的国际化水平，扎实推进我院“三大目标”建设，努力提升我院的影响力和竞争力，实现我院又好又快和可持续发展。下面，结合此次培训活动，我讲两点意见，供同志们参考。

一、为什么要开展全员英语培训活动

全员英语培训，跟去年的全员坐班一样，对于我院来说是个新鲜事物，可能会使一些同志感到困惑和不解，甚至产生抵触情绪。院党组之所以下狠决心、花大力气来做这项工作，主要是基于以下四点理由：

1.提升社科工作者的国际化水平，是党中央的一贯要求。语言是人们交际的工具。人民的总体外语水平，是一个民族、一个国家的综合国力的重要组成部分。马克思曾经说过：“外语是人生斗争的武器。”斯大林曾说过：“语言是工具、武器，人们利用它来互相交际，交流思想，达到互相了解。”我党一直以来都十分重视外语的学习，老一辈无产阶级革命家领袖毛泽东曾说过：“还是学英语好，我半路出家外文吃了亏，学外文要赶快，年轻时学好。”2004年党中央发布《关于进一步繁荣发展哲学社会科学的意见》，强调要大力实施哲学社会科学“走出去”战略，采取各种有效措施扩大我国哲学社会科学在世界上的影响。党的十七大报告也要求，要推动我国哲学社会科学优秀成果和优秀人才走向世界。社会科学的国际性日趋增强，在广泛的国际交往中社会科学的概念、术语将进一步国际化和规范化，这就要求社会科学工作者不仅要掌握一至两门外语，还要熟悉国际上通用的专业术语和交流方式。

2.加快培养国际化人才，是建设开放型湖南的应有之义。1978年，对外开放的春风吹遍三湘大地，“敢为天下先”的湖南人坚持以经济建设为中心，深化改革，扩大开放，全方位、多层次、宽领域参与国际经济合作与竞争，“走出去”、“引进来”，大力发展外向型经济，对外贸易快速增长，利用外资明显增加，内联引资方兴未艾，对外经济技术合作成果丰硕，旅游产业日趋壮大。特别是第九次党代会以来，张春贤、周强等同志一直强调，要以国际化视野来谋划和推动湖南各项工作，着力提升湖南开放型经济水平。湖南工作的国际化首先离不开湖南人才的国际化，而人才的国际化，外语的掌握能力和运用水平就显得十分重要。

3.加强英语对话能力，是推进我院“三大目标”建设的客观需要。去年，我们确定了“要把我院建设成为马克思主义的坚强阵地、省委省政府的合格智库、湖南社会科学研究的最高殿堂”的三大奋斗目标。要实现这三大目标，就必须坚持对外开放，加强国际学术交流和交往，吸纳世界优秀文明成果为我所用，向国际水准看齐。就社会科学研究自身来说，只有积极与世界交流，学习借鉴，融会贯通，才能更快地得到提高，形成自己的特点。

4.较高的英语交流水平，是个人成才和发展的必备素质。在经济全球化的潮流中，世界各民族之间的交流日益频繁，不同文化之间的交融不断深化，在这一背景下，作为文化符号的语言就显得尤其重要。只有了解一个国家的语言，才有可能了解一个国家的文化，才能为相互之间的交流提供对话的平台。在现阶段，掌握了一门语言（英语）就意味着你获得了一把金钥匙或者说一块敲门砖。对于一个商人来说，他可以在第一时间了解外界信息，从中捕捉商机；对于一个求职者来说，掌握了一门外语无疑增加了胜算的筹码；对于一个小商贩来说，能

用外语同外宾进行交流能为他带来额外的利润；对于一个学者来说，他可以直接阅读外文资料，从中获取养分，等等。

二、如何搞好全员英语培训活动

加强英语培训，是一项长期而艰巨的任务，固然需要从长计议，同时，我们也要立足当前，要以等不起的历史感、慢不得的使命感和坐不住的责任感，从现在开始就抓好抓实这项工作。

1.深化认识，提升内在的学习动力。有没有内在的学习动力，一方面直接影响着学习主体学习的效果，另一方面也深刻体现出学习主体认识的深度。我们每一位干部职工只有深化对英语学习的认识，提升内在的学习动力，真正实现从“要我学”到“我要学”的转变，才能期待有好的学习成效。深化对英语学习的认识，我们既要站在推进学习型党组织建设的高度，也要站在推进学习型单位建设的高度；既要站在推进哲学社会科学走向世界的高度，也要站在推进湖南国际化发展战略的高度；既要站在推进合格智库建设的高度，也要站在促进个人全面发展的高度。

2.明确要求，执行严格的学习制度。为搞好英语培训工作，院里专门成立了英语培训领导机构，制定了培训方案，编制了详细的学员分班情况统计表，希望大家严格遵守有关规定，履行职责，积极参与学习以及相关活动。负责培训的同志要认真履行职责，精心组织好、安排好学习活动;授课老师课前要认真备好课，以负责的态度、饱满的热情授好课；各类学员要服从安排，积极参加学习，上课要认真听讲，做好学习记录，做到不请假、不迟到、不旷课;负责考勤的同志要督促学员按时参加学习，并认真做好考勤登记和考勤通报;要定时组织考试，检验学习效果。

3.加强宣传，营造浓厚的学习氛围。任何一项工作的展开与推进，宣传活动与舆论氛围至关重要，这是我们党从实践中总结得来的宝贵经验。这次全员英语培训活动，必须整合多方力量、采取多种方式、利用多种平台搞好宣传。《培训工作简报》、《湖南社会科学报》、院网站等宣传阵地要全启动，党群部宣传科、英语培训机构中的宣传组、各英语培训班的宣传员要齐上阵，形成宣传合力，营造浓厚氛围。希望通过宣传，统一大家的思想认识；通过宣传，营造良好的学习氛围；通过宣传，激发高涨的学习热情。

4.创新方法，达到良好的学习效果。马克思主义者是目的与手段的统一论者，是结果与过程的统一论者，我们既要追求有好的学习效果，也要追求学得轻松、学得愉快。这就要求我们的组织者、授课老师必须注重培训方法，创新培训形式，做到寓教于乐，寓学于乐。我高兴地看到，我们的组织者已经有了这方面的考虑与安排，比如，在《关于开展全员英语培训工作的通知》中，就写到“将英语学习与英语游艺相结合，全年组织两次以英语为主体的游艺活动，让全院干部职工参与精心设计的趣味性与知识性较强的英语节目，培养干部职工的英语学习兴趣。”

同志们，从今天开始，我院全员英语培训活动正式拉开了帷幕，希望全院干部职工以正确的态度、饱满的热情参加到活动中去，真正学有所成，提高自身的英语水平，为推进我院学术国际化打好语言基础。

替专家交流搭建平台 为湖南发展贡献智慧

——在首届“湖湘经济高峰论坛”上的致辞

湖南省社会科学院党组书记、院长 朱有志

各位领导，各位专家，各位朋友：

今天，湖南省经济学会和湖南省社会科学院联合举办第一届“湖湘经济高峰论坛”，首先，我代表省社科院，对各位专家、学者的到来表示热烈欢迎，对论坛顺利开幕表示祝贺！

举办这次湖湘经济高峰论坛，有三个目的。一是要促进经济理论的新发展。各位专家都是湖南经济学研究领域的名家，长期以来致力于各自主攻的专门领域，不断萌发新的思想、产生新的成果，为湖南经济的发展作出了重要的贡献。举办这样一个论坛，把各位专家聚到一起，旨在通过不断地讨论、交流，进一步激发新思想、传播新思想，从而凝聚理论研究和实践研究中的最新成果，为促进经济理论的发展积聚力量。二是要推动湖南经济的新跨越。理论的源泉在于实践，理论只有同实践紧密结合并且用于指导实践，才能转化为强大的生产力。各位专家都是理论联系实践的成功典范，长期以来为湖南经济社会发展谋思路、出点子，积累了丰富经验，产生了重要成果。今天的“湖湘经济高峰论坛”就是要为新时期湖南经济发展继续贡献智慧。三是要构建学者交流的新平台。今天来参加论坛的既有高校的学者型专家，也有来自政府部门的领导，在论坛中直接对话，面对面交流，既可以让理论工作者加深对实践领域的理解，也能促进实践工作者对新思想的认同。从成果转化应用来看，学者们的理论成果通过这个平台，可以最有效地转化为应用成果，更快地进入决策。今后的交流，我们需要创新不同模式。我以为既可有今天的围绕一个主题发表高见，也可有一个专家就个人的某一思想做深入阐述，其他专家就其发言论题进行深入讨论，这种讨论，可以是补充完善，也可以争鸣交锋，还可以通过不同学者谈体会、做宣传，扩大专家的知名度。

我希望这个论坛能够成为一种学术常态，能够长期办下去，使之成为湖南经济学界最高端、最权威的专家盛会。

湖南经济社会发展正处在一个重要的战略机遇期，热点难点问题不断涌现，无论是理论工作还是实践工作，都大有可为。我们要充满理论自信，充满经济自信，加强交流，加强合作，为推动经济理论的繁荣，促进湖南经济的发展作出我们应有的贡献。

最后，预祝论坛圆满成功！

机构设置 03

HUNAN ACADEMY OF SOCIAL SCIENCES YEARBOOK

湖南省社科院机构设置

院领导分工及联系部门

处室和研究所负责人

在职职工分类情况

湖南省社科院机构设置

湖南省社会科学院
科研所及基地
行政部门
科辅部门
文学研究所
历史研究所
哲学研究所/毛泽东研究所
经济研究所
区域社会经济系统工程研究所
工业经济研究所
政治与公共管理研究所
社会学法学研究所
人才研究所
国际问题研究所
农村发展研究所
财经研究所
城市发展研究所
湖南省特研中心社科院基地
湖南新农村建设研究基地
湖南省情与决策咨询研究基地
湖南省创意产业研究基地
办公室/人事处
党群部/机关党委
纪检监察室
工　会
妇委会
团　委
科研开发处
行 政 处
离 退 办
湖南省社科系列职改办
图 书 馆
湖南省情与决策咨询研究基地办公室
求索杂志社
企业家天地杂志社
院生活服务中心

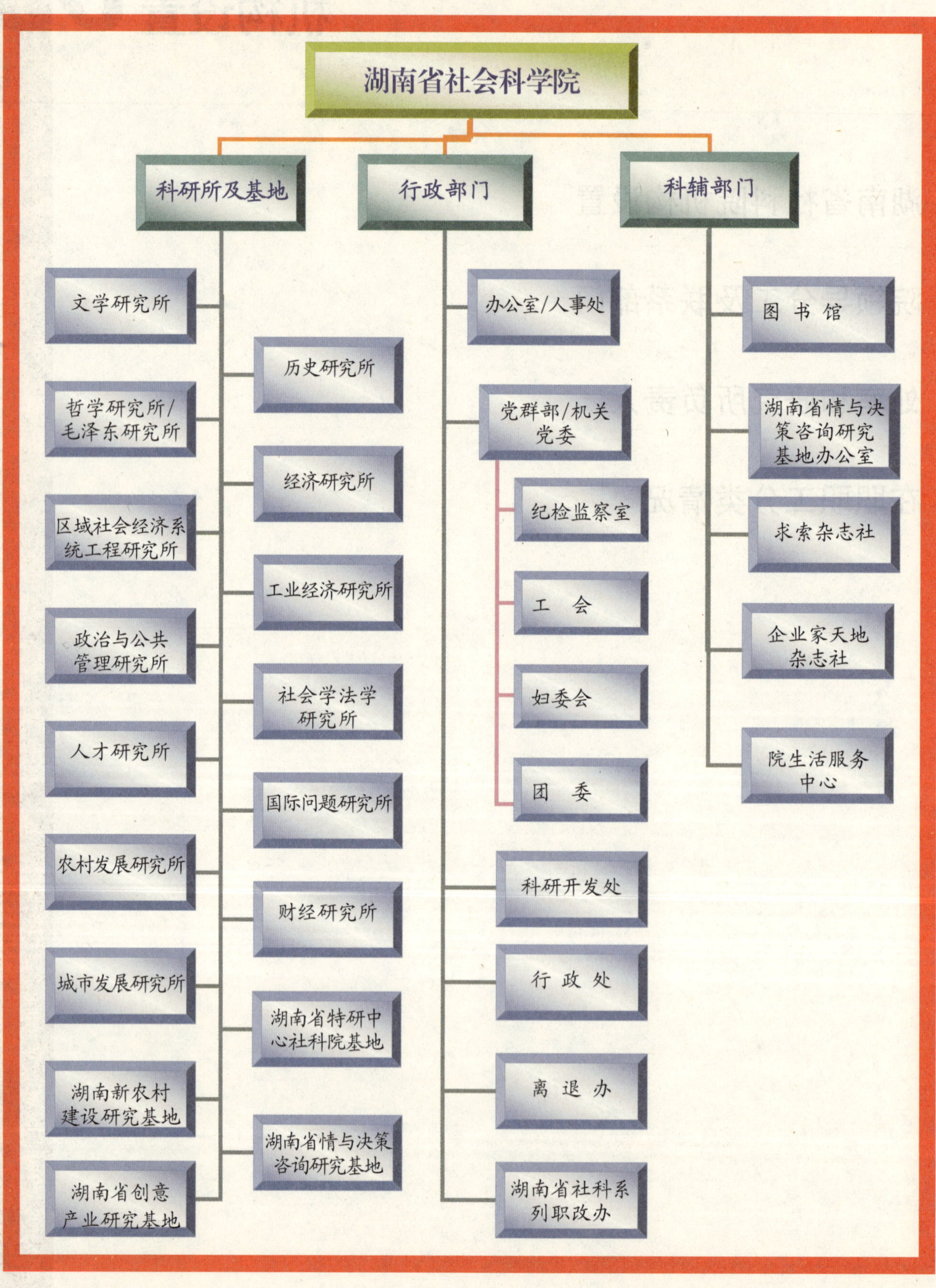

院领导分工及联系部门

	工作分工	分管处室	联系部门
朱有志 （党组书记、院长）	主持全面工作		工业经济研究所、农村发展研究所
周小毛 （党组成员、副院长）	分管财务、基建、消防、安全保卫、综合治理、计划生育、国有资产、大院后勤、《求索》等方面工作	行政处、《求索》杂志社	政治与公共管理研究所、国际问题研究所
罗波阳 （党组成员、副院长）	分管科研、学科建设、学术交流、研究生教育、省情课题评审、社科系列职称评审、《年鉴》、科研平台建设、社团管理等方面工作	科研开发处、职改办	区域社会经济系统工程研究所、财经研究所、经济研究所
贺培育 （党组成员、副院长）	分管干部、人事、外事、机要、档案、老干、《企业家天地》等方面工作	院办（人事处）、离退休办公室、《企业家天地》杂志社	哲学研究所（毛泽东研究所）、人才学研究所
刘云波 （党组成员、副厅级纪检员）	分管纪检监察、审计、党建、宣教、统战、信访、思想政治工作、共青团、国情调研等方面工作	机关党委、纪检监察室、工会、妇委会、团委、省情与决策咨询研究基地办公室	文学研究所、历史研究所
方向新 （副巡视员）	分管国家课题申报、人才培训、文献信息建设等方面工作	图书馆	社会学法学研究所、城市发展研究所

处室和研究所负责人名录

部门	正 职	副 职
院办公室	陈军（–2010.6） 李铁明（2010.6–）	李瑞梅、伍新林
机关党委	刘云波（2010.1）	王自立（专职副书记）、刘建民
纪检监察室	潘小刚	
工会	陈文胜（–2010.6）	
妇委会	陈君武	
共青团委	李 晖	
科研开发处	刘云波（–2010.6） 陈文胜（2010.6–）	向志柱（–2010.8）、林志红、 湛中维（2010.8–）
湖南省社科系列职改办	向志柱(2010.6–)	谢建新、刘涛
行政处	张小舟	戚祖良、申晖
离退办	李 军	
文学研究所	胡良桂	卓今
历史研究所	王国宇	郭钦
哲学研究所/毛泽东研究	万 里	邹智贤（常务）、唐光斌
经济研究所	肖毅敏	刘险峰
区域社会经济系统工程研究	史永铭	湛中维
工业经济研究所	郭 勇	王毅、谢瑾岚
政治与公共管理研究所	刘助仁	潘小刚（常务，2010.6–）、胡艳辉、黄海
社会学法学研究所	方向新（–2010.6） 童中贤（2010.6–）	杨盛海
人才学研究所	胡跃福	宋本江
国际问题研究所		谢晶仁（主持工作）、刘新荣（2010.10–）
农村发展研究所	陈文胜（2010.6–）	王文强（主持工作）
财经研究所	尹向东	
城市发展研究所	童中贤	
湖南省情与决策咨询研究基地办		周少华（主持工作）、刘险峰（兼，2010.8–）
图书馆	李铁明（–2010.6） 尹向东（2010.6–）	李斌、刘红林
求索	肖耀球（社长） 乌东峰（总编）	章克团、余小平
企业家天地	刘 维	

在职职工分类情况

类别	层次	男性职工人数	女性职工人数	总计
职务结构	正厅	1		1
	副厅	5		5
	正处	18	2	20
	副处	22	15	38
	正科			67
	副科			31
	工人	6	1	7
	其他			28
	小计	121	77	198
年龄结构	50岁以上			46
	40－49			62
	31－39			60
	30岁以下			30
	小计			198
学历结构	博士（含在读）	28	7	35
	硕士（含在读）	50	23	73
	本科	31	39	70
	大专以下	14	6	20
	小计	121	77	198
职称结构	正高职称	28	7	35
	副高职称	31	27	58
	中级职称	36	24	60
	初级职称	13	10	23
	试用期和无职称	13	9	22
	小计	121	77	198
岗位类别	科研岗位	60	33	93
	科辅岗位	13	19	32
	行政岗位	48	25	73
	小计	121	77	198

04 党群工作

HUNAN ACADEMY OF SOCIAL SCIENCES YEARBOOK

机关党委工作

湖南省社会科学院机关党委正式成立于1987年。到2010年，全院共有党员224名，占全院职工总人数的73.9%；在职党员144名，占在职职工人数的73.5%。现任机关党委书记为院党组成员、副厅级纪检员刘云波，机关党委专职副书记为王自立。2010年，机关党委在党组的正确领导和全院职工的共同努力下，取得了较大成绩。

一、创先争优活动初见成效

6月，机关党委举行了“创先争优、创文明单位”知识竞赛。将创先争优活动与创文明单位、学习“六个为什么”和“讲党性、重品行、做表率”及学习型党组织建设活动结合起来。将其知识点编印成竞赛题目下发到各支部组织认真学习，在此基础上组织知识竞赛，对竞赛优胜者“七一”予以表彰奖励。

在建党89周年庆祝会上，朱有志院长代表院党组向党向群众进行承诺，马延炜代表青年科研人员向党承诺。在活动中全体党员都认真填写了承诺书，并予以公示。院领导深入到联系点进行点评，并且召开民主生活会对每一位共产党员进行群众评议，取得了积极的成果。通过推荐我身边的优秀共产党员、优秀党务工作者和先进基层党支部，“七一”召开了优秀共产党员、优秀党务工作者和先进基层党支部表彰大会充分发挥了榜样的示范作用。

二、文明创建工作成果丰硕

2010年，机关党委组织开展了“创先争优，我为创建省直文明单位作贡献”桂林考察活动。出席活动的有85位共产党员、部分入党积极分子和非党员群众。邀请部分入党积极分子和非党员群众参加，以增强党的凝聚力，加强全院党内外团结协作，共同创建省直文明单位。

7月1日，表彰了院文明处所、文明岗位、文明个人、文明家庭、文明楼栋并举行授牌仪式。

11月8日，省直机关工委副巡视员李国军、省直机关工委文明办主任叶丽纯等对省社科院文明单位创建工作进行了考核验收。验收组首先考察了大院的整体环境和各项基础设施建设，然后听取了院省直文明单位创建办公室主任王自立、院办公室主任李铁明、行政处处长张小舟、历史所副所长郭钦关于文明单位创建的工作汇报，并认真细致地查阅了相关档案资料，还对部分职工进行了问卷调查。验收组对省社科院文明创建工作给予了充分肯定，认为湖南省社科院的文明创建工作有特色，有成效。李国军指出，省社科院在文明创建工作过程中，硬件建设和软件建设都取得了显著的成绩：一是组织领导好，院领导对文明创建工作非常重视。二是工作思路新，把文明创建工作与繁荣哲学社会科学发展目标结合得很紧密。三是创建内容丰，文明创建工作把提高干部职工的素质放在了首位。四是管理制度全，院里各项工作得到有序开展。重视院里环境建设，工作条件大大改善，内部管理规范有序。五是科研成果精，许多科研成果在全省乃至全国产生很大的影响力。

2010年省社科院被授予“省直机关文明单位”称号，全院职工增发了奖励性工资。朱有志院长获“湖南省党的工作最佳领导者”的称号。

三、学习型党组织建设成绩突出

3月初，人民日报新闻协调部副主任丁伟、新闻协调部主编周朗就我省创建学习型党组织来湘展开调研。省社科院作为重点单位接受采访并介绍情况和经验。副院长罗波阳参加了省委宣传部组织的集体座谈会，对省社科院健全学习制度作了重点发言；院党组成员、副厅级纪检员刘云波就省社科院建设学习型党组织情况，接受了《人民日报》的专访，院机关党委专职副书记王自立、正处级纪检员潘小刚和科研处副处长向志柱陪同采访。《人民日报》内参《情况汇编》695期刊登了向志柱执笔的省社科院建设学习型党组织做法和经验的专题材料。4月8日《人民日报》头版头条文章《让学习成为力量——湖南、江西、山东建设学习型党组织纪事》摘引了罗波阳副院长的主要观点。

院中心组第三季度扩大学习会议，重点学习了胡锦涛在深圳特区建立30周年大会上的讲话和中共中央宣传部理论局出版的《划清“四个重大界限”学习读本》。院党组书记、院长朱有志参加学习并作重要讲话。院领导及院处级以上干部参加了学习，党组成员、副厅级纪检员、机关党委书记刘云波主持。朱有志在题为《明白明确的　坚持坚定的》的讲话中谈了自己的学习体会并对全院学习“读本”作了要求。周小毛副院长、方向新副巡视员、经济所所长肖毅敏、历史所所长王国宇等做了精彩的中心发言。罗波阳副院长，党组成员、副厅级纪检员、机关党委书记刘云波分别就文明单位创建等问题做了要求。机关党委专职副书记王自立研究员传达了“关于创先争优领导点评和群众评议”文件精神。

院第四季度中心组扩大学习会议认真学习了十七届五中全会、中央经济工作会议、省委九届十次全会相关文件。传达了全国基层党组织党务公开电视电话会议精神。党组成员、副院长罗波阳作了“学习十七届五中全会及中央经济工作会议精神”的辅导报告。党组成员、纪检书记刘云波作总结发言。机关党委专职副书记王自立传达了全国“基层党组织党务公开”的会议精神；职改办主任向志柱作了题为“准确理解十七届五中全会精神”中心发言；政治与公共管理研究所副所长黄海作了题为‘十二五‘期间湖南城乡社会事业发展阶段性特征和基本思路——学习湖南省委九届十次全会精神”中心发言。全院处级以上干部参加了学习。会议由机关党委专职副书记王自立主持。

四、送温暖献爱心活动取得实效

1月14日，院机关党委到“双联”结对帮扶单位永州市新田县青山坪村，为该村送去了全院职工爱心捐款33310元，该款支持青山坪村修建了村内水泥道路，改善了村民的居住环境。慰问人员转达了院领导和全院职工对农民兄弟的新年问候。

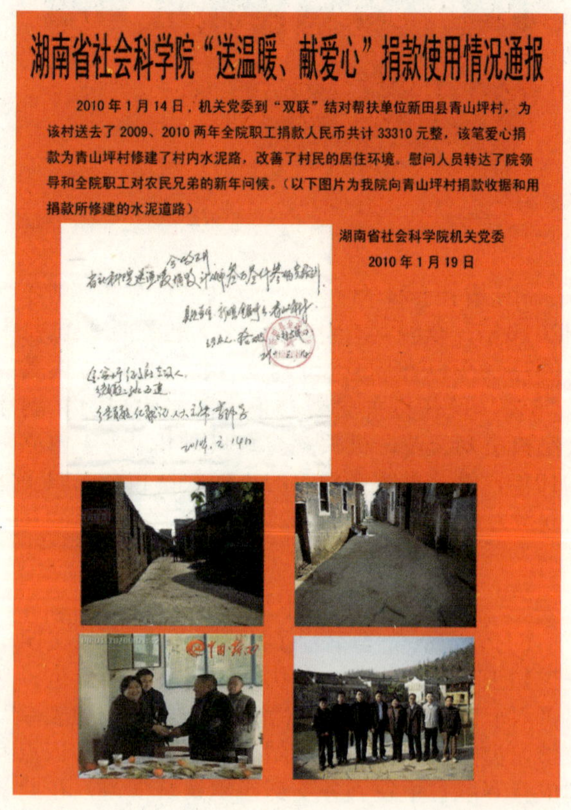

湖南省社会科学院“送温暖、献爱心”捐款使用情况通报

2010年1月14日，机关党委到“双联”结对帮扶单位新田县青山坪村，为该村送去了2009、2010两年全院职工捐款人民币共计33310元整，该笔爱心捐款为青山坪村修建了村内水泥路，改善了村民的居住环境。慰问人员转达了院领导和全院职工对农民兄弟的新年问候。（以下图片为我院向青山坪村捐款收据和用捐款所修建的水泥道路）

湖南省社会科学院机关党委

2010年1月19日

纪检监察、审计工作

2010年，在院党组的领导下，纪检监察、审计、宣传工作围绕中心，服务大局，纪检监察工作实现了稳中有序，全院全年没有出现重大违法违纪情况，也没有出现任何被上级纪检部门查处的情况。

一、纪检监察工作

1.处理了一起重大债务纠纷。省社科院曾在1995年建房时向银行贷款，2009年时本息累计达390万元，后该债权转让某公司，该公司向法院提起诉讼并被法院正式受理，省社科院当时面临被查封账户的危险。经院党组研究，指定以院纪检监察室牵头、行政处配合共同处理该事。经多方沟通以及多轮艰苦谈判，最终以不到100万元的代价成功化解该官司和旧债。

2.组织了三方面党风廉政教育。一是加强法制教育。先后组织学习了《廉政准则》，组织开展了学法普法考试。二是加强党员干部廉洁从政素质教育。2010年选送申晖和刘红林两位副处级干部参加了省直工委在省直党校举办的党员干部党风廉政建设培训班，组织2008年以来新提拔的副处级干部观看了中纪委重点推荐影片《北极雪》。三是加强日常性教育。继续在院网办好纪检监察专栏。

3.开展了四类内部监督。一是全程开展工程招投标的监督。2010年纪检监察室都全程参与了监督院内道路改造、电脑采购等招投标工程以及正在进行的研究生教育和国际学术交流中心建设招投标等，确保了招投标工作的公开、公平、公正。二是开展了经济合同的签审监督。对于省社科院2010年所有与院外签署的涉及院公用经费和专项经费的经济合同，纪检监察室都参与了审签与把关。三是开展了小金库的检查监督。按照上级单位有关精神，与院行政处一起，对省社科院设置小金库的情况进行了摸排检查，没有发现违规违纪情况。四是对省社科院有关国有资产的处置进行了监督。另外，纪检监察室参与了院文明创建的有关工作以及部分科研工作。

二、审计工作

1.切实做好院基建维修工程审计。2010年共计完成地下车库、周边道路、门楼地坪、排水工程等基建维修工程预、决算审计10项，审计前施工方报价118.9万余元，审计后结算计价99.1万余元；全年共审减资金19.8万余元。同时分季度对省社科院1—9月份的零星基建维修工程进行了结算审计，对已部分完工的院道路改造工程进行了期中审计验收。

2.配合搞好院财务审计及院经济适用房内部结算审计。按照院领导安排参与接待审计厅派驻的审计组一行，配合院行政处财务科完成了上级对院财务的检查审计工作，组建了由原副院长唐日新负责的院18、19、20栋经济适用房内部结算小组。审计室参与了该项目2002至2009年的基建收支、成本费用和往来账目的清理与结算工作，为住户节约审计资金2万余元。

宣传工作

在院党组的正确领导下，宣传部门树立大宣传的理念，凝心聚力，利用网站、报纸与省内外媒体，发挥立体宣传的优势，充分展示了工作成绩、研究成果和学术活动。

一、结合“三大目标”，发挥优势办好一网

2010年继续加强和推进社科院网站建设，按照“三大发展”目标的要求，继续强化为科研服务的大局意识，及时反映智库建设的各项工作和成果。院网站的点击率达到120多万次，其中2010年达46万余次，日均访问量1000多次。根据网站栏目设置，明确责任栏目的具体维护内容、时限要求等，对“本院要闻”时效性强、浏览率较高的栏目，做到及时更新，全年共更新内容510余条，其中更新新闻320多条；加强与网络技术科的合作，优化网站运营环境，强化日常安全管理，定期开展信息与安全检查，先后40余次化解了网络黑客的攻击，维护了网站的正常运行；不断拓展网站现有功能。在“本院专题”栏目中加设了“湖南社科院党建网”，在资料专区增加了“中共理论数据库”和“博看期刊数据库(试用)”链接。四是及时、全面报道省社科院的重要活动，反响良好。其中“第二届技术创新管理与政策国际研讨会在长沙召开”被新华网全文转载；“湖南省情决策与咨询研究工作座谈会在衡阳召开”被中国社会科学网全文转载。

二、定向服务与突出重点相结合，创新栏目办好一报

《湖南社会科学报》作为湖南社科界唯一的社科类报纸，2010年全年编发20期，起到了汇通社科信息、宣传社科人才、展示社科成果的作用，得到了领导、同行、读者的一致好评。中国社科院副院长朱佳木、江西社科院院长汪玉奇、河南社科院正院级领导赵保佑、天津社科院副院长王立国、湖南省委办公厅主任罗海艳等予以充分肯定。得到全国著名人才学家杨敬东的关注。湖南师大退休老师李长林教授和惠州学院成晓军教授等特地致信编辑部予以肯定。

三、做好宣传联络工作，扩大省社科院省内外影响力

2010年，除了利用报纸、网络积极宣传省社科院科研人员的学术成果、调研报告、对策建议等智库成果外，继续与省委宣传部理论处，省社科规划办，部分大学的宣传部、社科处、科技处等相关部门建立联系、争取支持外，还积极与光明日报、人民日报、中央电视台、中国社会科学报等国家级媒体和湖南卫视、湖南经视、湖南日报、潇湘晨报、红网等省市级知名媒体建立联系，拓展社科新闻与信息的来源空间与范围，延伸宣传工作的发展空间。2010年，专家接受国家级媒体采访或撰写的反映省社科院情况的稿件被国家媒体采纳共计24篇（次），被省级媒体采纳54篇（次）。全年全院专家共接受省、市电视台或电台、报纸杂志采访达322次，扩大了省社科院的影响力和学术地位。

工会工作

自1989年成立至2010年年底，湖南省社会科学院工会先后有黄二棕、崔红光、陈文胜担任院工会主席。2010年，工会主席陈文胜同志延续2009年的工作思路，继续着力改革与创新。

一是加快推行了民主理财制度的建设，实施阳光财务计划，将工会每月、每季度和每年的财务开支明细账目向每一位工会会员公开，让每一位工会会员了解工会财务开支的细节，接受群众的监督和合理化建议，确保工会会费取之于民用之于民，让每一分钱用在最有价值的地方。

二是积极开拓外部资源，有效调动社会资本，举办丰富多彩的大型联谊活动，将工会活动与社会调研和民情体察结合起来，初步形成以健康有益的各类活动创新并推动工会组织制度的建设。

2010年除了迎接6位新会员之外，工会委员会齐心协力完成了10项主要工作：

一是组织职工丰富业余生活。1月15日至17日，由副院长罗波阳同志带队，工会组织开展“领悟舜文化”活动，4月份又组织了大型出省考察活动，获得50多名工会会员的参与和支持；

二是协助党群部紧抓“文明个人”操作规范和公示等基础工作，成功将省社科院创建为省直文明单位；

三是顺利开展了“八一”慰问和联欢活动，获得院内全部退伍、转业军人的认同；

四是积极参加了省直工会“两查一审”经费互审活动，获得省直工会副主席等上级领导的认可；

五是组织落实无偿献血活动，钱明等同志顺利完成社科院任务指标；

六是成功主办了迎中秋国庆的乒乓球比赛，刘其贵、张超美分别获得男、女冠军；

七是继续给每位会员按时邮寄生日贺卡；

八是坚持多种形式的帮扶慰问活动，全年慰问住院职工16人次、主持会员直系亲属追悼会7次；

九是继续打造透明财务工程，定期全面公开了财务开支具体项目；

十是主办了元旦联欢歌舞会，以轻松愉悦的形式总结了工会全年工作。

妇委会工作

全院女科研工作者努力科研，成果喜人。2010年，国家社科基金项目成功申报1项，省社科基金项目成功申报5项，省软科学课题成功申报1项。参与出版著作13部；在权威和A类报刊上发表文章11篇；获湖南省第十届社科优秀成果奖4项（参与）；在其他省级报刊发表文章60多篇。

湖南省社会科学院机关妇女委员会（简称妇委会）成立于1994年10月，至2010年年底历经16载，先后有李瑞娥、海素之、刘涛担任院妇委会主任。院妇委会由7个小组组成，现任主任陈君武。

2010年，院妇委会在提高妇女综合素质，维护妇女合法权益，探索新形势下妇委会工作的新思路等方面做了一些工作，取得一定成效。

一、加强机制建设，提高妇女组织能力

认真落实《湖南省直机关妇女组织工作条例》，加强妇女组织建设，提高妇女组织的工作水平，建立适应省社科院工作实际的妇女工作机制。妇委会做到年初有计划、年终有总结，不断构建基础稳固、组织健全、工作活跃的妇女组织。年初，省妇联、省直妇工委主要领导来省社科院了解妇委会工作开展情况，并着重听取了省级巾帼示范岗的情况汇报。上级领导对社科院妇女工作给予了充分的肯定。

二、加强理论学习，提升妇女综合素质

妇委会为妇女征订了《中国妇女》、《中国妇女报》、《今日女报》、《法制文萃报》等报刊。全年积极参加湖南省领导干部公共管理培训班学习1人次（王自立）；参加省直党校学习3人次（贺丽君、郭丹、廖卓娴）；访问学者2人次（傅异星、陈健佳）；参加英语培训、专题讲座培训数百人次。

三、丰富活动形式，活跃妇女文化生活

为纪念“三八”国际劳动妇女节100周年，妇委会精心组织全体女同志到南郊公园游园聚会，并开展了多种形式的文体活动，如跳绳、扑克牌比赛等活动。邀请武警湖南省消防总队医院的专家来院举行健康知识讲座，增强了省社科院女职工的自我预防和保健意识。

四、履行组织职能，维护妇女儿童权益

为院89名女职工购买妇女健康保险， 为83名儿童购买精美礼物。妇委会对有喜庆事宜的能及时表示祝贺；有不幸事宜的能及时慰问，及时送去组织的温暖。

五、抓好先进典型，开展“文明家庭”评选

在全院开展“文明家庭”的评选活动。结合工作实际，精心设计活动内容，创新活动方式，提升活动的影响力，共评出85户“文明家庭”。既配合了院创建“文明单位”的活动，又更好地发挥了服务妇女、凝聚人心、促进和谐的作用。

共青团工作

2010年，共青团湖南省社会科学院委员会（以下简称省社科院团委）在院党组、机关党委和上级团组织的正确领导和关怀下，团结、带领湖南省社会科学院青年，扎实工作，开拓创新，积极奋进，有效地发挥了团组织的职能和作用。现任团委书记李晖。

一、班子建设

在2009年团委换届的基础上，吸收了一批具有博士、硕士学位的青年科研人员，大大提升了团委班子的学历层次和工作能力。在此基础上，省社科院团委明确了各委员之间的责任分工。委员分别负责科研、组织、文体、策划、宣传、联络等6个部门，专事专人，注意协调，既强调激发个人活力，又注意发挥集体智慧，为创造性地开展省社会科学院的青年工作发挥了主导作用。

二、主题活动

省社科院团委非常重视开展主题活动，通过组织主题活动来增强青年人的凝聚力，激发青年人的创造性。

1. *科研类主题活动*。主要体现为青年论坛的定期举办。青年论坛是省社科院团委组织，机关支部具体负责承办的青年科研人员学术交流平台。每次确定一个研讨主题，邀请2～3名青年科研人员进行主题报告，其他科研人员即席进行互动讨论，2010年，先后进行了8场专题报告会，受到了领导们的肯定和青年朋友的喜爱。通过举办这类领域宽泛，并具有较高质量的青年学术交流活动，为青年人创造表达自己新鲜学术观点的机会，增进青年人的彼此了解和相互学习，和有利于省社科院科研工作的开展。

2. *调研类主题活动*。省社科院团委十分重视加强广大青年的思想意识教育，先后在全院范围内大力开展社会主义荣辱观教育、普法学习等活动，组织青年到江西等革命根据地参观学习，重温入党誓词，激发青年对祖国大好河山的热爱。通过这些活动，广大青年坚定了对党的坚定信念，深化了社会道德观念、责任意识和法治观念。

三、平台搭建

省社科院团委非常重视结合自身实际情况，开展阵地建设。2010年年初，省社科院团委根据现阶段以来，由于多元价值观和网络传播等多种复杂因素的影响，青年工作呈现出较为复杂的局面，急需对此展开深入探讨和研究的情况，结合科研队伍较为完备、科研能力较强的特征，与团省委共同成立“湖南省青年研究基地”，主要关注青年工作中的理论难点问题、团中央研究课题，为领导解决青年问题提供咨询和参考，承担研究会及基地的日常工作。

省社科院团委创造性开展工作，组织和开展了一系列主题活动，并在阵地建设方面取得了重大进展，完善团建工作实施方案，着力构建具有时代特征、科研特点的青年组织，被省团委授予“湖南省五四红旗团委”光荣称号。

05 专项工作

HUNAN ACADEMY OF SOCIAL SCIENCES YEARBOOK

人事组织与队伍建设

2010年，省社科院继续推进人才队伍建设“三个十”举措，坚持外引与内培相结合，走出去与请进来相促进，人事组织及队伍建设成效明显。

一、人事组织工作

1. 干部考察、任免工作。配合组织部做好厅级干部的民主测评，协助完成地厅级后备干部的选拔和考察工作；根据党组决定，组织部分岗位公开竞聘工作，完成16名处级干部的考察、呈报、发文；组织完成18人科级干部的考察等一系列工作。

2. 人才引进工作。人才引进工作量大，手续繁多，招聘历时10个月，最后与8人签约，除3人没报到之外，其他5人均报到上班。今年引进质量比往年有所提高。引进的杨顺顺、宋春艳、常伟、胡守勇、曲婷等5名博士来自北大、清华、人大、中央民族大学等名校及留学韩国的海归人员。

3. 军转干部安置工作。2010年接收军转安置副团职干部1人（周建才）。成功争取到2006、2008、2009年军转安置编制3个，使省社科院编制数达到212人。

4. 按照政策做好职工调配工作。办理任理德、毛炳汉、岑生平、文平志、彭慧、张生滨、崔红光、闵群芳、余应彬等9人的退休手续，办理汤杰、陈琦等2人的调出手续，内部调动2人。

5. 职称申报工作。2010年有6人申报正高职称，推荐3人，周小毛、邓秀华2人获得研究员任职资格；4人申报副高职称，推荐常伟、杨畅、李晖等3人，均获副研究员任职资格；15人申报中级职称，全部通过；办理3人做访问学者；7人借调到政府部门；参加省委党校、省直党校处干科干班学习人员10多人次；推荐万里、胡跃福2人参评国务院政府特殊津贴专家，且均通过；推荐7人参评湖南省新世纪121人才工程人选，谢晶仁、郭勇、黄海、向志柱等4人通过；推荐王国宇、周亚平、吴正锋等3人担任湖南省非物质文化遗产保护专家委员会委员；组织年度考核工作。

二、人才培训工作

1. 2010年选派访问学者3人，分别赴中国社科院、广西大学学习；2. 根据与蓝山县委的合作协议，选派3名青年科研人员赴蓝山县乡镇挂职锻炼；3. 选派7人赴省直机关挂职；4. 选派9人赴省委党校、省直党校及全省哲学社会科学教学科研骨干班学习；5. 组织学术讲座、青年论坛等各种学术培训、讲座10余次。6. 组织英语培训15次，参加人员达500余人次。

三、工资、福利工作

1. 按政策规定2010年有600人次工资异动（包括晋档、晋薪、滚动晋级、职务异动、新进人员确定工资、转正定级）。

2. 落实政策允许范围内的福利发放。

3. 每个月核算24人在职参保人员的养老保金交纳及异动；残疾人就业及年审，增加安排残疾人就业1人。

人才培训工作

院党组高度重视人才培训工作，为此专门成立院人才培训工作领导小组，方向新副巡视员负责主管培训工作。2010年共进行各类培训工作25次，519人次参加，主要由学术与知识讲座、外派访学与英语培训三大部分构成，取得了较好的效果。

一、学术报告与知识讲座

2010年共举办学术报告与知识讲座10次，其中青年论坛1次，知识讲座4次，学术讲座5次。青年论坛由历史所马延炜博士主讲 “重返案发现场——清史疑案揭秘”（5月13日）；知识讲座分别是：农发所副所长王文强讲授“PPT制作的基本方法与技巧”（4月20日），湖南师大社会学系胡书芝副教授讲解“问卷设计的基本框架与思路”（10月22日），中南大学社会学系董海军副教授讲解“问卷设计中的常见错误及其处理”（12月2日）和“问卷资料的收集与处理”（12月24日）。举办“农村社会学高级研修班”，由方向新研究员主讲，集中授课5次（10月29日“农村社会学的起源与发展”、11月5日“乡土社会与传统农民”、11月23日“农村婚姻、家庭与家族”、12月15日“农村社区与村落”和12月29日“农村社会组织”）。

二、外派访学

2010年共有5人外派访学。其中傅异星从2009年9月至2010年7月在中国社科院文学研究所访学10个月；陈健佳从2009年9月至2010年6月在中国人民大学社会与人口学院访学9个月；陈文锋从2010年10月开始赴中国社科院工经所访学6个月；李海兵从2010年9月开始赴中国社科院社会学所访学6个月；谢晓军从2010年9月开始赴广西大学外国语学院越南语系学习10个月。

三、英语培训

成立“英语培训学习领导小组办公室”，李铁明兼任办公室主任，刘新荣、伍新林、何纯、李晖任副主任，下设教学辅导组、组织策划组、考勤考核组和宣传报道组4个工作组。

2010年共召开英语培训工作会议4次。5月21日下午全员英语培训开班仪式在学术报告厅举行，朱有志作了动员报告。5月6日、6月8日和9月8日先后召开英语培训工作会议3次。

全员英语培训分初级班、中级班（后合并成初中级班）、高级班和深化班。除深化班外，其余均已开班，共计集中授课15次，其中高级班7次，初中级班8次，郭丹、吴志国、谢晓军、周婷、李思明、姜灿慧、马延炜、李卓琦、常伟、傅异星等10人参与教学，254人次参加学习。3个班均以《英语100句》为基础教材，结合省社科院实际情况适当调整授课重点与内容。

外事交流工作

一、2010年境外来访情况

2010年是省社科院近年来外事来访人数最多、参与交流人数最多、规模最大、交流领域最广泛的一年。国(境)外的来访专家学者共有5批49人，分别来自美国、英国、非洲16国、印度、俄罗斯等国，分别与省社科院在农业、经济、考古、历史与社会学等专业领域展开了交流与探讨。此外，还有来自美国麻省理工大学、英国威尔士大学、瑞典隆德大学、日本文部科学省、日本财团法人静冈综合研究机构、台湾暨南国际大学、韩国忠南大学、台湾中华经济研究院等学校的10余位专家学者前往省社科院参加学术会议，并与科研人员进行了广泛而深入的学术交流。

湖南省社会科学院2010年国外来访情况

序号	带队人	人数	时间	工作单位或代表团名称	备注
1	Roel Sterckx （胡司德）	1	4月9日—14日	英国/剑桥大学	中国社科院协议来访外宾
2	汀佳士	1	6月28日	美国/加州大学洛杉矶分校	
3	Mahama	43	11月1日—16日	非洲/加纳等16国，非洲国家减贫与可持续发展官员研修班成员	商务部、中国社科院研究生院培训项目
4	Roman（拉曼）	1	11月22—25日	印度/巴纳拉斯大学社科学院	中国社科院协议来访外宾
5	A. Anfinogentova （安芬诺戈托娃）	3	11月30日—12月2日	俄罗斯/俄罗斯科学院	中国社科院协议来访外宾

二、2010年出国访问情况

2010年，外事科共牵头办理了7批次共16人次的出访活动。2010年省社科院的出访工作不仅在节约出国成本，增大国际交流实效方面进一步积累了经验，而且在渠道拓展、方式创新、人数增加等方面都取得了新的成绩。一方面充分利用了省社科院协议去访单位资源（越南社科院）和中国社科院的国际学术交流平台，使得出访成本极低，参与人员基本无需负担任何费用，而且起点较高，参与人员直接接触高水平科研机构的专家学者。另一方面，省社科院取得了出国访问学者的新突破，成功派出1人到美国访学3个月。

湖南省社会科学院2010年院内出访情况

序号	出访人员	人数	时间	出访国家/单位	备注
1	周小毛	1	2月—12月	新加坡/国立大学	中组部MPAM培训项目
2	朱有志、郭勇	2	3月6—20日	意大利/威尼斯国际大学	意大利环境培训项目
3	朱有志、李铁明	2	7月	朝鲜	
4	王文强、李晖、陈健佳	3	9月13—19日	日本/日中友好会馆等	青年学者访日交流项目
5	朱有志	1	2010年11月—2011年1月	美国/休斯敦大学	访问学者项目
6	韩未名	1	11月	意大利/威尼斯国际大学	意大利环境培训项目
7	贺培育、万里、史永铭、刘助仁、乌东峰、何纯	6	12月12—18日	越南社会科学院	两院协议出访项目

离退休工作

2010年，省社科院老干部工作在院党组的支持、关心下，坚持以“让党组放心、让老同志满意”为工作标准，全心全意为老同志服务，取得了可喜的成绩，得到了省委老干局夫人充分肯定。离退办被评为 2010年湖南省老干部工作先进单位。

一、积极参加创先争优活动，加强离退休人员的思想政治工作

根据省委关于开展创先争优的文件精神，组织4个离退休党支部，89名党员，积极参加创先争优活动。开展核心价值观的讨论和向杨善洲同志学习的活动，各支部创办支部宣传教育专栏4期，老同志共写180篇心得体会。1个党支部、3名党员分别被院里评为先进党支部和优秀党员。30多个家庭被院里评为文明家庭。

二、严格落实“两项待遇”，为老同志办实事

把落实离休人员的政治待遇和生活待遇作为离退休工作重心，坚持常抓不懈，做到认识到位、制度到位、措施到位，工作到位。在落实老同志的政治待遇方面：及时听取老同志对省社科院重大事项、人事任免工作的意见，共举行4次老干部座谈会，组织老干部参观游览领略了我国改革开放的成果。在落实老同志的生活待遇方面：医疗费90万，护理费10.8万，健康疗养费7300元，特殊贡献费8400元。交通补助5万公里。专为老同志增加了一辆服务用车。重大节日共走访慰问老同志100余次并发放慰问费和慰问品，看望走访住院、长期卧床、行动不便的老同志60次，为24位老同志庆祝整生，其中院领导为两位90岁老同志祝寿。

三、开展健康有益的文体活动，丰富老同志的精神生活

5月份，筹措了3万元组织40位老同志进行了“祖国宝岛八日游”，台湾宝岛美丽的风光让老同志流连忘返。“九九重阳节”组织老同志在长沙黄龙山庄举行了“敬老爱老游艺活动”，老同志们载歌载舞，在山庄留下欢歌笑语。各支部以不同形式游览了湘江、橘子洲头、生态植物园、韶山、杨开慧故居。夕阳红合唱团坚持每周活动，全年举行了唱歌、麻将、扑克比赛，文化娱乐活动开展得有声有色，极大地丰富了老同志的生活。

四、发挥余热，老同志在智库建设中再创佳绩

湖南省社科院离退休干部现有120名，正高职称人员达30%，其中相当一部分人在退休前是省社科院或湖南省相关学科的带头人。老专家离退后有继续从事社科研究及社会工作的热情与愿望，智库建设对这些专家智慧也有现实需要。据统计，近两年，离退休专家已出版高质量的学术专著16部，发表较高质量论文27篇，17人担任了湖南省社科领域、学会、研究会的主要负责人。2010年张萍的《关于转变经济发展方式、走绿色低碳道路加快“两型社会”建设的建议》，得到省委书记周强的肯定性批示。

科研管理工作

湖南省社会科学院科研管理工作主要隶属于科研开发处。2010年的科研管理工作主要有以下几个方面：

一、课题申报与管理始终摆在重中之重

课题申报成功，既与科研人员的精心设计高度相关，同时与科研处科研服务分不开。2010年，科研处紧紧围绕省社科院的科研发展定位，始终把课题的组织申报和管理摆在重中之重，作为科研处的中心工作来加以推进。无论是国家社科基金的申报，还是省社科基金项目、省社科联项目等申报，科研处都在第一时间通过张贴公告、会议通知等途径及时地传达到全院每一位科研人员。对国家社科基金的申报，还及时组织召开了动员会议以及课题设计讲座。同时，还对课题加强督促和跟踪，推进课题及时高质量结题。

二、扩大了省情决策与咨询研究课题影响

2010年，为了进一步推进“湖南省情决策与咨询研究课题”在全省各高校以及政府研究部门的推广和申报，科研处突出抓好了两项工作：一是10月和12月分别在长沙和衡阳分别召开了“湖南省情决策与咨询研究课题”相关工作座谈会，与当地各高校和有关研究机构进行交流和沟通，听取了他们的有关建议。二是进一步争取了省财政预算资金。在院领导的关心下，在行政处的大力支持下，科研处通过两个月时间的努力，12月，争取了路建平、郭开朗、李友志等领导同志的同意和批示，省财政为“湖南省情决策与咨询研究课题”在原有基础上追加年度预算30万专项经费。目前，省情对策课题影响范围越来越大。

三、对外开拓不断增强

科研处在进一步巩固和加强与省社科规划办、湖南省院士专家咨询委员会联系的基础上，与省财政厅、省发改委、省科技厅、中国社会科学院研究生院等进行了积极的沟通和联系，争取他们在资金、课题等给予省社科院支持，并已取得了良好的成效。如通过与省科技厅政策法规处的联络与沟通，同意在原基础上给省社科院增加2011年的软科学课题申报指标。

四、各项工作协调推进

在突出抓好工作重点的同时，科研处积极协调推进全院各项科研相关工作，确保了省社科院科研工作的有序开展。一是组织各类科研工作会议、科研座谈会20余次；二是积极做好了科研机构年报统计工作，获得2010年度全省科技统计工作先进单位称号；三是组织了湖南省社会科学院院史的编撰工作；四是组织了《中国经济学年鉴》论文收集工作；五是圆满完成年度科研成果考核验收；六是启动了全院科研人员任职以来科研普查工作；七是编辑了3期《科研动态》，加强了对全院重大科研活动的宣传；八是参与了社科系列职称评审工作，协助职改办顺利完成省社科系列职称评审工作。

研究生教育与管理工作

湖南省社会科学院的研究生教育始于20世纪80年代，曾经正式招收并培养1名硕士。由于历史原因，后来社科院不能独立进行研究生招生和学位授予，研究生教育和培养造成了一定影响，但是近年来，社科院在研究生教育与管理工作方面，取得了一定成绩。

一、研究生教育与管理中心工作

为有效搭建研究生培养平台、扩展研究生培养渠道、强化研究生教育与管理，社科院于2008年4月开始筹办研究生教育与管理中心，2009年正式成立。现任中心主任陈文胜、执行主任曾著强。中心现有专职管理人员和招生工作人员21人，兼职管理人员2人。院科研开发处主要负责研究生教育与管理中心的发展规划、人员管理等。成立以来，中心与中国社会科学院联合开办了公共管理硕士（培养方向：政府管理、公共政策分析、社会保障、金融管理、国家安全管理、人口发展与管理、文化产业管理、民政事业管理、民族事业管理、民族宗教管理、公共安全管理、环境保护管理、知识产权管理、科研管理、监狱管理）研究生班；与吉林大学联合开办了软件工程硕士（培养方向：电子政务管理、公共管理工程、电子商务信息化、法律事务信息管理、IT项目管理、电力信息化、现代教育工程、经营管理信息技术、软件工程、建筑工程技术、金融信息工程、人力资源、现代物流技术、传媒技术、交通运输信息工程、卫生事业信息管理与临床评价、疾病预防与控制、人口发展与妇儿保健）和公共卫生硕士（培养方向：卫生事业管理、疾病预防与控制、卫生学与卫生执法监督、妇儿保健与人口健康、社区卫生与健康教育、临床评价）等研究生班。开办3年来，现已招收吉林大学软件工程硕士研究生352人，其中2008年128人，2009年109人，2010年115人。同时，中国社科院公共管理专业共招收生40人。

二、兼职培养研究生工作

截至2010年年底，省社科院与湘潭大学联合创建中国哲学博士点，与湖南农业大学联合创建农村经济管理博士点。先后有朱有志、王晓天、王兴国、徐苏铭、乌东峰等担任博士生导师。现有在职兼职博士生导师2人（朱有志、乌东峰），兼职硕士生导师十余人（朱有志、罗波阳、贺培育、刘云波、方向新、乌东峰、肖毅敏、尹向东、周少华等），先后在中南大学、湖南师范大学、湘潭大学、长沙理工大学、中南林业科技大学、湖南科技大学等多所高校培养研究生，担任论文指导、答辩等工作。培养了60多名博士和硕士研究生。涵盖农业经济管理、技术经济、社会学、行政管理、中国历史专门史、MPA等多学科和专业。

湖南省社科研究系列职改工作

湖南省社科系列职改工作直接由湖南省社科系列领导小组负责。省社科系列职改工作领导小组和省社科系列职称改革领导小组办公室设省社会科学院。2010年6月，省社科系列职改办从科研开发处分离，独立建制为院直属部门（与湖南省社会科学院年鉴编辑部合署办公）。在省人社厅和院党组的指导和支持下，在科研处和院办的支持和配合下，职改办圆满完成了2010年度社科系列职称评审和继续教育培训工作。

一、严格遵守评审条例，确保职称评审的公平公正和评审质量

为确保评审公平和质量，采取了以下主要措施：1. 合理评审分组，同一学科专业、同一职称层次、同一单位分在一组，并且每组人数基本相等，从而使评审更具有比较性。2. 继续采取量化评审；评委现场分组；评审期间实行封闭式管理、并且高薪聘请专业保安禁止参评人员进入评审现场；要求评委签署承诺书和关闭手机；评委对评审材料签名负责，对未通过人员填写明确意见等，完善了评审进程。3. 及时处理两起举报意见。

经资格审查，取消评审资格1人，共有427人符合评审条件。分别于10月18日和11月19日组织了高级职称和中级职称评审。高级职称参评人数共218人，其中研究员104人，副研究员114人。经评审，共有30人通过研究员资格评审，通过率为28.8%；有60人通过副研究员资格评审，通过率为52.6%。162人申报中级职称评审，最后通过140人，通过率为86.4%。经审查，通过了47人的中级职称任职资格认定。

2010年的社科系列职改工作取得了圆满结果：一是组织工作周到细致，各方反映较好；二是妥善处理了历史遗留问题；三是开评很早；四是把关最紧，通过率不仅严格执行了人事厅规定的通过率（而且低于平均通过率），并且严格按照评审标准，优中选优。

二、举办继续教育培训，提升申报人员研究水平和传达职改信息

6月17—22日，举办了为期一周的继续教育培训班。根据形势发展和参评人员的特点，开设了《现代管理理论与方法》、《“两型社会”建设与低碳经济发展》、《科研方法与写作》等课程，有针对性地提高了专业技术人员的理论基础知识，学员普遍反映培训有用。并且向学员及时通报和传达了相关职称评审工作的精神和信息，提高了职称申报材料的填报水平。

行政后勤工作

院行政后勤工作管理主要隶属于行政处。近几年来行政后勤工作得到了突破性的进展，到2010年底，大院整体环境焕然一新，社科院正在成为一个设施配套、环境优美、管理有序的和谐家园。

一、基础建设

到目前为止，社科院现有总建筑面积30780平方米，建房20栋，共408套，办公面积约10000平方米，新添办公设备200多套，完成绿化面积超过20000平方米，总投入达5700多万元。2010年基础建设全年共投入110多万元，改造了大院内旧道路80米和480平方米的地下车库，修建了120米长的东向路人行道；维修层面850平方米；翻新了大院所有的住宅楼道、墙面及窗户，面积达5000平方米；完成了第18、19、20栋经济适用房的住户结算工作。为进一步加强大院内的房产管理，完善了办公楼管理办法，制定了房屋出租管理暂行办法，先后与湖南社科专修学院等单位和个人签订了租赁房屋合同。为推动大院危旧房改造工作，与省直机关事务局联系沟通，探讨旧房改造的模式及相关政策，并积极争取把省社科院危旧房改造纳入试点单位，同时按照省直机关局的要求对1-6栋的76户住户进行了摸底调查。

二、财务管理

2010年完成了财政部门的2009年决算工作和2010年的预算工作。接受了审计厅为期一个月的审计检查，审计厅对省社科院的财务工作提出了相关的意见和建议，肯定了省社科院“三三制”财务管理和课题经费管理办法。接受了财政厅资产处的检查，检查完满结束，资产管理工作也得到了财政厅资产处的认可。通过努力为省社科院争取了别克商务车1台，有利于省社科院调研工作更加顺利地开展。对省社科院遗留的财务进行了为期近3个月的清理，对相关呆账、死账进行了处理。

三、水电维修

为保证大院办公和住户的正常用水用电，行政处在管理上做文章，在行动上下工夫。一是保持与供水、供电部门的联系，虚心请教，提高业务管理素质。二是创新管理机制，提高工作效率。针对大院单位多、住户复杂，水管陈旧，电网老化等实际情况，采取分类责任到人，实行跟踪服务管理，收到了较好效果。一年来，更换水管300米，维修水管25处，并完成了楼道的路灯节能改造，抢修冰灾损坏电路4处，保证了整个大院的正常供电、供水。

四、环卫绿化

为把“整治环境，绿化家园”工作落到实处，一是以创建省级文明单位为契机，逐步地对大院的办公环境和生活环境进行了整体规划，制定了目标，把环卫绿化工作作为提高单位的知名度和促进单位精神文明建设的重要工作来抓，先后发放宣传资料2000多份。二是加大资金投入力度，先后投资46万元，种植了多种名贵树木，在综合大楼四周构成了8个绿化带，完成绿化面积4000多平方米。二是加强管理的尺度。针对大院实际，对大院卫生进行分块管理责任到人，对环卫人员实行奖惩机制，先后清除卫生死角9处。为提高环卫工作人员的技能，先后组织他们到一些园林部门学习花木栽培、白蚁的防治等方面的技术。通过一年的努力，大院的卫生、绿化环境大为改观，园林绿化工程初具规模。

五、安全保卫工作

坚持以科学化管理，制度化管理和人性化管理相结合。一是明确工作目标、创新安全管理制度，做到责任明确，态度端正。二是重视安全宣传教育，强化安全监督检查，做到宣传有力度，整改有措施，自我保护有成效。三是加强队伍建设，提高自身素质，做到各尽所能，各尽其长，虚心接受领导批评和群众监督。四是狠抓制度落实，办好实事。协同公安部门破案1起，组织消防安全检查4次，处理消防安全隐患4处。五是加大投入，先后对院图书馆、住宅区新添置消防灭火器80个，更换药物60余瓶，张贴安全宣传标语及各类温馨提示27次，每晚广播宣传2次（后有所改变），每周例行1次班务会（交流、总结、学习、了解动态、工作布置等），维护会议及院其他活动安保工作5次，组织兄弟单位（省志、省社联）安保工作协调2次，组织抗险抗灾4次（暴雨、冰灾），组织打鸡打狗数次，调解处理职工家属矛盾10余次，进行耐心说服教育，防止了事态的扩大和升级。督促施工队伍（包括装修队伍）安全施工10次，未发生任何安全事故。为提高保安队员掌握消防技能，组织学习培训2次。为丰富大院职工及家属健身休闲，帮助解决职工家属办理烈士公园入园，与烈士公园管理处商量有关公园门的管理办法进行协商2次。摸底外购房、租赁户60余户，共计约200人登记注册。为确保办公楼的规范管理，为办公大楼第7、8、9、10层外租公司职员办理出入证80余人次，杜绝了闲杂人员随意出入办公楼的现象。为加大对车辆的规范管理，全年注册登记职工家属车辆100余台。为工作需要，向上级提交工作报告5个，建议性分析报告4次，部分建议得到了处领导的借鉴与采纳。一年来，大院未发生一起重大案例和涉及违法案件，为干部职工营造了一个平安和谐的工作环境和生活环境，得到了大家的好评，在同系列的19个厅级单位综治检查评比中各项指标均名列前茅，被省委省政府授予“全省综合治理先进单位”。

图书资料管理工作

湖南省社会科学院图书馆是院的文献信息中心，为哲学社会科学研究服务的辅助性机构，履行图书文献的收集、整理、保护和利用职责。目前，共收藏有人文社会科学类图书文献近50万册，其中中文普本图书22余万册，古籍12余万册，外文图书近4万册，中文过刊3.5万余册，过报8万余册，是研究湖南经济社会发展及湖湘文化的重要资料库。是湖南省三大古籍收藏中心之一，2009年被国务院和文化部评为“全国古籍重点保护单位”，2010年被湖南省直属机关工会委员会授予“芙蓉标兵岗”称号。

一、古籍保护工作

省社科院图书馆积极响应文化部开展的古籍普查和保护工作，认真做好国家珍贵古籍名录的申报工作，有10部古籍入选第三批“国家珍贵古籍名录”，至今，共有23部古籍被文化部评为“国家珍贵古籍名录”。2010年，古籍部完成了对善本的基本清查工作，并对稿抄件198种606册进行了清点核对。

二、藏书目录体系信息化工作

至2010年，共计录入中文图书按中图法分类的72569种，139243册图书；人大法分类图书7万余册。用联机检索代替了卡片目录和书本式目录。我馆还完成了《古籍线装书目数据库》的建库工作。这个数据库根据我馆的古籍藏书分成《普通古籍》、《善本古籍》、《湖南地方文献》三个特色专题书目数据库，录入的项目包括书名及并列书名，著者及著者的朝代、籍贯，著作方式，版本，出书的年代等，并开创性地将所有丛书做了子目检索系统。

三、馆藏资源购置工作

在有限的经费预算下，省社科院图书馆尽可能地优化资源，根据院科研要求，调整实施相应的资源购置方案。

在纸质资源购置方面，购书1122册，期刊342种，报纸30多种。此外，获赠“湖湘文库”560册，其他109册，共669册。

在电子资源购置方面，订购了中国知网的期刊总库中1990年后的社科部分、博士论文库和硕士论文库；国研网的国研视点、区域经济、经济形势分析报告；中经网的经济数据中地区年鉴和地区月报、地区动态、地区报告；安邦数据等。此外，还有一些试用网，如读秀、超星等。11月后，订购了中国知网的期刊总库中1990年后的社科部分、博士论文库和硕士论文库，国研网的国研视点、行业经济、区域经济、财政税收、经济形势分析报告。国研网还赠送了几个栏目给图书馆，免费包库试用1年，有统计数据库（全库）和全文数据库中的宏观经济、

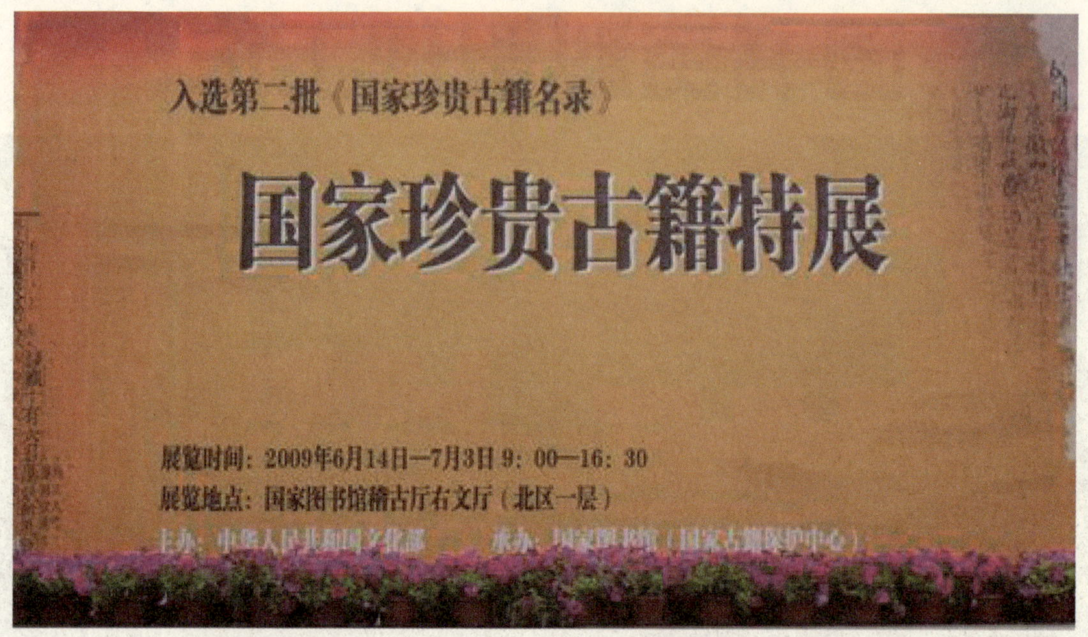

金融中国、企业胜经、世经评论、中国国情报告。

四、资源利用情况

纸质资源的使用情况比以前有所减少，但仍有较大的需求。读者服务部及现刊部全年接待读者共1009人次，古籍部全年接待读者60余人次，其中接待台湾、北京、上海、福建等院外读者36人次。

电子资源的需求不断增强，如CNKI(知网期刊库)下载46404篇、检索170519篇，国研网点击总量为161869次，读秀（超星）使用26967次。

五、其他常规工作

图书馆以服务读者为工作目标，全年完成1400余册过刊、近200册过报的装订、编目工作，完成2000余册新书的采集、编目、加工工作，完成4000余册图书、1400余册过刊、近200册过报的上架与借还工作。网络部做好了办公楼200余台电脑的上网接通工作，处理网络堵塞故障30余起，上门处理电脑故障近200台次，承担了全院“三个网站”（院网站、社会学网站、太平洋经济合作网站）及“三个数据库”（科研检索、院网站数据库、图书馆数据库）的维护管理工作。

六、文献开发利用

我馆在做好常规工作，在为科研服好务的同时，逐步开展了对馆藏资料的开发利用工作。2010年完成国务院、文化部、国家清史编纂委员会等六部门课题审批的课题《湘军》子项目第十三卷《日记》及第十四卷《地方志》的整理。

七、对外交流活动

在分管院领导的带领下，图书馆先后组织几批人次到韶山毛泽东图书馆、湖南省图书馆、湖南农业大学图书馆参观学习，拓宽了视野，进一步强化了服务科研的意识。先后两次派人参加由湖南教育电视台与长沙市博物馆等单位联合举办的学术讲座，扩大了图书馆的社会影响。此外，全年接待院领导安排到图书馆参观或借阅的外来客人共18人次。

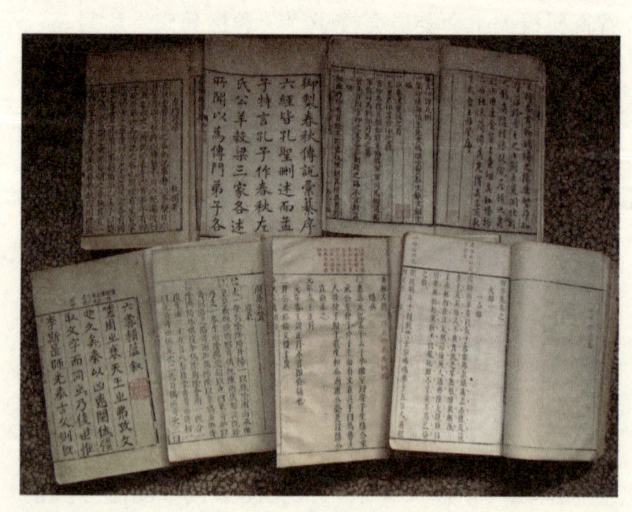

报刊资料出版工作

《求索》

一、发展概况

《求索》杂志系湖南省委宣传部主管、湖南省社会科学院主办的大型综合性学术理论期刊。1980年试刊2期，正式创刊于1981年。《求索》连续10年入选CSSCI来源期刊，并同时入选全国中文核心期刊、中国人文社会科学核心期刊。2003年被《新华文摘》全文转载与观点摘登数在全国排名第一。《求索》现有编务人员包括社长、副主编、编辑、编务共8人。现任社长肖耀球，主编乌东峰。

二、2010年出版概况

《求索》内容关涉经济学、哲学、法学、文学、历史学、宗教学、考古学、民族学、管理学、教育学等哲学社会科学各学科领域。对马克思主义中国化、科学发展观、党的执政力、构建和谐社会、新农村建设、城乡统筹、社会公平、长株潭城市群、湖南“四化两型”战略、洞庭湖生态圈、文化湘军等重大问题组织专家进行策论，得到了中宣部与省委宣传部的好评。《求索》2010年全年共出版12期，出版7200千字。

三、2010年发表的代表性文章

张宗益、周靖祥《中国农村发展出路探：农业资本与劳动力良配》（第1期），郭长保《历史的重托与中国现代文学的诞生》（第2期），周向阳《清代应对“群体性事件”的立法研究》（第2期），张旭升《中国巨灾风险暴露与巨灾保险赔付不对称实证》（第3期），冯周卓、黄渊基《哲学咨询在马克思主义哲学大众化中的作用》（第4期），蓝裕平、张卫国《中国股市估值问题研究》（第5期），朱强、俞立平《中国现代化指标体系的实证研究》（第6期），陈蓉《法与金融理论的发展与民间借贷法制化的路径选择》（第6期），沈文辉《中国在当今国际金融体系改革中的角色与策略》（第7期），张纯厚《论延安精神与延安民主政治的有机统一》（第7期），蒲晓晔、赵守国《我国经济发展方式转变中的动力结构优化》（第8期），何小刚《科技与政治的相互影响及其自洽机制》（第8期），刘少华、唐洁琼《论中国文化软实力的国际地位》（第9期），肖铁肩《人民军队将帅接受湖湘军事文化的来源和途径探析》（第11期），苏全有《清末舆论缘何失控》（第12期）等。

四、2010年重要影响

《求索》反馈与索引频次再次提升，在全国CSSCI综合类排名已居于前15位。

2010年11月26日，《求索》举办创刊30周年庆典会。省委宣传部李湘舟巡视员出席并作了重要讲话，对《求索》作了很高评价。省出版局、省社科联、省宣传部理论处、规划办领导、《中国社会科学》、《湖南师范大学学报》、《湘潭大学学报》和部分社科院刊都对《求索》给予了较高评价。新华网、《中国社会科学文摘》、《湖南日报》、《湖南卫视》、《红网》、《三湘都市报》等对《求索》庆典活动进行了宣传，反响好，影响大。

2010年乌东峰主持承接并完成了古籍出版基金重大项目《说文解字全注全译》。

《企业家天地》

一、发展概况

《企业家天地》为湖南本土唯一一家公开发行的综合经济类杂志，定位为“企业家的喉舌、企业家的园地、企业家的智囊”。1985年7月创刊，湖南省社会科学院主管、主办。现任社长、总编辑刘维。至2010年12月止，《企业家天地》共编辑出版421期，在海内外产生广泛影响，获得了普通读者、工商界人士、决策层乃至媒体很高的评价，杂志电子版进入“中国期刊网络出版总库”后，2008年下载182330篇次，2009年下载302066篇次，分布在24个国家和地区，个人读者分布在27个国家和地区。

二、2010年出版概况

2010年共编辑出版36期，设有：观点、封面故事、公司、特别策划、商学院、生活方式、信息等栏目。

三、2010年发表的代表性文章

吴刘维《<绝望游戏>中的人生感叹》，姜超明《十万邵东帮东盟发财路》，刘欣桐、黄婷、马纪朝《世博会与新湖南机会》，刘欣桐《疯狂的房子》，赵紫高《华天瘦身》，王小骅《九芝堂轮回再现？》，朱哲逊、姜超明《中部“双城记”》，王玉欣《消逝的黄泥街》，刘欣桐《罗氏家族龙凤斗》，朱哲逊《隐形冠军的隐忧》，江远、王玉欣《民营企业创始人分裂调查》，马纪朝、黄婷、陈萍、姜超明《资本的劫难》，王袖舒、马纪朝《大唐华银的低碳触角》，王袖舒、马纪朝《金浩执帅印，茶油兵团的绝地反击》，李钦《李文锁城：被上游厂家掐住咽喉》。

四、2010年重要影响

2010年，《企业家天地》的社会知名度以及影响力进一步扩大。

杂志加快了向全国市场继续迈进的步伐，与新浪网财经频道、凤凰网财经频道建立了合作关系，两大门户网站同步转发《企业家天地》文章。

杂志社承办的湖南经济“奥斯卡”——“湖南十大杰出经济人物”评选活动，引起了全省乃至全国上上下下的普遍关注和媒体的广为宣传，中国日报、湖南日报、湖南卫视、中国网、新华网、国务院新闻办公室网、新浪网新闻中心、腾讯新闻、网易新闻、天涯社区、红网、香港文汇网、星岛环球网等近200家媒体纷纷给予报道，共发表有关当届评选的文字百余万字、图片200余幅，产生了广泛的社会影响，业已成为全省经济界规格最高、规模最大、公信度和影响力最强的评选活动。

湖南社会科学报

Hunan Social Sciences Review

中国特色社会主义宪政理论与实践研讨会在长沙召开

省社科院院长朱有志会见世界第一销售大师乔·吉拉德

省社科院省情与决策咨询研究基地被评为省优秀社科研究基地

省社科院建设学习型党组织的做法和经验被《人民日报》采访和报道

省社科院选派青年科研人员赴蓝山挂职

特写：英语培训第一课

省社科院开展全员英语培训

湖南省哲学社会科学奖表彰大会隆重召开

社科工作要善于借助媒介回答现实困惑

第三届"湖湘三农论坛"将于10月在邵阳举行

《低碳崛起——湖南科学跨越的新路径》等6本书被省委讲师团推荐为县（市、区）委书记读书交流会阅读书籍

《湖南社会科学报》

一、发展概况

《湖南社会科学报》是湖南省社会科学院于2003年1月创办、面向全省社会科学理论与实践领域以及全国社科院系统的内部交流专业性报纸。截至2010年年底，共出版123期，计300多万字。朱有志担任主编，罗波阳、刘云波先后担任执行主编。

二、2010年出版概况

2010年出版20期，共发表文章300余篇，总计60多万字，设有：理论前沿、理论热点、书评、县委书记论坛、市县连线、新著推荐、前沿报道、随笔等栏目。

三、2010年发表的代表性文章

朱佳木《历史的使命，发展的平台》，路建平《社科工作要善于借助媒介回答现实困惑》，黄建国的《一个富有实效的评选活动》，陈肇雄《加强理论和政策创新，推动工业创新发展》，于来山《"两型社会"建设是一项全新的事业》，李湘舟《以刊辅政，以刊促研，以刊育人》等重要讲话；国家气候变化专家委员会委员潘家华《低碳转型与"两型社会"建设》，张晓山《统筹城乡发展需要调整利益格局》，朱有志《弯道超车道可道，快道竞驰辟新道——2010年湖南经济实现新跨越的分析与建议》，方向新等《湖南进入"快车道"后又快又好发展对策研究》，王义高《关于开挖西洞庭湖大运河，打通湖南西北部三条交通出海口的建议》，梁绍辉《还曾国藩以真相》，新华社编辑蒋旭峰《社会科学工作者应努力扩大中国文化的世界影响》，邵阳市委副书记、市长郭光文《坚持德才兼备原则，大胆起用特色人才》，蓝山县委书记魏湘江《着力强化四项举措，破解企业用工难题》等专论；美国、韩国、日本等国专家谈《技术创新管理与政策》，罗波阳、刘茂松等6位专家的《献策湖南"十二五"规划》，省委讲师团课题组《着力创新突破，抢占科学发展快车道》，黄志明等12位专家的《社保银行与金融创新》，贝兴亚、刘茂松等《转方式促发展热点问题》，《芷江县、蓝山县学习实践科学发展观成果》等专题。

四、重要影响

《湖南社会科学报》经过6年的发展，在全国产生了很大的反响。《湖南社会科学报》在汇通社科信息、宣传社科人才、展示社科成果等方面，得到了领导、同行、读者的一致好评。2006年省委宣传部理论处决定在《湖南社会科学报》上开辟专栏，代替《邓研中心工作简报》，及时反映基地的研究成果和工作情况；2007年9月在武汉召开的全国社科院院长联席会议，"湖南社科院是如何办好《湖南社会科学报》的"成为分组讨论的议题之一。得到了中国社科院副院长朱佳木、江西社科院院长汪玉奇、河南社科院正院级领导赵保佑、天津社科院副院长王立国以及湖南省路建平、于来山、郭开朗、蔡力峰等省领导的好评。2009年以来，先后有岳麓区委宣传部、湖南省委党校、江西省社科院、河北省社科院等专程来省社科院学习《湖南社会科学报》办报经验。

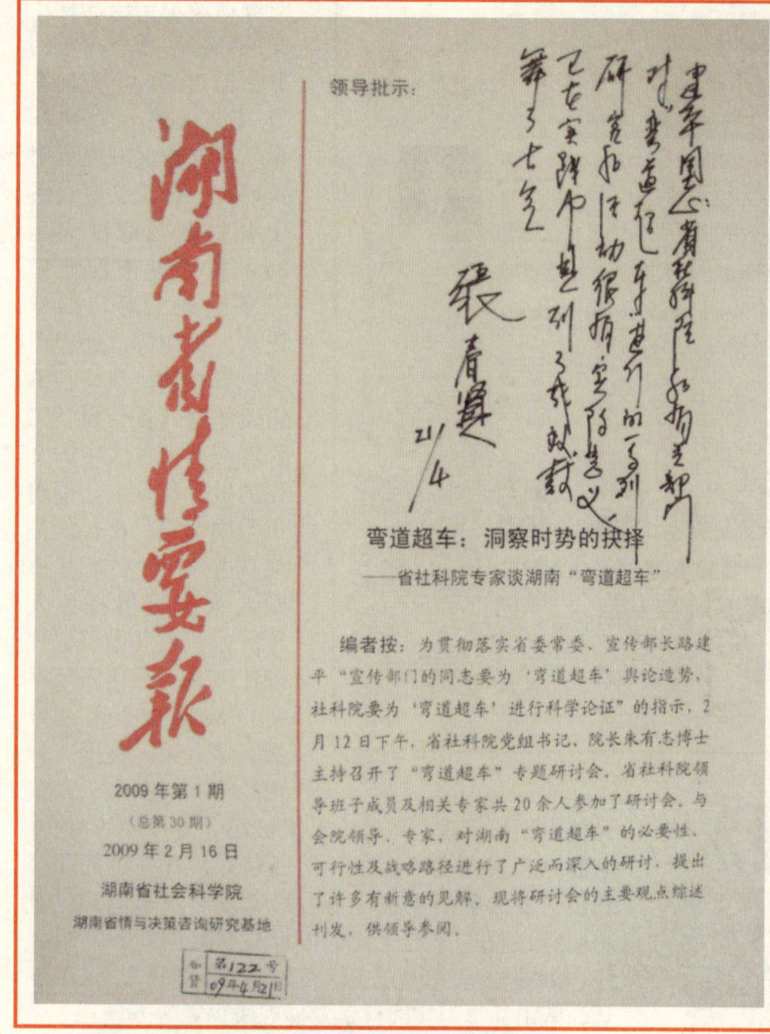

湖南省情要报

2009年第1期

（总第30期）

2009年2月16日

湖南省社会科学院

湖南省情与决策咨询研究基地

领导批示：

弯道超车：洞察时势的抉择

——省社科院专家谈湖南“弯道超车”

编者按：为贯彻落实省委常委、宣传部长路建平“宣传部门的同志要为‘弯道超车’舆论造势，社科院要为‘弯道超车’进行科学论证”的指示，2月12日下午，省社科院党组书记、院长朱有志博士主持召开了“弯道超车”专题研讨会。省社科院领导班子成员及相关专家共20余人参加了研讨会。与会院领导、专家，对湖南“弯道超车”的必要性、可行性及战略路径进行了广泛而深入的研讨，提出了许多有新意的见解。现将研讨会的主要观点综述刊发，供领导参阅。

《湖南省情要报》

一、发展状况

《湖南省情要报》是湖南省社会科学院主办、以服务省委省政府科学决策为目标的内部刊物，发行对象为湖南省在职副省级以上领导。由省情与决策咨询研究基地办公室编辑出版。《湖南省情要报》自2004年创刊以来，共发表61期，获得省委省政府主要领导肯定性批示40余次。2004—2009年为不定期刊发。从2010年开始，为了扩大稿件来源，提升稿件质量，稿件征集的范围由湖南扩展到全国。并且每月固定编发2期，每期刊发1篇文稿。

二、2010年出版概况

《湖南省情要报》密切关注湖南乃至全国的大势和大事，紧紧围绕全省经济和社会发展中的焦点、热点和难点问题，以及有关重大发展战略问题，有针对性地进行纵深解读、解析，稿件以评述我省体制改革、社会转型、区域发展的新思路、新观念、新问题为主，力求具有前瞻性、针对性、科学性和可操作性，力图为省委省政府决策提供准确、及时、有深度的咨询决策参考。全年共收集稿件24期，出版20期。

三、2010年发表的代表性文章

刘云波《重在加快　贵求实效——省社科院专家关于加快转变经济发展方式问题的意见和建议》（第2期）；朱有志、李晖《农村集体经济实现形式的现实困境与政策建议》（第3期）；肖毅敏《如何应用GDP指标评价地区经济发展》（第4期）；童中贤《关于湖南“十二五”城市发展战略导向的建议》（第5期）；刘险峰、刘敏《以战略优势谋求更高质量的新增长——对“十二五”时期湖南经济发展的思考》（第6期）；方向新、邓子纲《乡镇卫生院实施基本药物制度的调查与思考》（第11期）；湖南省社科院社会学法学研究所《推进湖南社会管理创新的对策建议》（第14期）；湖南省社科院课题组《湖南经济结构演进的特征、现状及结构调整面临的机遇和挑战》（第15期）；湖南省社科院课题组《发达省份人均GDP进入3000～5000美元阶段经济结构演进的规律特征与经验启示》（第17期）；湖南省社科院课题组《“旅游下乡”：建设旅游强省的战略选择》（第20期）等。

四、2010年重要影响

2010年《湖南省情要报》获得湖南省副省级以上领导批示5次，分别是：1. 2010年第1期发表朱有志、肖耀球、周少华等撰写的《湖南与发达国家、全国、中部省份经济社会发展主要指标比较分析材料》，获时任湖南省委书记张春贤的批示；2. 2010年第8期发表基地办周少华撰写的《低碳化转型：工业化中期的湖南工业发展之路》，获得省领导龚建明的批示；3. 2010年第9期发表湖南商务职业技术学院财务处副处长李典辉撰写的《湖南政策性农业保险的发展现状及政策建议》，分别获得省领导蔡力锋和唐之享的批示；4. 2010年第10期发表政治学所周湘智、胡艳辉撰写的《“文明融城”加速度》获省委宣传部路建平部长的批示。

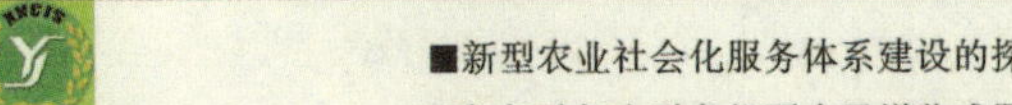

总第11辑 主编/朱有志 执行主编/陈文胜

■新型农业社会化服务体系建设的探索之路
■如何破解金融危机下农民增收难题
■七个一号文件释放出的农村改革发展信号
■财政改革：乡镇机构改革的突破口
■白庙乡公用费“全裸”的现实做法
■一个乡镇干部的信访工作手记
■关于农村基层治理体制创新的整体设计
■村干部辞职风波
■乡村文化工作究竟该怎么做

《中国乡村发现》

一、发展概况

《中国乡村发现》为湖南唯一连续面向全国出版发行的“三农”理论通俗读物，由湖南省社会科学院新农村建设研究中心创办，湖南省社会科学院、湖南省社会主义新农村建设促进会主办，主编朱有志，执行主编陈文胜。从2006年创办至2010年共出版14辑，由湖南人民出版社出版。被中国学术期刊网络出版总库全文收录。

《中国乡村发现》出版以来获得了普通读者、理论界、决策层乃至媒体很高的评价，已经成为研究中国农村问题、了解真实农村信息的重要理论读本和参考资料，成为湖南乃至中国农村研究的一个品牌，在中国农村研究领域享有盛名。

二、2010年出版概况

2010年出版4辑，共发表文章160余篇，总计64万字，设有：专稿、时政解读、热点事件、县乡连线、“三农”论剑、农村万象、法制经纬、前沿报道、海外窗口、想说就说、观点精选等栏目。

三、2010年发表的代表性文章

陈锡文《怎样统筹中国的城乡发展》，陈佳贵《城乡一体化建设的现实背景和关键问题》，韩俊《推进农民工市民化，提高城镇化水平》，刘振伟《“十二五”期间我国城镇化的发展方向》，郑新立《让粮食主产区的农民尽快富裕起来》，张晓山《统筹城乡发展必须调整利益格局》，蔡昉《城乡统筹发展：理论和历史的解释》，宋洪远《“十二五”时期农村和农业面临的挑战和选择》，魏后凯《中国城镇化的战略转型》，吴孔凡《如何破解金融危机下农民增收难题》，郭晓鸣《解读2010年中央一号文件》，宋亚平《统筹城乡发展的另一个视角》，李铁《对中国未来城市发展的一个基本判断》，何开荫《如何发挥农民的主体作用和伟大创造力》，罗兴佐《村庄公共生活与农民的意义世界》，曹阳《当代中国农业生产组织现代化基本模式探析》，段羡菊、丁文杰《山脚下村超百倍的农民负责向谁问责》，张英洪《新农村建设的关键是农民的公民权建设》，[美]C.杨.莱斯特《美国加利福尼亚州的现代农业发展模式》，余志刚《日本农地流转制度的中国启示》。

四、2010年重要影响

2010年《中国乡村发现》的社会影响力进一步扩大，国务院研究室郭玮司长，国家发展改革委孔泾源司长，农业部张红宇司长，民政部曹国英巡视员，国土资源部吴太平副司长，以及国内知名专家学者张晓山、房宁、李培林、王东京、马晓河、张占斌、曹锦清、庄前生、黄祖辉、张玉林、王晓毅、王景新等对《中国乡村发现》发表了书面评价，给予了高度肯定，认为《中国乡村发现》“有理论的探索性、政策的可行性、实践的鲜活性，是一套具有较高学术价值和实际应用价值的读物”，“是一本十分难得、特色鲜明的刊物”，“是一本富有特色，具有较大社会和学术意义的好刊物”。

06 科研机构

HUNAN ACADEMY OF SOCIAL SCIENCES YEARBOOK

文学研究所

历史研究所

哲学研究所

经济研究所

区域社会经济系统工程研究所

工业经济研究所

政治与公共管理研究所

社会学法学所

人才学研究所

国际问题研究所

农村发展研究所

财经研究所

城市发展研究所

湖南省中国特色社会主义理论体系研究中心湖南省社科院基地

湖南省情与决策咨询研究基地

湖南省新农村建设研究基地

湖南省创意产业研究基地

文学研究所

一、发展概况

湖南省社会科学院文学研究所，前身为1976年设立的湖南省哲学社会科学研究所鲁迅研究组，1978年11月改为文学研究室，1984年7月正式改名为湖南省社会科学院文学研究所。现设办公室和中国现当代文学及文艺理论研究室，中国古、近代文学研究室，新闻传媒文化研究室3个研究室和传媒文化中心。2004年被评为省委宣传部“三创一争”先进单位。3人先后享受国务院政府特殊津贴。现任所长胡良桂研究员。

二、学科特色

文学研究所在基础理论、文学史撰写、作家作品研究等方面取得了丰硕成果，胡光凡、李华盛的周立波研究，陈书良的六朝文学研究，谭桂林的文学与宗教文化研究，胡良桂的当代长篇小说理论及先进文化方面研究等，在全国或省内相关领域都产生较大影响。《湖南文学史》、《当代湖南作家评传丛书》的写作都首开风气，并先后获得湖南省社科优秀成果奖。

三、2010年科研工作

1. 2010年全所共发表论文12篇，其中胡良桂在权威报刊《人民日报》发表《文学原创与中国声音》，在《文艺报》发表《守望理想是作家的天职》等。

2. 傅异星《现代性与乡土小说的话语变革——当代乡土小说十家论》获2010年度湖南省社科基金课题立项。

3. 由文学所组织撰写的《当代湖南作家评传丛书》（胡良桂任主编，吴正锋、卓今、毛炳汉等撰写）获湖南省第十届社科优秀成果二等奖。

四、2010年学术交流

1. 2010年4月24日，胡良桂、吴正锋参加由省文联、湘西自治州文艺评论家协会、吉首大学文学院联合主办的“湘西地域文化与文艺创作”研讨会。

2. 2010年12月18—21日，文学所与《文学评论》编辑部在长沙联合举办“本土经验与中国现当代文学的世界性”全国学术研讨会。

历史研究所

一、发展概况

历史研究所源于1957年9月成立的中国科学院湖南历史考古研究所（正厅级），其时省编委暂定事业编制33名，下设中国古代史、近代史、现代史三个研究组和图书资料组、人秘组、行政组，是当时湖南首个独立的社科研究机构，1958年所内设制省志办公室。半个多世纪以来，机构几经分合变换。历史所出版各类著作400余部（种）近千本，其中不少成果在全省乃至全国具有重要影响。现设中国古代史、中国近代史、中国现代史、世界史(暂缺)4个研究室和图书资料室。现任所长王国宇研究员。

二、学科特色

历史研究所一直以湖南地方史为主攻方向，同时兼及全国共同性历史问题的研究，在湖南地方史、民族史、源流史研究与湖南历史资料整理等方面取得丰硕成果，产生了一批有影响的专家，形成了自己的学科特色。目前，主要研究领域是湖南经济社会史、湖湘文化史、湘籍历史人物、湘籍中共党史人物。

三、2010年科研工作

1.在近年已陆续主持4项省社科基金课题的基础上，新立项省社科基金课题1项。开发并完成社会类课题1项。与省民政厅相关单位合作完成《湖南省烈士英名录》（五）等，完成院交付任务多项。

2.本所一直保持科研协作的优良传统，2010年，全所继续大力投入湖南省委省政府的重大文化工程——《湖湘文库》的撰写工作。全年先后集体完成《湖南经济通史》、《湖南历代人名辞典》、《湖南近现代实业家传》等各项著作的写作任务百余万字。完成撰写、组稿《湖南省志•社科志》历史编的任务。

3.在主要从事集体课题协作攻关的同时，鼓励研究人员独立从事学术研究，发挥个人专长。全年在省级学术刊物发表专业论文11篇，其中在CSSCI等刊物上发表学术论文5篇，被人大复印资料全文复印2篇。在《光明日报》、《当代中国史研究》发表专业论文各1篇。

四、2010年学术交流

1.8月，王国宇赴广东惠州出席廖仲恺国际学术研讨会，向大会提交了专业论文，并作学术发言。

2.9月，王国宇出席“芷江国际和平文化节”，并提交专业论文。

3.11月，王国宇赴永州参加柳宗元国际学术研讨会。

4.12月，全所同志积极投入湖南省历史学会2010年年会的筹备工作，并集体赴南岳与会。

5.郭钦先后应邀在长沙市博物馆作了专题演讲，并接受凤凰卫视《凤凰大视野》专栏的访谈。

6.王安中上半年被借调到省委宣传部理论处工作。

哲学研究所

一、发展概况

哲学研究所成立于1959年，原名湖南省哲学研究所，1980年后改名为湖南省社会科学院哲学研究室（所）。现设有哲学研究所办公室、马克思主义哲学研究室、中国哲学研究室、经济哲学研究室。毛泽东研究所、湖南省中国特色社会主义理论体系研究中心办公室及研究中心省社科院基地、经济哲学研究中心、宗教文化研究中心、梅山蚩尤文化研究中心及研究基地等5个挂靠哲学所。近年来，哲学所获得多项国家社科基金和省社科基金项目，2009年被评为湖南省“四创四争”先进单位。现任所长万里研究员。

二、学科特色

哲学所致力于社会现实基本问题研究，在长期的潜心修持中形成了独具特色的三大学科优势：1.以毛泽东哲学思想，特别是毛泽东早期哲学思想研究为发端，通过对伟人经济哲学思想和中国特色社会主义理论体系研究，在许多方面有开学术之先的意义。2.以湖湘人物为契机对中国思想史和中国哲学史的研究，形成了浓厚地方特色的史志研究。3.以湖湘文化为代表建立了一批研究中心和基地，秉持马克思主义的立场、观点和方法对儒、释、道等中国传统文化和佛、道等宗教进行了深入研究，形成了在学术和理论界有一定影响的宗教学研究。

三、2010年科研工作

1.课题研究持续发展。在2009年获得1项国家课题的基础上，2010年又获得国家社科基金规划课题1项，实现了连续两年获得国家社科基金规划课题的较好成绩；争取到省社科基金出版资助课题1项；省特研中心委托课题2项；参与国家社科委托课题1项；完成院智库建设研究任务11项。

2.著作出版求真务实。出版学术著作2部：万里《舜帝历史文献选编》（《湖湘文库》项目），唐光斌《执政理国——当代中国共产党人的和谐智慧》。

3.论文发表志存高远。在权威刊物《哲学研究》发表论文1篇，《世界宗教研究》等A类报刊发表学术文章4篇，台湾《宗教哲学》发表学术论文1篇，另外在省级以上学术刊物发表论文30余篇。

四、2010年学术交流

1.7月3—9日，哲学所与中国社科院世界宗教研究所、台湾宗教哲学研究社联合举办了“海峡两岸宗教与区域文化暨梅山宗教文化高峰论坛”。

2.7月4—9日，唐光斌赴西宁参加全国社科院系统中国特色社会主义理论体系研究中心年会暨理论研讨会。

3.7月24—28日，唐光斌在长沙参加全国马克思主义中国化时代化大众化暨邓小平理论和应用哲学研讨会。

4.10月11日，举办了毛泽东研究所挂牌仪式暨毛泽东研究专家座谈会。

5.10月12—13日，万里参加在杭州举办的“纪念弘一法师诞辰130周年学术研讨会”。

6.11月26—27日，万里、陈靖华赴常德参加“中国·常德鼎城善卷文化高峰论坛”。

经济研究所

一、发展概况

经济研究所前身为1960年10月创办的湖南省哲学社会科学研究所下设的政治经济研究组，1973年8月改为政治经济研究室，1979年5月再改称经济研究室。1983年9月成立经济研究所。经过多年努力，经济研究所已发展成为一个理论经济学、应用经济学两者兼有的综合性经济研究机构。现设理论研究室、政策研究室与投资研究室等三个研究室。现任所长肖毅敏研究员。

二、学科特色

经济研究所一直非常重视学科建设，以“经世济民”为学科建设宗旨，紧密联系国情、省情展开一系列的经济理论与实践问题研究。经济研究所经过长期建设，现已在投资研究、改革研究、区域经济研究与规划等领域形成研究特色，在承担科研项目、进行理论创新研究、指导实践工作等方面取得了重大成绩。

三、2010年科研工作

1. 论文发表有新成绩。在省级以上报刊发表论文32篇，其中肖卫、刘险峰两位同志在《光明日报》、《中国农村经济》等A类刊物发表高档次论文共5篇。

2. 著作撰写有新进步。参著《湖南在当代中国的战略地位》、《长株潭城市群发展报告》、《中国“十二五”改革国际论坛——发展方式转变与改革选择》等著作9本。

3. 课题研究有新收获。经济研究所主持的省社科基金重大项目《湖南经济弯道超车和扩大投融资规模政策研究》完成结项，获优秀等级。主持或参加各类课题研究20余项。其中主持湖南省软科学重点课题、省社科基金立项资助课题、厅局委托课题各1项，地州市县委托课题3项；参与省社科基金重大项目、省重点课题、省重大委托课题、省财政厅委托课题、致公党重大课题、省直部门委托课题各1项，其他项目9项。

4. 成果获奖有新突破。肖毅敏参与成果获湖南省第十届社科优秀成果一等奖，汪金敖参与成果获湖南省第十届社科优秀成果特别奖。

5. 学术反馈有新亮点。获得各类学术反馈共6项。肖毅敏的论文《形态周期理论与上证综合指数的基本趋势》在《中国经济学年鉴2009》摘要转载；肖卫的《推进军技民用，做大北斗产业》得到省委周强书记、梅克保副书记、陈肇雄副省长等省领导批示；汪金敖的《湖南省新建大中型水库移民安置问题、影响、成因及对策研究》得到徐明华、蔡力峰、谢康生等多位省领导批示，在调研报告基础上形成的对策部分以湖南省人民政府2010年9号文件下发。

四、2010年学术交流

1. 8月15—19日，肖卫参加由《中国社会科学》杂志社和黑龙江大学联合举办的第四届“社科前沿论坛”。

2. 10月29—30日，肖毅敏、吴志国参加湖南省审计学会第三届理事会，肖毅敏当选为常务理事。

3. 11月30—31日，肖毅敏、吴志国参加中国（海南）改革发展研究院主办的中国“十二五”改革国际论坛，肖毅敏应邀作国际学术研讨会专家评论。

区域社会经济系统工程研究所

一、发展概况

区域社会经济系统工程研究所成立于1987年3月，是全国地方社科院中最早成立的系统工程专业研究机构。经过多年努力，该所已发展成为省社科院跨学科综合性应用研究的一个优长学科。现设有办公室和区域经济与城市发展、经济系统分析与预测、技术经济与技术政策、社会经济可持续发展等4个研究室。现任所长史永铭研究员。

二、学科特色

专业方向是系统科学理论与方法及其在经济、社会、科技、环境等复杂系统中的应用。主要研究领域：系统工程基础理论和方法，区域与城市发展战略和规划，经济社会形势分析与预测，技术经济理论与测度方法，知识经济与技术创新等。其中，在运用数量分析方法和模型技术手段，对区域经济与城市综合发展，绿色经济与可持续发展，区域与城乡、科技与经济的协调发展，企业自主创新等进行分析、评价、预测和对策等问题的研究，较有特色和建树。

三、2010年科研工作

1.课题开发有新突破。在近年已陆续主持5项国家社科基金课题的基础上，2010年又新立项国家社科基金课题1项，并新立项了省社科基金重大课题1项，省社科基金一般课题3项，省“十二五”重点专项规划课题1项。另外还为主承担完成了省社科基金重大课题和省领导交办课题近10项。

2.学术研究有新成绩。在大量从事应用研究的同时注意抓了成果的学术提升。全年共发表国家级A类文章6篇，B类文章5篇（含国家级一般刊物和CSSCI、CSCD），其他省级刊物论文以及研究报告20余篇。为主参编著书5本，包括《长株潭城市群蓝皮书》、《中部发展蓝皮书》、《低碳崛起》、《湖南在当代中国的战略地位》等。

3.成果反馈有新纪录。今年为主获得湖南省自然科学优秀学术成果三等奖1项，参与获得湖南省社科优秀成果特别奖1项，全省学术研讨会和省一级学会优秀论文一等奖4项。另有3项为主参与的应用对策成果获得省领导肯定性批示。

四、2010年学术交流

1.6—9月，史永铭分赴长沙、常德和永州，作关于低碳经济发展问题的专场学术报告3场，受到与会党政领导的热烈欢迎。

2.8月30日，为主筹备并具体承办《第七届长株潭发展论坛暨长株潭城市群蓝皮书2010卷首发式》。于来山副省长到会发言，中国社科院潘家华所长作了专题报告，社科文献出版社谢寿光社长到会并主持蓝皮书的首发仪式，国务院下属的中国网作了全程直播。

3.12月中旬，史永铭作为省社科院代表团成员，赴越南与越南国家社科院及其法学所、社会学所、中国所和南方可持续发展所等进行了为期5天的访问交流。

工业经济研究所

一、发展概况

工业经济研究所成立于2009年，前身系经济研究所的部门经济研究室及1994年独立的现代企业研究所。工经所现下设工业发展、产业组织、企业管理、文化产业与办公室等5个科室。2008年被评为全省宣传系统“四创四争”先进单位。现任所长郭勇研究员。

二、学科特色

工经所牢固树立“服务合格智库建设，服务湖南工业发展”的发展理念，以建设省内一流的工业经济决策咨询研究机构为目标，密切关注工业发展焦点，准确追踪工业发展热点，深入剖析工业发展难点，形成了自己的研究特色。在工业发展研究方面，突出了新型工业化道路、工业发展战略、产业结构与产业政策、工业化、城镇化、信息化与农业现代化的研究；在产业组织研究方面，突出了战略性新兴产业、技术创新与产业发展、产业集群与园区经济以及产业竞争力的研究；在企业管理研究方面，突出了国有企业改革与企业战略管理、企业文化、企业人力资源管理、企业竞争力理论与评估方法的研究；在文化产业研究方面，突出了文化产业规划、文化产业战略与政策、文化创新与文化体制改革、文化产业案例的研究。

三、2010年科研工作

1．科研成果层次高。2010年获工信部软科学课题1项，省社科基金重大委托课题1项；在《中国工业经济》、《中国城市经济》等刊物发表论文6篇；出版了国内首部对省域战略性新兴产业集群创新能力进行分析与评价的《湖南战略性新兴产业集群创新发展报告（2010）》；获省级以上奖励2项。

2．科研合作平台广。依托省经信委的合作平台，承担省委省政府领导委托课题8项；承担市、县及工业园区“十二五”发展规划7项。同时与工信部、中国社科院、省委办公厅、省政府办公厅、省委宣传部、省经信委、省发改委、省科技厅等单位开展了全面的合作。与湖南省经信委综合研究室共同主办编辑出版内部刊物《工业决策参考》，报送省级主要领导和省新型工业化领导小组成员单位参阅。

3．科研实践效果好。承担的《后危机时期湖南特色新型工业化道路研究》等4项课题，得到了省新型工业化领导小组的充分肯定，并进入相关文件。郭勇作为专家组成员参与《中共湖南省委、省人民政府加快培育战略性新兴产业的决定》文件起草。王毅主持的《湖南战略性新兴产业文化创意产业专项规划》由省政府以文件形式印发。

四、2010年学术交流

1．3月6—20日，郭勇赴意大利参加由中国社科院与意大利环境、领土与海洋部合作举办的“水污染防止与治理”培训交流。

2．7月19日至8月2日，与省经信委、省国防科技工业局一起组织开展了湖南战略性新兴产业集群创新能力的调查。

3．8月21—22日，组织承办了“2010中国工业创新发展论坛暨第二届技术创新管理与政策国际研讨会”。

4．8月30日到31日，组织承办了“海峡两岸产业创新与合作研讨会”。

5．郭勇、王亮参与全省工业经济月度、季度经济形势分析会议12次。

6．选派青年研究人员陈文峰赴中国社科院访学交流，蒋学赴省政府办公厅五处锻炼，邓平赴永州蓝山县挂职锻炼。

政治与公共管理研究所

一、发展概况

政治与公共管理研究所，前身为1960年创办的湖南省哲学社会科学研究所下设的科学社会主义研究组，1980年改为科学社会主义研究室，1984年改名为科学社会主义研究所。1993年精神文明研究所并入科学社会主义研究所，更名为科学社会主义与精神文明研究所。2002年正式改名为政治与公共管理研究所。现设办公室和政治学（含党建）、公共管理、精神文明3个研究室，托管湖南省精神文明研究中心、湖南省县域发展研究中心、湖南省智库学研究中心、湖南省直管县体制研究中心、湖南防灾减灾研究中心。负责编辑出版《湖南精神文明建设红皮书》、《县域发展参考》简报、《智库研究动态》等资料。该所2002年被评为省委宣传部“三创一争”先进单位，2007-2010连续4年被评为院“四创四争”先进单位。现任所长刘助仁研究员。

二、学科特色

政治与公共管理研究所自成立以来，坚持将面向党和政府现实需求与面向政治与公共管理学科前沿有机结合，以基础理论研究为依托，以决策应用研究为重点，以咨询服务研究为拓展，以其他特色研究为补充，着力强化“学术立所、学术兴所、人才强所”，大力加强人才队伍建设，积极主动地为党和政府决策服务。

三、2010年科研成果

全年出版著作5部，其中黄海的《“灰地”：红镇混混研究》系省社科院在三联书店出版的第一部学术专著；共发表论文42篇，其中在《人民日报》理论版和海外版分别发表2篇，在《国际问题研究》等国家级刊物上发表16篇，被人大复印报刊全文转载3篇，被外交部国际问题研究所主办的《中国国际问题研究》（英文学术期刊）全文转载1篇；2项成果分别获得湖南省省委常委、路建平部长和杨泰波秘书长的批示；《灾害应急管理：国际经验的审视与启示》和《德国煤矿安全生产管理的经验借鉴》分别获由民政部和解放军军事科学院主办的“中国特色现代国家灾害应急体系建设研讨会”优秀论文一等奖与三等奖；全年主持和参与各项科研课题12项，其中主持完成结项4项，包括2个省社科基金课题、1个省软科学课题和1个省委宣传部的委托课题；编辑出版《智库研究动态》12期、《县域发展参考》7期。

四、2010年学术交流

1.3月29日，成立湖南县域发展研究中心，朱有志院长担任中心主任，副院长周小毛、贺培育担任中心副主任。

2.5月10日，邀请上海社会科学院青少年研究所专家孙抱弘研究员来省社科院讲学。

3.5月19日，与省文明办联合举办了“长株潭‘两型社会’精神文明示范区建设研讨会”。

4.10月7日-14日，邀请中国社科院政治学所所长房宁一行来湘调研并到省社科院访问、座谈。

5.在永州市蓝山县建立了院县合作基地，开展了系列深入合作，协调院里派出了3名研究人员到蓝山挂职，为蓝山县制定了“创先争优”方案和“十二五”规划。

社会学法学所

一、发展概况

社会学法学研究所成立于2002年9月，由社会学研究所和法学研究所合并组成。现设城乡社会发展研究室、社会管理与社会政策研究室、社会工作与社会保障研究室、社会法研究室等4个研究室。现任所长童中贤研究员。

二、学科特色

建所以来，坚持理论研究紧跟现实需要的原则，准确把握科研方向，突出应用学科研究，努力打造“两大板块、一跟红线、一个重心、四个学科点”的科研格局。在研究领域上，突出城镇化、农民工、新农村三大重点，目前已基本形成以城乡社会发展为主体，包括政治社会学、城市社会学、人口社会学、教育社会学、法社会学、青年和妇女问题研究在内的学科特色。

三、2010年科研工作

1. 科研成果实现新突破。全年参与撰写出版著作4部；发表论文30多篇，其中A类报刊7篇。基本完成国家社科基金课题1项；结项省社科基金重大委托课题1项、省社科评审委课题1项，省社科规划课题1项。成功申报2项省社科规划课题。

2. 决策服务登上新台阶。全年有3项成果进入省委省政府决策。单独和合作主持编制完成的“十二五”规划9个，区域发展规划2个，规划思路研究3个。

3. 成果反馈形势较好。方向新执行主编的《和谐社会理论干部读本》获省首届优秀社科科普读物奖。方向新主持的省社科规划重大委托课题《湖南进入“快车道”后实现又好又快发展的对策研究》获得了时任省委书记张春贤，省委常委、宣传部长路建平的3次肯定性批示。童中贤参编著作《长株潭城市群重构——“两型社会”视域中的城市群发展模式》获省第十届社科优秀成果三等奖；李海兵参与著作《新农村建设中的产业发展研究》获省第十届社科优秀成果特别奖。

四、2010年学术交流

1. 6月23—25日，方向新、李海兵参加在湖北咸宁市召开的《国有土地上房屋征收与补偿条例（征求意见稿）》全国理论研讨会。

2. 7月18—20日，方向新、杨盛海出席在涟源市召开的省社会学会民俗学专业委员会2010年年会。

3. 7月21—23日，方向新参加在哈尔滨举行的中国社会学会2010年年会。

4. 9月25—27日，全所集体赴益阳市沅江、南县、大通湖区进行交流考察。

5. 11月26日，在长沙召开童中贤主持的《涟源市国民经济和社会发展第十二个五年规划纲要》课题专家评审会。

6. 12月16日，在长沙蓉园宾馆召开童中贤主持的石门县《“十二五”规划》征求意见座谈会。

7. 青年科研人员李海兵赴中国社会科学院社会学研究所访学半年，青年科研人员郭丹被派到省直机关党校科干班学习1个月。

人才学研究所

一、发展概况

人才学研究所成立于2002年9月。现有科研人员8人，其中研究员、副研究员6人，国家人才测评师2人，人才报刊专栏撰稿人2人，省公务员考录面试专家3人。经过8年努力，人才学所已发展成为在全省有地位、在全国有影响的新兴优长学科，2007年被评为全省“四创四争”先进单位。内设办公室和人才理论、人才工作、人力资源3个研究室。胡跃福研究员担任所长至今。

二、学科特色

自建所以来，始终坚持以研究、服务、推动湖南人才事业发展为己任，以建设“全省人才工作一流智库、全国人才研究一流团队”为目标，按照“对外通天连地、对内统分结合”的发展策略，紧紧围绕我省人才发展的重大理论与实践问题开展研究，形成了鲜明学科特色：在人才理论研究方面，突出了人才成长规律、特殊人才、职业高原等研究；在人才开发研究方面，突出了人才政策、人才战略与规划、领导能力测评等研究；在人力资源研究方面，突出了人力资源价值与投资、就业创业、农民工等研究。

三、2010年科研工作

1.在科研精品生产中有新亮点。承担的国家软科学基金课题总报告在《中国人才发展报告》上发表，在A类刊物发表论文4篇，创造了本所10天时间在《湖南日报》连发5篇专业文章的新纪录。

2.在服务全省人才工作大局中有新作为。研究起草的《湖南省中长期人才发展规划纲要》和《长沙市中长期人才发展规划纲要》分别由省委省政府和长沙市委市政府颁布实施，出色完成了省委组织部交给的全省第二次人才工作会议各项筹备工作。

3.在全省社科成果评奖中有新收获。胡跃福、宋本江、许冰凌、马贵舫、张其贵著作获湖南省第十届社会科学优秀成果三等奖，胡跃福、马贵舫论文获湖南省社会科学界首届学术年会优秀论文奖，胡跃福、许冰凌课题获湖南省社会科学界联合会学会优秀应用研究课题奖。

四、2010年学术交流

1.5月30日—6月2日，组织全所同志赴上海社科院等单位交流考察。

2.6月18日，胡跃福在湖南女子学院体育馆作《勇敢走好职场第一步》专题演讲，现场听众达2400多人，受到媒体热评。

3.7月16日，胡跃福应邀在省委常委中心组作《贯彻国家中长期人才发展规划纲要需要把握的几个问题》专题辅导报告，受到省委书记周强的高度评价。

4.参与筹备组织第四届中国中部人才论坛。

国际问题研究所

一、发展概况

国际问题研究所成立于2002年。现设国际经济政治与国际关系研究室、欧美研究室、亚非拉研究室和办公室。现任副所长谢晶仁研究员主持工作。

二、学科特色

国际问题研究所自成立以来，坚持“学术立所”和“有所为与有所不为”的原则，准确把握“为扩大湖南对外开放服务”的功能定位，始终围绕“湖南与世界”的关系做文章，注重自身特色，突出主攻方向，立足湖南，放眼世界，充分利用国际间的可行性项目和信息资源，从战略和政策角度对当代国际政治、国际关系、国际经济和国际安全问题及中国的对外关系进行跨学科的研究，为湖南的政府部门和企业提供国际事务方面的咨询意见；通过共同举办学术研讨会、进行合作课题研究和互派访问学者等形式，与海内外相关研究机构建立沟通、合作机制，加强相互了解；推动政府、媒体和社会民众对世界趋势及主要热点问题的了解。

三、2010年科研工作

1.谢晶仁主持并完成省科技厅软科学课题；刘亦红主持省社科基金课题1项；谢晶仁负责并主持永州市金洞管理区“十二五”经济社会发展规划课题，合作主持怀化市鹤城区、怀化市芷江县、永州市江华县等地方政府委托的“十二五”经济社会发展规划课题；黄永忠主持课题《湖南与台湾产业合作研究》，谢晓军主持课题《提升湖南在中国—东盟自由贸易区合作中的地位研究》；等等。

2.国际课题的申报：《中国农村社区公共服务体系建设的实证研究——以湖南省Y县为例》成功立项为东亚“EADN”国际课题。

3.在国家A类刊物公开发表学术论文5篇，国家A类报刊反馈1篇，国家B类刊物公开发表学术论文14篇，省级C类刊物公开发表学术论文36篇，D类刊物发表学术论文及研究报告9篇。

四、2010年学术交流

1.3月8日，与省政府相关部门联合举办了“后金融危机时代中美、中越经济关系研讨会”，并邀请了美国前南艾尔蒙地市议员、市长，美国洛杉矶共和党主席顾敬才到会作报告。

2.9月，谢晓军赴广西大学进修学习越南语。

3.10月20日，与长沙市国家安全局联合举办了“中美两国政治思潮的走向”调研会。

4.11月8—14日，与中国社科院欧洲所联合就《湘西地区社会主义新农村建设的经验成就及国际比较》课题进行了为期1周的调研。

5.12月15日，刘新荣、曲婷等同志赴北京参加全国国际关系学会第10次学术年会。

农村发展研究所

一、发展概况

农村发展研究所成立于2008年4月，其前身是2006年3月成立的新农村建设研究中心。现设农村经济、乡村治理、农村社会3个研究室和县域经济研究中心。陈文胜研究员兼任所长，副所长王文强主持工作。

二、学科特色

紧紧围绕湖南农村实际问题开展科研工作，旨在探索农村发展规律，研究农村发展热点难点，为省委省政府决策提供参考。在农村经济研究方面形成了现代农业、集体经济、粮食安全、县域经济等重点研究领域，已进行了多项应用对策研究，受到党委、政府重视和采用；在乡村治理研究方面，研究成果多次被省委、政府领导批示，学科带头人陈文胜被邀在中央党校等做相关学术报告30多次，产生了较大的影响；在农村社会研究方面，形成了农村社会保障、农村人力资源、农村教育等重点研究领域，取得了一系列研究成果。

三、2010年科研成果

1.2010年全所完成集体研究课题6项，其中省政府委托的关于转变农业发展方式的课题，得到了徐明华副省长的高度肯定。参与完成省社科基金重大课题研究3项。个人获得省社科基金课题立项2项，全所在研个人主持课题8项。

2.2010年全所出版编著11部，分别是《中国乡村发现》（4辑）、《新型农民能力培养丛书》（5本，得到中央农村工作领导小组办公室主任陈锡文的肯定性评价，被国家新闻出版总署列入“2010—2011年全国农家书屋重点图书推荐目录”）、《湖南省2009年县域经济发展报告》、《湖南省2010年县域经济发展报告》。

3.2010年全所公开发表论文和研究报告40多篇，其中在《光明日报》、《中国农村经济》、《中国财政》、《当代世界》发表5篇，被《中国社会科学文摘》全文转载1篇。《将县域发展作为推进“四化两型”的主战场》得到省委书记周强的肯定性批示，有关内容进入省“十二五”规划纲要。

4.2010年获得湖南省社科优秀成果特别奖和三等奖。

四、2010年学术交流

1. 10月24—26日，承办了与湖南省新农村建设促进会、邵阳市人民政府等联合主办的第三届“湖湘三农论坛”。

2. 11月20—21日，与安徽大学中国“三农”问题研究中心、华中科技大学中国乡村治理研究中心等联合主办了第四届“县乡干部论坛”。全年以“中国乡村发现网”为依托，举办了中国乡村发现QQ论坛2期。

3. 陈文胜应邀到中国人民大学、岳阳县等单位作学术报告5次，并应邀担任湖南省扶贫领导小组专家咨询委员。全所接受新华社、湖南卫视等采访70多人次，应相关单位邀请咨询、评论10余次。

五、平台建设

2010年《中国乡村发现》的影响进一步扩大，得到张晓山、房宁、黄祖辉、王晓毅、曹锦清等20余位国内知名专家的肯定性书面评价；“中国乡村发现网”2010年点击突破1100万人次。

2010年社科院成立院县域经济研究中心，并入农村发展研究所开展工作。

财经研究所

一、发展概况

财经研究所成立于2008年4月，12月任命尹向东担任所长，2009年2月正式开展工作。现设财政金融研究室、市场与消费研究室、现代服务业研究室和办公室。

二、学科特色

财经研究所是湖南省专门从事财经理论与现实问题研究的专业科研机构，以湖南财经发展的重大理论与现实问题研究为重点，突出地方特色，强调理论与实践创新，注重为政府科学决策服务。针对我省财经发展需要，结合省社科院发展战略，财经所确定四大研究方向：一是财政问题研究，重点探讨湖南财政经济运行、财源建设、财政体制改革等问题，提出适合湖南发展的财税改革方案，为有关政府部门提供切实的、可参考的建议，为地方财政服务；二是金融问题研究，重点是研究地方金融产品、金融政策、投融资体制等问题，为我省金融业发展服务；三是市场与消费问题研究，重点研究市场建设、消费安全、消费行为、消费结构等问题，为发展市场经济，实现科学消费服务；四是现代服务业问题研究，重点突出现代金融业、现代商贸业、现代物流业、房地产业、中介及信息服务业、文化体育娱乐业的研究，为发展现代服务业、转变经济增长方式服务。

三、2010年科研工作

2010年，财经研究所全体人员团结融洽，积极进取，聚精会神搞科研，一心一意谋发展，取得了丰硕的科研成果：

一是科研量化考核人均排名，全所5名科研人员参加年终考核，人均排在全院研究所的第一位。

二是全所全年主持课题高达15项，人均3项。其中尹向东主持省社科规划和李晖主持省软科学重点项目各1项。刘雯主持省社科规划和刘敏主持省软科学一般项目各1项。另外，尹向东等主持政府委托决策咨询项目6项。

三是发表论文22篇，出版著作1部。其中尹向东论文《着力增强农民工消费能力》在《人民日报》理论版上发表，李晖在《光明日报》、《城市发展研究》、《中国城市经济》发表3篇，李晖出版独著《生产社会化与小农行为选择——基于湖南新村农户养鸡视角》（线装书局2010年）等。

四是尹向东具体负责组织撰写的《深入认识和把握“十二五”时期湖南经济社会发展的阶段性特征》和李晖参与的《湖南进入“快车道”后又好又快发展对策研究》获得省委书记张春贤肯定性批示1次和省委常委、省委宣传部长路建平肯定性批示两次。

四、2010年学术交流

1.主办“社保银行与金融创新”财经论坛，力争为湖南财经问题探讨提供一个“想说能说、想辩能辩”的讲台，为“官、学、商、民”构筑一个互动交流的平台。

2.尹向东及所内其他同志多次前往北京、上海、广州、深圳、武汉、济南等地参加学术研讨会。

3.李晖应邀作为访问学者前往日本进行了为期10天的学术交流。

城市发展研究所

一、发展概况

城市发展研究所创立于2009年11月。现设办公室和城市战略发展、城市环境生态、城市群等3个专业研究室。目前已和省内外城市政府机构、研究机构和实业界建立了广泛联系，开展了多种形式的交流与合作，涌现了一批有影响力的优秀成果，通过一系列的工作举措，奠定了省社科院在城市发展研究的优势地位。现任所长童中贤研究员。

二、学科特色

城市所是从事城市综合发展领域研究的科研机构，以积极推进湖南新型城市化进程、长株潭城市群"两型社会"建设和"3+5"城市群发展为宗旨，以研究城市经济、社会、文化和生态发展问题为重点，以建设城市综合发展领域的合格智库为目标，扎根于湖南经济社会发展的现实，面向省内外展开科学研究、决策咨询和交流合作，形成了鲜明的学科特色。主要研究方向和领域包括：城市经济社会发展战略研究，城市开发区发展规划研究，低碳城市建设和生态环境研究，城市房地产业与住房保障研究，城市创意休闲文化产业规划策划研究，城市突发事件应急机制与防灾对策研究，城镇历史文化古迹保护与古城古镇规划研究，城镇化、城市郊区化和城乡一体化模式研究，城市群、都市带和大都市区发展研究等方面的基本理论和应用研究。

三、2010年科研工作

1. 全年参与撰写出版著作2部；发表论文20多篇，其中A类报刊3篇。完成国家社科基金课题1项；单独或合作主持编制完成"十二五"规划9个，区域发展规划2个，规划思路研究3个，其中《湖南省武陵山经济协作区规划建议》上报至国家发改委作为重要参考。

2. 2010年，围绕研究项目，组织调研小组先后到怀化、张家界、湘西土家苗族自治州、常德、郴州、慈利县、石门县、涟源市、大通湖区、益阳市高新区、资阳区、桃江县、攸县等调研，为项目的研究奠定了良好的基础。

3. 合著《长株潭城市群重构——"两型社会"视域中的城市群发展模式》获省第十届社科优秀成果三等奖。全年有3项成果进入省委省政府决策。

四、2010年学术交流

1. 3月27—29日，童中贤参加在北京举办的"低碳生态城市规划建设与可持续发展研讨会"。

2. 9月2—27日，组织全所同志赴益阳市的沅江、南县、大通湖区进行交流考察。

3. 11月12—14日，童中贤参加在深圳市由中国社会科学院城市发展与环境研究所主办的"2010全国区域经济发展暨加快经济发展方式转变高级研讨会"。

4. 11月26日，在长沙召开童中贤主持的《涟源市国民经济和社会发展第十二个五年规划纲要》课题专家评审会。

5. 12月16日，在蓉园宾馆召开童中贤主持的《石门县"十二五"规划》征求意见座谈会。

6. 派出青年科研人员马骏博士赴湖南省发展和改革委员会协助工作一年。

湖南省中国特色社会主义理论体系研究中心湖南省社科院基地

一、发展概况

湖南省中国特色社会主义理论体系研究中心（以下简称省特研中心）省社科院基地的前身是1995年4月成立的湖南省社会科学院邓小平理论研究中心。1999年1月，被湖南省委宣传部授予湖南省邓小平理论研究中心省社科院基地。2002年，湖南省邓小平理论研究中心办公室落户湖南省社会科学院。2004年，中心更名为湖南省邓小平理论和“三个代表”重要思想研究中心，湖南省邓小平理论研究中心省社科院基地随之更名为湖南省邓小平理论和“三个代表”重要思想研究中心省社科院基地。2009年，中心再次更名为湖南省中国特色社会主义理论体系研究中心，省社科院基地随之更名为湖南省中国特色社会主义理论体系研究中心省社科院基地（以下简称省社科院特研基地），湖南省委宣传部正式向社科院特研基地授牌湖南省中国特色社会主义理论体系研究中心办公室（以下简称省特研办）。

二、机构组成

省特研中心下设1个办公室和12个特研基地。省社科院特研基地作为基地之一，在湖南省委宣传部和湖南省社科院党组的领导下，肩负着基地和省特研办双重职责，具体工作由哲学所兼管。党组书记、院长朱有志教授任省社科院特研基地负责人，党组成员、副院长贺培育研究员任省社科院特研基地首席专家，唐光斌研究员任省特研办主任。院、所领导和社科院科研骨干组成了50余的人兼职特研团队。

三、2010年科研工作

2010年，省社科院特研基地以省特研中心名义出版和发表的科研成果在全省各基地成果汇编中名列前茅，得到了湖南省委宣传部的全省通报表扬。主要有：1.唐光斌等执笔《执政理国——当代中国共产党人的和谐智慧》（著作），湖南人民出版社2010年12月出版。2.朱有志执笔《五个着力点：助推中国智库发展》，《光明日报》2010年10月22日。3.贺培育、黄海执笔《以方式转变促进快速发展》，《人民日报》2010年12月8日。4.贺培育、唐光斌执笔《强化党建忧患　确保党的先进性》，《湖南日报》2010年7月8日。5.邓秀华执笔《加快建设创新型国家》，《湖南日报》2010年12月2日。

四、2010年学术交流

1.5月10日，特研办唐光斌参加全省特研工作总结表彰暨理论研讨会，并就《做坚强阵地，建合格智库》作了主题发言。基地被评为2009年全省特研中心优秀基地。

2.7月4—9日，特研办唐光斌参加全国社科院系统特研工作年会暨理论研讨会，并就《试论党的忧患意识与先进性的内在统一》作了主题发言。

3.7月28—29日，特研办唐光斌参加马克思主义中国化时代化大众化暨全国邓小平理论和应用哲学研讨会，并就《中国特色社会主义理论体系为什么没有包括毛泽东思想》作了主题发言。

湖南省情与决策咨询研究基地

一、发展概况

湖南省情与决策咨询研究基地（以下简称基地）是2002年湖南省社科规划领导小组、省委宣传部首批设立的17个社科研究基地之一。为发挥基地的咨政育人、服务社会作用，并为省委省政府决策提供咨询参考，2004年12月，院党组研究决定创办《湖南省情要报》，并成立《湖南省情要报》编辑部，挂靠科研开发处。2006年3月经院党组研究成立湖南省情与决策咨询研究基地办公室，负责我省经济社会发展战略研究，编辑《湖南经济社会发展报告》和《湖南省情要报》，为湖南省情与决策咨询研究基地日常办事机构。2006年5月湘社科(2006)10号文件规定基地办公室为院直属科辅单位。2008年，基地办公室定为院直属处级科辅单位。基地负责人朱有志，首席专家罗波阳。基地办公室副主任周少华主持基地日常工作。

二、学科特色和研究方向

一是突出研究湖南发展的战略性、全局性、前瞻性问题，开展了《低碳崛起：湖南科学跨越的新路径》、《湖南在当代中国的战略地位》、《国际金融危机与经济“弯道超车”的理论与实践研究》、《湖南人要充满经济自信》、《地方党委领导农村工作体制机制》、《高素质县委书记队伍建设》等课题的研究。基地负责人朱有志每年均参加“731会议”，并先后提出了“不进则退，缓进亦退”、“半步效应”等重要理论，并进入省委省政府决策，成为基地知名品牌。

二是突出研究湖南区域经济、产业和企业发展问题，采取调研、诊断、规划、预测、咨询等方式，为省直部门、市县和大中型企业服务。如承担了长沙、株洲、湘潭、邵阳、常德等市和湘潭县、浏阳市、宁乡县、望城县等县(市)和长沙市各区发展规划的编制；开展了湖南省3市38个企业的工业节能减排和社会主义新农村建设“五乡十村”的大型调研活动。推出了《湘电集团企业文化》、《湘钢集团企业文化》、《省建设银行企业文化》等系列成果。调研成果和提出的对策建议得到各级领导的肯定和企业的赞誉。

三、2010年科研成果

2010年科研成果主要有：1.朱有志、罗波阳等执笔的著作《低碳崛起:湖南科学跨越的新路径》（湖南人民出版社，2010）；2.朱有志、肖耀球、周少华等撰写的《湖南与发达国家、全国、中部省份经济社会发展主要指标比较分析材料》（载《湖南省情要报》2010年第1期）得到时任省委书记张春贤的批示；3.朱有志、罗波阳等撰写的《加快湖南产业低碳化转型调研报告》（省政协调研报告）得到徐守盛、梅克保、于来山、杨泰波批示；4.周少华撰写的《低碳化转型：工业化中期的湖南工业发展之路》（《湖南省情要报》2010年第8期，《学习导刊》2010年第3期转载）得到省政协副主席龚建明的肯定性批示，并被省委讲师团纳入中心组学习参考资料。

基地在2010年全省社科研究基地评估中获得优秀。

湖南省新农村建设研究基地

一、发展概况

湖南省新农村建设研究基地成立于2007年1月，当时名称为“湖南省新农村建设理论与实践研究基地”，2010年正式更为今名，由湖南省哲学社会科学领导小组与中共湖南省委宣传部共同授牌。基地依托省社科院农村发展研究所和新农村建设中心开展工作，负责人为朱有志，首席专家为方向新、陈文胜，现有核心研究人员12人，其中研究员7人，副研究员5人，享受国务院政府特殊津贴专家3人，博士生导师2人。

二、学科特色

基地以核心研究人员为主体，依托全院农村研究力量，注重理论与实践相结合，抓住湖南新农村建设中的热点和难点问题开展研究。在确立的农村经济发展研究、乡镇改革与治理研究、农村社会发展研究三个研究方向中，农村经济发展研究方向已经承担了国家社科重大课题两项，重点课题两项，出版相关著作10余部，并进行了多项应用对策研究，得到了各级党委政府的重视；以陈文胜为代表的乡镇改革与治理研究，已经取得了众多有影响力的研究成果，在“三农”学术界有着良好的声誉；农村社会发展方向已形成了农村社会保障、农民工问题、农村教育发展等重点研究领域，尤其是农民工问题的研究，在省内乃至全国都有较大的影响。

三、2010年科研成果

2010年基地成员完成主持课题研究20余项，在研课题10余项，包括国家社科基金重大课题两项，分别是朱有志主持的《加强农业基础地位和确保国家粮食安全战略研究》和乌东峰主持的《资源节约型、环境友好型农业生产体系研究》。

基地成员公开出版相关著作近20部，公开发表相关论文60余篇，其中在《光明日报》等权威刊物和《中国农村经济》等A类刊物上发表10余篇，6篇被《中国社会科学文摘》、人大复印资料等刊物转载。

基地成员陈文胜为执行主编，王文强、陆福兴等参与编著的《湖湘三农论坛•2008》和朱有志、汪金敖、刘险峰、谢瑾岚等撰写的《新农村建设中的产业发展研究》均获得湖南省第十届社科优秀成果特别奖。

湖南省创意产业研究基地

一、发展概况

湖南省创意产业研究基地经湖南省哲学社科规划办批准于2010年成立，挂靠湖南省社会科学院。朱有志为基地负责人，贺培育为基地首席专家。该基地在湖南省社会科学院文化产业研究中心的基础上整合了省内外相关研究资源及力量，现有30多个研究人员。

二、学科特色

基地按照省委省政府关于湖南文化强省的总体要求，结合湖南文化创意产业发展的具体实践，立足湖南本土，以湖湘文化为依托，研究具有湖南特色的文化创意产业理论。主要就我省文化创意产业政策、文化创意产业理论、文化创意产业发展战略，以及文化创意产业创新体系建设等问题，开展全面、多层次、跨学科的研究，为省委省政府文化创意产业发展提供决策咨询和理论支持。切实做到“三为”：为省委省政府的决策服务、为全省文化创意产业发展实践服务、为全省社会经济发展服务。着力打造三大特色：一是湖湘文化特色，以湖湘文化为主线，充分利用湖湘文化元素进行创意。二是促进文化与产业的最佳结合。从产业经济学的视角研究文化创意产业，把湖南文化创意产业的发展与经济发展方式的转变、产业结构的升级、省域竞争力的提升相结合，促进文化与产业的最佳结合。三是突出应用研究，政策建议和产业规划进入决策层的视野并被采纳，有效地指导了我省文化创意产业发展，产生了良好的社会效益和经济效益。基地确立了三个研究方向：湖南文化创意产业发展政策体系研究、湖南文化创意产业发展模式研究、湖南文化创意产业竞争力研究。

2004—2009年，基地前身湖南省社会科学院文化产业研究中心开展了“国际化视野下湖南文化产业发展对策”、“国际金融危机背景下的湖南文化产业发展对策”、“提升湖南文化软实力”、“大湘西文化产业与旅游业联动发展”等一系列课题研究，编制了《湖南省文化产业发展“十一五”规划》、《湖南省文化产业振兴实施规划》、《长株潭城市群文化产业发展规划（2008—2020）》、《“3+5”城市群文化产业发展规划（2009—2020）》、《永兴县文化发展战略规划》、《湘西自治州文化产业发展规划（2010—2020）》等规划。

三、2010年科研工作

1.基地对《湖南文化产业发展与文化软实力提升》课题进行了研究，为编制湖南省文化产业“十二五”发展规划做了前期准备。

2.对中建五局企业文化建设进行深入研究，形成著作《信·和文化演绎凤凰涅槃——中建五局企业文化研究》，即将由红旗出版社出版。

3.编制了《湖南省“十二五”时期文化发展和改革规划纲要》、《湖南省战略性新兴产业文化创意产业发展规划》、《长沙天心区文化产业园区发展规划（2011—2015）》、《张家界市文化产业发展中长期规划（2011—2020）》。

07 学术人物

HUNAN ACADEMY OF SOCIAL SCIENCES YEARBOOK

在职具有正高职称的专业技术人员简介

在职具有博士学位的副高职称专业技术人员简介

获得国务院政府特殊津贴专家的离退休人员简介

湖南省社会科学院相关专业技术人员名录

在职具有正高职称的专业技术人员简介

朱有志 教授

周小毛 研究员

罗波阳 研究员

贺培育 研究员

刘云波 研究员

方向新 研究员

万里 研究员

史永铭 研究员

肖毅敏 研究员

胡良桂 研究员

乌东峰 研究员

刘助仁 研究员

肖耀球 研究员

王亮 研究员

汪金敖 研究员

邹智贤 研究员

尹向东 研究员

王国宇 研究员

王自立 研究员

刘焕新 研究员

胡跃福 研究员

陈文胜 研究员

周亚平 研究员

胡艳辉 研究员

谢晶仁 研究员

刘新荣 研究员

余小平 研究员

谢建新 研究员

童中贤 研究员

谢瑾岚 研究员

向志柱 研究员

郭勇 研究员

唐光斌 研究员

黄海 研究员

邓秀华 研究员

朱有志

湖南新邵人。2002年在湖南师范大学获得哲学博士学位。1997年晋升教授。曾任湘潭工学院党委副书记兼副院长、常德师范学院院长，现任湖南省社会科学院院长、党组书记、湖南省政协常委。主要研究经济哲学、农业经济、区域经济、社会科学管理研究等。出版著作10余部，在省级以上报刊发表论文100余篇。

代表性著作：1.独著《先秦诸子经济哲学思想研究》（湖南人民出版社，1990）；2.独著《经济道德层次论》（湖南人民出版社，2009）；3.合著《和谐中国》（湖南人民出版社，2007）；4.合著《湖南在当代中国的战略地位》（湖南人民出版社，2010）；5.合著《当代中国共产党人遇到的五大理论问题》、《当代中国共产党人的行动哲学》、《当代中国共产党人的忧患意识》（红旗出版社，2004、2007、2009）。

代表性论文：1.《经济哲学简论》（载《哲学动态》1988年第9期）；2.《构建经济发展道德及其意义》（载《人民日报》1997年10月25日）；3.独著《五着力点：助推中国智库发展》（《光明日报》2010年10月22日）；4.独著《地方智库发展"六字诀"——以湖南省社科院为例》（《中国党政干部论坛》2010年第4期）；5.独著《当代湖南人应充满经济自信》（《企业家天地》2006年第5期）。

代表性课题：1.主持国家社科基金重大招标课题"加强农业基础地位和确保国家粮食安全战略研究"（2009）；2.主持国家社科基金重点课题"中国特色农业现代化进程中农村集体经济发展研究"（2008）；3.主持国家社科基金规划课题"构建经济发展道德及其意义（2000）；4.主持湖南省社科基金重大委托项目"国际金融危机与我省经济'弯道超车'的理论与实践研究"（2009）等。

代表性奖项：1.合著著作《和谐中国》获第二届中华优秀出版物提名奖（2008）；2.合著论文《"三个代表"的哲学基础》获湖南省"五个一工程"理论文章奖（2003）；3.《经济道德层次论》获湖南省第七届社科优秀成果二等奖（2004）等。

代表性学术荣誉：国务院特殊津贴专家（2005），湖南省第四届优秀社会科学专家（2009），国家社会科学基金项目评审会专家，湖南省院士专家咨询委员会副主任委员，中国企业管理研究会副会长，中国工业经济学会副理事长，全国应用哲学研究会副理事长，全国国外农业经济学说研究会副会长，湖南省重大决策咨询委员会主任委员等。

周小毛

湖南益阳人。2011年在湖南师范大学获得博士学位。2010年晋升研究员。2005年4月任中共湘西自治州委常委、宣传部长，现任湖南省社科院副院长。主要从事科学社会主义、政治学、公共政策研究。出版专著1部、合著1部、参与著作10余部，发表论文60余篇，主持省级重大课题2项。

代表性著作：1.独著《和谐稳定论》（湖南人民出版社，2010）；2.合著《腐败论——权力之癌的病理分析》（中南工业大学出版社，1997）。

代表性论文：1.独著《市场经济与政治民主化》（《求索》1994年第4期，人大复印资料《政治学》1994年第6期全文复印）；2.独著《空想社会主义者反特权思想》（《湘潭大学学报》1992年第2期，人大复印资料《科学社会主义》全文复印）；3.独著《清官意识生成的深层动因及其危害》（《湘潭大学学报》1997年第6期，《新华文摘》1998年第4期录目）；4.独著《选举质量：不容忽视的现实问题》（《社会科学报》1991年9月12日，人大复印资料《中国政治》1991年第12期全文复印）；5.独著《当前大国之间关系发展的新态势》（《学习导报》1996年第6期，人大复印资料《国际政治》1996年第8期全文复印）。

代表性课题：1.主持湖南省社科基金重大委托课题"大湘西地区文化产业与旅游业的融合发展"（得到省委常委、宣传部长路建平批示）；2.主持湖南省社科基金重大招标课题"把湘江打造成'东方莱茵河'的治理重点、利益机制与管理体制研究"（2011）。

罗波阳

湖南湘乡人。1983年毕业于湖南财经学院工业经济系。2000年晋升研究员，2005年考取管理科学与工程专业在职博士生。现任湖南省社会科学院党组成员、副院长，湖南省长株潭领导协调委员会智力办公室副主任，中国系统工程学会常务理事，湖南省系统工程与管理学会理事长，湖南省经济学学会副理事长，《系统工程》常务副主编。主要研究区域经济、产业经济、社会经济系统工程。主持国家社科基金项目、国家软科学课题、国际合作项目各1项，省社科基金重大项目3项，省级课题10余项；主编参编著作20部，公开发表论文及研究报告近200篇。

代表性著作：1.合著《区域综合发展规划规范化研究》（湖南科技出版社，1991）；2.主编《区域社会经济系统工程》（《系统工程》专辑，1996）；3.合著《科技人才资源开发论》（吉林科技出版社，2004）4.合著（执行主编）《湖南经济社会发展报告2006、2007、2008卷》（湖南人民出版社）；5.合著《低碳崛起——湖南科学跨越新路径》（湖南人民出版社，2010）。

代表性论文/调研报告： 1.独著《区域产业结构分析定量方法及组合运用》（第二届全国青年系统科学与管理科学研讨会一等优秀论文，1993）；2.独著《区域经济社会发展战略创新研究》（《系统工程》2001年第5期）；3.独著《长株潭城市群“两型社会”建设综改试验的三个基本问题》（《湘潭大学学报·社科版》）2008年第4期）4.合著《抓好“三个基础”加快湖南科学崛起》（《领导参阅》2006年第10期，主要观点被省第九次党代会报告采纳）；5.合著《推进“四化两型”：湖南加快发展与转型发展的战略抉择》（《成果要报》2011年第1期，得到省委常委、宣传部长路建平同志肯定性批示）。

代表性课题： 1.主持加拿大国际发展研究中心资助项目《湖南庭院经济开发研究》（1994）；2.主持国家科技计划项目《科技保密管理工作机制研究》（2003）；3.主持省社科基金重大招标项目《加快长株潭产业集群发展对策研究》（2005）；4.主持国家社科基金项目《促进中部地区大中小城市与小城镇协调发展研究》（2008）；5.主持省社科基金重大委托项目《推进“四化两型”：湖南加快发展与转型发展的科学抉择》（2010）。

代表性奖项： 1.《区域综合发展规划规范化试点研究》获省科技进步二等奖（1991）；2.《区域产业结构分析的定量方法及组合运用》获省自然科学优秀学术论文二等奖（1994）；3.《湖南省中长期经济发展战略研究》获省优秀社科成果三等奖（1999）；4.《区域经济社会发展战略创新研究》获湖南省自然科学优秀学术论文二等奖（2002）。

代表性荣誉： 首届“湖南省直机关杰出青年”（1994）；湖南省跨世纪人才工程第二层次人选（1998）；湖南省宣传文化系统首批“五个一批”人才（2005）；被省政府聘为 “十一五”规划专家委员会委员（2005）、“十二五”规划专家委员会委员（2010）。

贺培育

湖南衡南人。1983年毕业于华中师范大学政治系。2001年晋升研究员。现任湖南省社科院党组成员、副院长。主要研究制度问题、民主问题、精神文明建设、文化产业等领域。主编合著10余部，出版200多万字，发表学术文章150多篇，获奖10多次，被转摘20篇次。

代表性著作： 1.独著《制度学：走向文明与理性的必然审视》（湖南人民出版社，2004）；2.独著《制度防腐论》（光明日报出版社，2002）；3.合著《论制度与民主》（北京燕山出版社，1998）；4.合著《文化创新论》（湖南人民出版社，2002）；5.合著《当代中国共产党人的忧患意识》（红旗出版社，2009）。

代表性论文： 1.独著《当今国外制度防腐的经验及启示》（《湖南社会科学》2001年第4期，《新华文摘》2001年第12期摘登）；2.独著《论邓小平的制度防腐思想》（《湖南社会科学》2002年第2期，《新华文摘》2002年第7期和《中国社会科学文摘》2002年第4期摘登）；3.合著《大力弘扬艰苦奋斗的敬业精神》（《光明日报》2002年9月7日）；4.合著《社科理论创新的客观支持体系》（《理论前沿》2004年第11期）；5.合著《论人民尊严》（《红旗文稿》2010年第24期，《新华文摘》2011年第8期全文转载）。

代表性课题： 1.主持湖南省社科基金课题《社会科学理论创新的类型及其主客观支持条件研究》（2004）；2.主持湖南省社科基金重大课题《国际视野下的湖南文化产业发展研究》（2007）；3.主持湖南省社科基金重大委托课题《巩固和发展湖南凝心聚力、干事创业的良好局面的对策研究》（2010）。

代表性奖项： 1.独著《制度学：走向文明与理性的必然审视》获湖南省第八届社科成果奖二等奖（2006）；2.独著《制度防腐论》获湖南省第七届社科成果奖三等奖（2004）；3.论文《论邓小平的制度防腐思想》获湖南省第五届青年社科成果奖二等奖（2002）。

代表性学术荣誉： 湖南省宣传文化系统首批“五个一批”人才（2005）；湖南省新世纪121工程人才第二层次人选（2008）；国务院政府特殊津贴专家（2008）；湖南省创意产业研究基地首席专家（2010）。

刘云波

湖南常德人。1989年毕业于华中师范大学，获历史学硕士学位。湖南师范大学博士研究生在读。2001年晋升研究员。现任湖南省社科院党组成员、副厅级纪检员。长期从事中国近代史及湖南地方史研究，近年来主要从事中国早期现代化及地域文化比较研究，同时兼及党史党建及中国特色社会主义理论研究。出版专著和为主合著及参著20余种。发表专业学术论文50余篇。10余篇次被《新华文摘》、《中国社会科学文摘》等全文转摘。先后获得省社科优秀成果奖、省“五个一工程”奖以及其他省级以上奖励10余次。

代表性著作： 1.独著《奉系军阀全传》（团结出

版社，2001）；2. 合著《辛亥革命与20世纪中国》（湖南人民出版社，2001）；3. 合著《和谐中国》（湖南人民出版社，2007）；4. 合著《当代湖湘文化应该实现十大转换》（湖南大学出版社，2006）；5. 合著《湖南通鉴》（湖南人民出版社，2008）。

代表性论文：1. 独著《陈天华蹈海原因新析》（《文史哲》2002年第5期，《中国社会科学文摘》2002年第6期全文转载）；2. 独著《近代中国的补漏意识及其危害》（《江苏社会科学》2002年第1期，《新华文摘》2002年第5期观点摘登）；3. 独著《近代洞庭湖周边地区的农业生产和农民生活》（《湖南农业大学学报》2005年第5期，《新华文摘》2005年第18期观点摘登）；4. 独著《中国早期现代化的五个阶段》（《光明日报》2007年8月7日）。

代表性课题：1. 主持并独立完成国家社科基金项目《近代湘籍政治家群体与中国近代化进程关系研究》（2003）；2. 合作主持湖南省社科基金重大项目《湖南经济通史》（2003）；3. 主持湖南省社科基金重大委托项目《打造四张新名片——新起点上湖南科学发展新任务》（2010）；4. 主持并独立完成湖南省社科基金重点课题《湖湘文化、岭南文化、江浙文化比较研究》（2007）。

代表性奖项：1. 合著《和谐中国》获第三届中华全国优秀出版物奖提名奖（2010）；2. 合著《湖南经济通史》获湖南省第一届社科成果奖一等奖（1994）；3. 合著《辛亥革命与20世纪中国》获湖南省第五届社科成果奖特别奖（2002）。

代表性学术荣誉：湖南省首届社会科学“百人工程”专家（2003）；湖南省宣传文化系统首批“五个一批”人才（2005）；湖南省直机关第三届“十佳百杰”青年;湖南省历史学会副会长、中国辛亥革命史研究会常务理事。

方向新

湖南湘潭县人。1982年1月毕业于复旦大学经济系，获经济学学士学位。1997年晋升为研究员。现任湖南省社会科学院副巡视员、中国社会学学会常务理事、湖南省社会学学会常务副会长。主要研究农村社会学、经济社会学、人口社会学等。出版著作34部，在省级以上报刊发表论文240多篇。

代表性著作：1. 独著《安邦之道——正确处理人民内部矛盾新探索》（湖南人民出版社 1996）；2. 独著《农村变迁论》（湖南人民出版社，1998）；3. 主编《湖南城镇化健康发展研究》（中央文献出版社，2007）；4. 主编《和谐社会与社会建设》（社科文献出版社，2008）；5. 主编《中国人口安全报告：预警与风险化解》（中央文献出版社，2009）。

代表性论文：1. 独著《小城镇发展中的农村人口转化》（[美国]《中国社会学和人类学》1988—1989年冬季号）；2. 独著《农村家庭结构变动趋向的社区分析》（《社会学研究》1992年第2期）；3. 独著《农村养老方式对家庭生活的影响》（《中国人口科学》1992年第2期）；4. 独著《家族主义精神与人口控制》（《人口研究》1993年第1期）；5. 独著《西部大开发格局中城市化的推进》（《城市发展研究》2002年第6期》）。

代表性课题：1. 主持国家社科基金规划课题“户籍制度改革后农村城镇化推进中的新问题及其对策》（2002）；2. 主持国家社科基金规划课题“外来农民工融入城市问题研究”（2006）；3. 主持湖南省社科规划重大委托课题“湖南经济进入“快车道”后又好又快发展对策研究”（2010）；4. 主持国际劳工组织课题“劳务输出省预防以劳动剥削为目的的拐卖女童和青年妇女问题研究”（2006）。

代表性奖项：1. 独著著作《农村变迁论》获湖南省精神文明“五个一”工程优秀作品图书一等奖（1999）；2. 独著著作《安邦之道——正确处理人民内部矛盾新探索》获湖南省第四届社会科学优秀成果二等奖（1997）；3. 主编《中国共产党与中国农民》获湖南省精神文明建设“五个一”工程优秀作品图书一等奖（2003）；4. 独著论文《开拓农村市场的现实切入点》获湖南省首届社科基金课题研究优秀成果一等奖（2002）；5. 《小城镇发展中的农村人口转化》获湖南省首届社会科学优秀成果三等奖（1992）；6. 《拓展文明社区的关键点》获湖南省精神文明建设“五个一”工程优秀理论文章奖（2001）。

代表性学术荣誉：国务院政府特殊津贴专家（2002），湖南省优秀中青年专家（2001），湖南省宣传文化系统首批“五个一批”人才（2005），湖南省首届优秀青年社会科学专家（2002）等。

万　里

1951年生，辽宁复县（今瓦房店市）人。1985年获湖南省首届青年自学成材奖。1994年调湖南省社会科学院哲学研究所工作。1997年晋升研究员。现为湖南省社会科学院哲学研究所所长、湖南船山学社副社长兼秘书长等。主要研究中国思想史、宗教学及湖南地域文化等。独著、主编及参与撰写著作书籍20余部（种），在省级以上学术刊物发表论文300多篇。多篇论文被《新华文摘》和人大复印资料转载。

代表性著作：1. 独著《不受制约的权力——中国古代的人治与法治》（岳麓书社，1997）；主编《湖湘文化大辞典》（湖南人民出版社，

2006）；主编《湖湘文化通论》（湖南大学出版社，2005）；两人合撰《虞舜大典》（岳麓书社，2009；《光明日报》有书评反馈）；两人合撰《舜帝历史文献选编》（湖南大学出版社，2010）等。

代表性论文：1.独著《王夫之的“性情合一”论及其理论贡献》（《哲学研究》2009年第12期）；2.独著《惠洪觉范禅师与湖湘茶禅》（《世界宗教研究》2009年第1期）；3. 独著《从“悲欣交集”语词看弘一法师的佛学思想渊源与路径走向》（《世界宗教文化》2010年第6期，《中国社会科学文摘》2011年第5期全文转载）；4.《唐宋潭州谷山寺及其驻锡僧人考》（《世界宗教研究》2010年第6期）；5.独著《为了现在与将来的学术真实》（《光明日报》2010年3月31日）。

代表性课题：1.主持国家社科基金课题“湘赣禅宗网络研究”（2009）；2.主持国家社科基金课题“湘中梅山地区民间信仰的历史与现状”（2010）；3.主持多项省级课题。

代表性奖项：1.独著《不受制约的权力——中国古代的人治与法治》获湖南省第五届社会科学优秀成果奖；2.主编《湖湘文化通论》获中央电大2006年度优秀科研成果二等奖；3.主编《湖湘文化大辞典》获湖南省第八届社会科学成果特别奖；4.参与撰写的《湖湘文化纵横谈》获湖南省1996年“五个一”工程奖；5.参与点校的《船山全书•礼记章注》获1997年国家图书奖等。

代表性学术荣誉：国务院政府特殊津贴专家（2010）。

史永铭

1955年生于湖南长沙。1982年在中国人民大学获经济学学士学位。1999年晋升研究员。曾任产业与企业研究所所长，现任区域社会经济系统工程研究所所长。主要研究产业经济、区域经济、企业改革发展等。出版著作15部，在省级以上报刊发表文章近200篇。

代表性著作：1.主编《湖南产业竞争力》（中央文献出版社，2007）；2.副主编《长株潭城市群蓝皮书》（社会科学文献出版社，2008、2009、2010）；3.合著《企业经济学》（湖南大学出版社，1989）；4.合著《企业发展战略》（广西民族出版社，1994）等。

代表性论文：1.独著《企业的非核心技术与非技术创新》（《管理现代化》2003年第2期；《中国中小企业》2003年第3期转载，《国研参考》2003年第7期详摘）；2.独著《新型工业化解析》（《中国经济导报》2002年12月21日；《中国信息报》2003年2月28日转载）；3.独著《高新技术企业文化创新发展新态势》（《高科技与产业化》2006年第12期，人大复印资料《企业家信息》2007年第2期转载）等。

代表性课题：1.主持国家社科基金课题“CEPA框架下深化中部省区与港澳经贸合作关系研究”（2008）；2.主持省社科基金重大课题“人均GDP3000～5000美元阶段部分省市经济结构变化和动态特征对湖南经济社会发展的启示研究”（2010）；3.主持湖南省社科基金课题“走出去战略与湖南本土经济国际化对策研究”（2003）；4.主持湖南省自然科学基金课题“湖南高新技术企业文化及其创新研究”（2004）等。

代表性奖项：1.合著报告《关于建立长株潭经济区的建议方案》获湖南省委省政府颁发的重大成果奖（1986）；2.合著专著《湖南西线开发战略与布局研究》获湖南省社科优秀成果二等奖（1995）；3.合著报告《湖南困难企业出路问题研究》分获湖南省社科优秀成果二等奖（1997）和湖南省社科基金项目优秀成果二等奖（2002）；4.合著论文《人口迁移流动对湖南经济社会发展的影响和对策》分获加拿大IDRC优秀成果奖（1997）和湖南省社科优秀成果四等奖（1997）等。

代表性学术荣誉：全省跨世纪产业经济学科学术带头人后备人选（1998），湖南省长株潭城市群研究会副会长等。

肖毅敏

1955年生，湖南长沙人。1985年于中共湖南省委党校政治经济学专业本科毕业。1999年晋升研究员。现任湖南省社会科学院经济研究所所长、长沙理工大学经济与管理学院硕士研究生导师。主要研究资本市场与证券投资、产权经济学和国有资产管理体制改革、产业经济学和企业管理等。出版著作9部，在省级以上报刊发表论文120多篇。

代表性著作：1.独著《证券投资学导论》（湖南科技出版社，1996年第1版、1997年第2版、1999年第3版，红旗出版社《家庭藏书系列》全书收录）；2.独著《企业素质管理概论》（湖南人民出版社，2002）；3. 主编《沪深300股票指数期货投资分析》（知识产权出版社，2009）等。

代表性论文：1.独著《非国有全民所有制产权制度探讨》（《学习与探索》1989年第3期，人大复印资料《政治经济学•社会主义部分》1989年第7期全文转载）； 2.独著《企业素质管理探讨》（《企业管理》1990年第1、2、4期，《中国工业年鉴1991》转载）；3. 独著《所有制早期变迁探略》（《探索》1992年第12期，人大复印资料《经济史》1993年第1期全文转载）；4. 独著《制度变革、技术创新与历史唯物主义》（《求索》2007年第4期，人大复印资料《哲学原理》2007年第8期全文转载）；5.独著《形态周期理论与上证综合指数的基本趋势》（《江西社会科学》2008年第12期，《中国经济学年鉴2009》转摘）等。

代表性课题：1.主持世界银行基金课题“湖南省‘十一五’事业单位国有资产管理体制改革研究”（2006）；2.主持湖南省社科基金重大招标项目“湖南经济‘弯道超车’与扩大投资规模及其投融资政策研究”（2009）。

代表性奖项：1. 合著著作《马克思主义中国化研究》获湖南省第十届社科优秀成果一等奖；2. 合著著作《应对无形挑战》获湖南省第六届社科优秀成果特别奖；3.获湖南省社科优秀成果三等奖5项。

代表性学术荣誉：湖南省跨世纪学术和技术带头人培养对象（1999），科技部科技型中小企业技术创新基金联评专家（2008），湖南省审计学会常务理事，湖南省经济学学会常务理事等。

胡良桂

1952年生，湖南衡南人。1977年在湖南师范大学中文系毕业。2000年晋升研究员。现任湖南省社会科学院文学研究所所长。主要研究中国当代文学、文艺理论、比较文学与世界文学等。出版著作8部，在省级以上报刊发表论文150多篇。

代表性著作：1.独著《史诗艺术与建构模式》（湖南文艺出版，1989）；2.独著《史诗特性与审美观照》（湖南教育出版社，1994）；3.独著《史诗类型与当代形态》（湖南教育出版社，2002）；4.独著《世界文学与国别文学》（湖南人民出版社，2004）；5.独著《文学主流的多维空间》（人民出版社，2011）。

代表性论文：1.独著《先进文化与世界眼光》（《光明日报》2002年7月18日，《新华文摘》2002年第12期全文转载）；2.独著《先进文化与现代人格建设》（《人民日报》2002年8月18日）3.独著《晚清政坛上的精魂——唐浩明长篇历史小说论》（《文学评论》2003年第6期）；4.独著《当今文学缺了什么？》（《求是》2005年第21期）；5.独著《理想精神与和谐思维》（《文学评论》2008年第1期）。

代表性课题：1.主持湖南省社科基金重点项目《湖南文学史》；2.主持湖南省社科基金项目《史诗类型与形态》（2000）；3.主持湖南省社科基金项目《经济化全球背景的中国文学世界性与民族性的关系研究》（2002）；4.主持湖南省社科基金项目《当代中国文学中民族精神创新研究》（2005）。

代表性奖项：1.合著著作《湖南文学史》获湖南省社科优秀成果二等奖（1999）；2.独著著作《史诗类型与当代形态》获湖南省社科优秀成果二等奖（2004）；3.独著著作《世界文学与国别文学》获湖南省社科优秀成果三等奖（2007）；4.独著论文《批评家的责任与使命》获中国文联文艺评论三等奖（2010）。

代表性学术荣誉：国务院政府特殊津贴专家（2006），湖南省文艺评论家协会副主席。

乌东峰

1955年生，湖南常德人。1997年在中国社会科学院获经济学博士学位，先后为中国人民大学经济学博士后、浙江大学社会与经济学博士后。2002年晋升研究员。现任求索杂志社总编。主要从事经济学、社会与经济发展学研究。出版个人独立专著8部，发表论文260余篇，其中《求是》发表3篇，《人民日报》11篇，被《新华月报》和全国社科基金委《成果要报》各转载1篇，被《新华文摘》详细转载5篇，被《中国社会科学文摘》详细转载6篇，主持各类课题21项，获各类奖励11次。

代表性著作：1. 独著《国有企业市场份额问题研究》（中国社会科学出版社，1998）；2.独著《中小企业研究——欧盟的实践与借鉴》（经济科学出版社，2002）；3. 独著《经济增长论》（社会科学文献出版社，2003）；4. 独著《中国农村社区发展的经济学研究》（中国经济出版社，2003）；5. 独著《消除农民低素质屏障研究》（中国社会科学出版社，2006）。

代表性论文：1.独著《解读全面建设小康社会的目标》（《求是》2003年第9期）；2.独著《以信息化带动中国农业现代化》（《求是》2004年第6期）；3.第一作者《农村信用社向何处去》（《求是》2005年第10期）；4.独著《反哺中国农业：发展潜力与对策构想》（《中国行政管理》2003年第6期）；5.独著《中国现代“小康”之发轫》（《人民日报》2003年4月11日）；6.独著《农村专业合作组织：不可或缺的基础建设》（《人民日报》2003年11月20日）。

代表性课题：1.主持国家社科基金重大项目《资源节约型、环境友好型农业生产体系研究》（2009）；2.主持国家社科基金重点项目《现代多功能农业研究》（2008）；3.主持国家社科基金项目《消除农民低素质屏障研究》（2004）等。

代表性奖项：1.独著《消除农民低素质屏障研究》获第九届湖南省社会科学优秀成果一等奖（2008）；2.独著《不对称的中国农民问题研究》获第八届湖南省社会科学优秀成果二等奖

（2006）、国家信息中心一等奖（2003）；3.独著《论中国小康社会》获第七届湖南省社会科学优秀成果二等奖、中国国情研究会优秀论文一等奖、“五个一”工程奖；4.独著《中国农村经济形势分析与周期预测的实证研究》获国家统计局第五届全国统计科研优秀成果一等奖（2000）

代表性学术荣誉：湖南农业大学博士生导师、湘潭大学博士生导师；国务院政府特殊津贴专家（2004）；第三届湖南省优秀社会科学专家（2008）；湖南省优秀专家（2009）；2007—2011年为国家社科基金项目通讯评审专家、国家社科基金项目后期资助与优秀成果文库会议评审专家。

刘助仁

1953年生，湖南安化人。1977年毕业于湖南师大政治系。2002年晋升研究员。现为政治与公共管理研究所所长、中国政治学会理事。主要从事公共管理学研究。出版各类著作10余部；在省级以上报刊独立发表学术文章800多篇、译文121篇；被《新华文摘》、《人民文摘》和人大复印资料全文转载81篇。

代表性著作：主编《邓小平理论青少年读本》（红旗出版社，1998）。

代表性论文：1.独著《保障公共安全是构建和谐社会的一项战略任务》（人民日报《内部参阅》总772期，《攀登》2005年第3期，人大复印资料《中国政治》2005年第5期全文转载）；2.独著《世界生物技术产业发展的现实与潜在市场》（《世界经济调研》总1477期，《中国科技成果》2005年第20期，《新华文摘》2006年第1期全文转载）；3.独著《促进我国生物产业发展的公共政策》（《世界经济调研》总1449期，《光明日报》2005年8月23日）；4.独著《人与自然关系问题研究的新进展》（《哲学动态》1993年第9期，人大复印资料《哲学原理》1994年第1期全文转载）；5.独著《国际竞争与中国环保技术产业跨越的战略选择》（《环境保护》2001年第9期，人大复印资料《生态环境保护》2002年第1期全文转载）；6.独著《研究灾害社会学》（《社会科学》1989年第5期，人大复印资料《社会学》1990年第2期全文转载）。

代表性课题：1.独立主持国家社科基金课题《我国社会转型中的公共安全及其保障机制研究》（2008）；2.独立主持湖南省社科基金课题《中国社会转型中的公共安全问题及对策》（2007）、《经济全球化进程中的国家经济安全》（2002）、《知识经济与当代社会主义的前途与命运》（1998）、《“数字鸿沟”问题及其对策研究》（2004）、《以人为本的可持续发展与生态文明》（2006）等。

肖耀球

1959年生，湖南常德人。1987年于中南大学数量经济学专业研究生毕业，获理学硕士学位。2002年晋升研究员。曾任社会经济系统工程研究所所长，现任《系统工程》杂志编委会委员、编辑部主任。主要研究宏观经济与区域经济、数量经济与技术经济、系统工程与运筹学等。出版著作9部，在省级以上报刊发表文章近100篇。

代表性著作：1.独著《技术进步机理与数量分析方法》（国防科技大学出版社，2002）；2.副主编《区域行业科技发展规划方法与应用》（华中理工大学出版社，1992）；3.副主编2006年和2007年度《湖南经济社会发展报告》（湖南人民出版社，2007，2008）；4.合著《新型工业化发展战略》（湖南人民出版社，2006）；5.合著《湖南科技发展战略研究》（湖南科学技术出版社，2004）等。

代表性论文：1.独著《国际性城市评价体系研究》（《管理世界》2002年第4期）；2. 独著《与时俱进地发展马克思社会再生产理论》（《国家社科基金成果选介汇编》，社会科学文献出版社，2010）；3. 独著《技术进步是内含型经济增长的决定性因素》（《中国社会科学报》2009年11月24日）；4.独著《Markowitz证券组合投资中的悖论问题》（《系统工程》2004年第11期）；5.独著《关于两大部类社会资本增长的关系问题》（《求索》2007年第3期）等。

代表性课题：1.主持国家社科基金课题“马克思主义宏观经济调控理论与模型研究”（2011）；2.主持国家社科基金课题“具有技术冲击传导机制的马克思经济增长理论与模型研究”（2006）；3.主持国家科委批准立项、加拿大国际发展研究中心资助课题“湖南农产品深加工与农村工业化研究”（1995）；4.主持湖南省社科基金课题“技术进步与产业结构关联机理实证研究”（2004）；5.主持湖南省科委软科学课题“政府高科技投入的风险控制与权益问题研究”（2003）等。

代表性奖项：1.合著报告《经济增长中科技进步作用测算方法与应用研究》获国家统计局颁发的第四届全国统计科技进步二等奖（1998）；2.合著报告《长沙2001—2015年人才开发战略研究》获人事部颁发的第三届全国人事科研成果三等奖（2006）；3.合著报告《湖南省高新技术产业发展战略研究》获第五届湖南省社科优秀成果特别奖（1999）等。

代表性学术荣誉：全省宣传文化系统“五个一批”人才（2008），湖南省系统工程与管理学会常务理事（2006），湖南省太平洋经济合作委员会常务理事（2008）等。

王 亮

1952年生，湖南长沙人。1980年毕业于湖南大学。2003年晋升研究员。2004年调入湖南省社科院。研究方向曾为人力资源开发，现为中小企业发展和工业经济等。出版著作6部，发表文章近90篇，其中发表于高规格刊物文章20余篇。

代表性著作： 1.合著《当代企业文化导论》（湖南出版社，1991）；2.独著《成功者素质新探》（湖南教育出版社，2000）；3.合著《湖湘文化大观·经济物产篇》（岳麓书社，2003）等。

代表性论文： 1.独著《从竞争力视角看我国加快推进风险创业的必要性》（《经济要参》2002年第30期，国务院发展研究中心主办）；2.独著《风险创业与国家技术创新能力提升》（《湖南师范大学社会科学学报》2003年3期；《教育文摘报》2003年7月2日观点摘编）；3.独著《软信息公益生产：缓解中小企业贷款难的新思路》（《宏观经济研究》2009年第11期；《中国经济学年鉴2010》摘编）等。

代表性课题： 1.主持国家社会科学基金重大项目《构建区域创新体系战略研究》子课题《湖南长沙工程机械产业集群创新能力研究》（2010）；2.主持湖南省2001年特别委托社会科学规划立项课题《加快湖南工业化进程研究》子课题《科技型中小企业在推进工业化进程中的作用与对策研究》（2002）；3.主持湖南省软科学课题《湖南省信息技术发展政策要点》（2000）等。

代表性奖项： 1.独著《成功者素质新探》获湖南省第六届社会科学优秀成果三等奖；2.参与项目《湖南省2000年规划总体定量分析模型体系研究》获湖南省第三次电子信息技术应用项目一等奖。

汪金敖

1951年生，湖南湘阴人。四川师范大学本科毕业。2003年晋升研究员。现任经济研究所副所长兼院“三农”问题研究中心主任。主要研究区域经济、产业经济、公共管理和农业与农村发展。出版著作8部，公开发表专业论文120多篇，完成各类社科研究课题49项，完成中美德EED基金会资助的合作项目和中德AMMU双边援助项目等国际合作科研课题多项，科研成果获省部级以上奖励9项，4部著作获得湖南省优秀社科学术著作出版资助。

代表性著作： 1.独著《农村商品经济论》（湖南出版社，1991）；2.独著《农民收入增长论》（湖南人民出版社，2001）；3.主编《资本经营与农业产业化》（中国科学技术出版社，2004）；4.主编《共建和谐：湖南少数民族地区小康建设研究》（湖南人民出版社，2005）；5.执行主编《新农村建设中的产业发展研究》（中国农业出版社，2007）。

代表性论文： 1.独著《新世纪初湖南农民增收问题、成因与对策研究》（2002年省委经济工作会议编发）；2.独著《论加大农业金融资本投入的路径选择》（《农业经济问题》2003年第7期）；3.独著《推进农村服务业发展，加速新农村建设步伐》（《中国经济》2007年第1期）；4.独著《夯实农业基础设施，推进现代农业建设》（《农业现代化研究》2009年第1期）；5.独著《长株潭突发公共事件应急联动机制建设现状与路径选择》（载《城市蓝皮书》，社会科学文献出版社，2010）。

代表性课题： 1.主持财政部招标课题《农业税制改革与农民增收问题研究》（1997）；2.主持国家民委招标课题《湖南民族地区农民增收问题研究》（2006）；3.主持国家社科基金规划课题《女性教育与发展研究》子课题（2005）；4.主持国务院办公厅招标课题《中国中小城市应急管理体系建设研究》（2009）；5.主持美国公谊服务委员会招标课题《中国农民工与菲律宾流动劳工的比较研究》（2005）。

代表性奖项： 1.研究报告《农业税制改革与农民增收问题研究》获财政部社科优秀成果一等奖（1998）；2.研究报告《湖南民族地区农民增收问题研究》获国家民委社科优秀成果二等奖（2006）；3.研究报告《资本经营与农业产业化》获2005年湖南省科技进步三等奖。

代表性学术荣誉： 国家注册咨询师、湖南省经济学科（区域经济与产业经济研究方向）学科带头人、湖南省人民政府应急管理专家委员会成员、湖南省城乡建设规划委员会专家组成员、湖南新世纪“三农”发展研究中心主任、湖南省农村经济学会副秘书长、湖南省水库移民经济研究会常务理事。

邹智贤

1955年生，湖南安化人。1987年毕业于华中科技大学，获哲学硕士学位。2004年晋升研究员。现任哲学研究所常务副所长。主要研究马克思主义哲学、毛泽东思想，出版著作两部，在CSSCI以上期刊发表论文19篇。

代表性著作： 独著《网络的文化反思》（国防科技大学出版社，2002）；主编《儒道佛寓言鉴赏词典》（岳麓书社，1994）。

代表性论文： 1.独著《诗之本源与人之本体

——原型诗学及其人类学本体论意义》（《江汉论坛》1995年第6期）；2.独著《论主体结构中的认知因素与意向因素及其互补关系》（《社会科学研究》2004年第4期）；3.独著《论毛泽东社会主义建设理论的价值向度》（《哲学研究》2008年第12期，《中国社会科学文摘》2009年第4期详摘，人大复印资料全文转载）；4.独著《毛泽东的民生思想及其启示》（《哲学研究》2010年第12期）。

代表性课题：主持湖南省社科基金课题《毛泽东经济哲学思想研究》（2008）。

代表性奖项：《论道德建设的多维走向》（获2007年全国社科系统哲学会议暨“哲学与和谐社会构建”理论研讨会优秀论文一等奖）。

尹向东

1964年生，湖南洞口人。1986年大学毕业，1994年至1995年在湖南大学MBA研究生班学习。系中南林业科技大学在读博士。2005年晋升研究员。现任湖南省社会科学院财经研究所所长、图书馆馆长。主要从事消费经济、产业经济、财政金融研究。出版著作20余部，在省级以上报刊发表论文200余篇。应邀赴日本(1997)、美国（2005）、日本（2009）、韩国（2009）等国和中国台湾地区（2003）参加有关国际学术研讨会并作大会发言。

代表性著作：1.第一作者《中国消费安全报告》（红旗出版社，2009）；2.合著《当代分配经济辞典》（山西经济出版社，1991）；3.合著《湖南农业现代化》（湖南人民出版社，2008）；4.合著《中国小康水平研究》（湖南人民出版社，1994）等。

代表性论文：1.独著《论我国消费模式的宏观类型》（《经济科学》1992年第2期）；2. 独著《消费差异与中、西部消费发展战略》（《消费经济》2000年第2期）；3. 独著《我国新消费时代的主要特征和表现》（《求索》2005年第8期）；4. 独著《着力增强农民工消费能力》（《人民日报》2010年1月26日）；5. 独著《建立新型需求战略，形成扩大需求的长效机制》（《消费经济》2010年第6期）。

代表性课题：1.主持完成国家社科基金课题“贫困地区深化农村改革的关键”（1995）；2.主持完成国家社科基金课题“拓宽消费领域，优化消费结构问题研究”（2003）；3.主持完成国家社科基金重大项目《全国资源节约型和环境友好型社会建设综合配套改革实验区体制机制创新研究》的子课题1项（2008）；4.主持完成湖南省社科基金重点项目《湖南省财源结构优化与可持续支柱财源建设》（2009）；4.主持湖南省社科基金重点项目《后国际金融危机时期湖南加快经济发展方式转变的战略选择研究》（2010）。

代表性奖项：1. 独著《应大力培养消费者的抗逆能力》获国家工商总局、中国消费者协会主办的“我国社会主义消费问题理论研讨会”优秀论文奖；2. 主要参与《中国小康水平研究》获湖南省社科基金项目成果一等奖；3. 第二作者《中部粮食主产区农业可持续发展面临的突出问题与政策建议》获湖南省“五个一”工程奖和湖南省社科优秀成果二等奖。4. 主要参与《在邓小平理论的伟大旗帜下》获湖南省社科优秀成果二等奖。

代表性学术荣誉：湖南省经济学学会副会长、亚洲消费者与家庭经济学会常务理事、中国消费经济学会筹备组秘书长、湖南省消费者委员会理事、湖南省政府采购协会常务理事兼副秘书长、湖南省市场学会常务理事、湖南省农村财政学会常务理事、湖南省太平洋经济合作委员会常务理事、湖南省知识分子联谊会副秘书长、湖南省高技术产业发展研究院副院长兼秘书长。

王国宇

1962年生，湖南邵东人。1994年获湖南师范大学历史系硕士学位。2005年晋升为研究员。现任历史研究所所长。主要研究方向为中国现代史、党史、湖南地方史。出版著作（含独著、合著、参著）10余部，发表专业论文30余篇。

代表性著作：1.独著《直皖军阀全传》，（团结出版社，2002）；2.合著《中国共产党与中国农民（第一卷）》（湖南人民出版社，2005）；3. 主编《历代湖南女杰传略》（湖南人民出版社，2009）；4.合著《中共党史人物传》（第82卷）（中央文献出版社，2002）等。

代表性论文：1.《重评五四时期关于社会主义的论战》（《湖南师大学报》［哲社版］1993年第4期，人大复印资料《中国现代史》1993年第7期全文复印）；2.《孙中山与中国传统文化的关系》（《衡阳师院学报》［哲社版］1995年第4期，人大复印资料《中国近代史》1995年第7期全文复印）；3.《论抗战后毛泽东争取和平的思想》（《浙江社会科学》2004年第3期，《新华文摘》2004年第16期观点摘要）；4.合著《论邓小平反官僚主义的理论与实践》（《湖南社会科学》2005年第1期，人大复印资料《邓小平理论与“三个代表”重要思想》2005年第6期全文复印）;5.《改革开放初期湖南省民营经济发展的历史考察（1979—1989年）》（《当代中国史研究》2010年第5期）等。

代表性课题：1.主持湖南省社科基金课题《党内民主的历史考察》（2004）；2.合作主持湖南省社科

基金重点课题《湖南经济通史》等。

代表性奖项：1.合作著作《中国共产党与中国农民》获2003年度湖南省“五个一”工程奖，湖南省第七届优秀社科成果二等奖；2.合作著作《辛亥革命与20世纪中国》获2001年度中南地区人民出版社优秀图书奖、湖南省第七届优秀社科成果特别奖；3.参著《和谐中国》获2008年国家图书奖提名奖等。

王自立

女，1955年4月出生于上海，辽宁台安县人。1980年毕业于北京大学国际政治系。2006年晋升研究员。曾任国际问题研究所所长。现任院机关党委专职副书记。主要从事区域经济、国际经济和贸易安全研究，特别是亚太区域经济一体化、自由贸易区和企业“走出去”战略研究。学术上共获得各种科研奖励20余项，发表论文80余篇，专著1部、主编两部、合著10余部，共90余万字。

代表性著作：1.独著《民营企业怎样参与国际竞争》（光明日报出版社，2005）；2.主编《中国贸易安全报告——预警与风险化解》（红旗出版社，2009）；3.主编《经济增长稳定极》（湖南大学出版社，1996）。

代表性论文：1.《泛珠企业走向东盟要处理好的几个关系》（《东南亚纵横》2006年第8期，被新华网、中国东盟博览会官方网、泛珠三角合作信息网、中越科技贸易网等数十家网站转载）；2.《试论自由与纪律的辩证关系》（《中国毛泽东思想理论与实践》1993年第1期）；3.《试论邓小平的经济发展理论》（《甘肃经济管理学院学报》2000年1期，获湖南省委宣传部优秀论文奖）。

代表性课题：1.主持EADN东亚发展网络组织国际课题《传承与发展——新农村建设下发展乡村旅游对转变农民思想观念的绩效分析和配套政策研究》；2.主持香港政府课题《湖南在泛珠三角经济社会发展研究》；3.主持湖南省课题《湖南“走出去”战略研究》。

代表性奖项：1.《试论自由与纪律的辩证关系》获人民日报理论部和光明日报理论部优秀论文三等奖；2.《县域经济新增长点研究》获湖南省科技进步三等奖、湖南省第四届社会科学优秀成果奖；3.《当前流通领域的问题和对策研究》获得第一届省社科基金优秀课题三等奖、第五届社会科学优秀成果奖。

代表性学术荣誉：曾任中国毛泽东思想理论与实践研究会会刊《毛泽东思想理论与实践》杂志副主编、湖南省民营经济研究会副秘书长和成果评审小组组长；现任湖南省太平洋经济合作委员会秘书长、中国太平洋经济合作全国委员会委员、中国亚洲与太平洋学会常务理事、中国东南亚研究会理事、国家社科基金课题通讯评委。

刘焕新

1951年生，湖南邵东人。1977年毕业于湖南师范大学政治系。2006年晋升研究员。出版著作6部，完成课题研究10余项，公开发表论文30余篇。

代表性著作：1.独著《现代企业设计》（中国文联出版社，2002）；2.主编《湖南改革与发展》（香港国际展望出版社，1991）。

代表性论文：1.《关于建立湘东经济圈的设想》（载《经济区理论与实践》，湖南出版社，1986，基本思路被湖南省省委采纳）；2.《试论区域经济增长的机制及调节》（《求索》1992年第6期）；3.《现代企业设计理念和方法论特点》（《管理观察》2008年第8期）；4.《关于企业信息系统设计方法的探讨》（《湖南社会科学》2005年第1期）

代表性课题：1.主持《浏阳市1984—2000年经济社会科技发展规划研究》；2.主持《衡东县1987—2000年经济社会科技发展规划研究》；3.主持《湖南汽车贸易集团改制方案设计》。

代表性奖项：1. 课题《浏阳市1984—2000年经济社会科技发展规划研究》获国家科技进步二等奖、湖南省科技进步二等奖；2.课题《衡东县1987—2000年经济社会科技发展规划研究》获湖南省区域经济规划成果一等奖。

胡跃福

1958年生，湖南攸县人。2004年聘为研究员，2006年晋升研究员。现任人才学研究所所长。系湖南省人力资源研究中心主任、省委常委中心组集中学习专题辅导报告主讲人。多次主持和参加中组部、人事部、国务院西部办和省委省政府人才政策材料的研究起草工作。主要研究人才学和管理学。

代表性著作：1.独著《人才资源开发论》(远方出版社，2004)；2.主编《人才资源开发战略研究的理论与实践》(湖南教育出版社，2004)；3.主编《湖南人才研究报告》(中央文献出版社，2007)；4.主编《西部人才政策措施实施效果的调查与评估研究》(研究出版社，2008)；5.副主编《科技人才资源开发论》(吉林科学技术出版社，2006)。

代表性论文：1.独著《人才强国战略：坚实基础与科学内涵》（《人民日报》2004年2月2日）；2.合著《加强哲学社会科学人才队伍建设》（《光明日报》2003年5月5日）；3.合著《和谐社会需要

大批社会工作人才》（《光明日报》2007年12月10日）；4.独著《解读人才强国战略》（《湖南社会科学》2004年第4期）；5.独著《领导工作要逐步实现职业化》（《求索》1986年第4期，《新华文摘》1986年第12期转摘）。

代表性课题：1.主持国家社会科学基金项目《西部人才政策措施实施效果的调查与评估》(2004，鉴定为优秀成果)；2.主持国家软科学基金项目《长株潭城市群"两型社会"建设中的人才资源开发研究》（2008）；3.主持国家软科学基金项目专项《中国特殊人才资源与政策研究》(2004)；4.主持研究起草《湖南省中长期人才发展规划纲要》(省委组织部组织，2010)；5.参与中央组织部项目《我国的人才资源状况研究》（主笔之一，2006)。

代表性奖项：1.《湘西自治州人才资源开发战略研究》获人事部第五次优秀科研成果二等奖（2006）；2.《西部人才政策措施实施效果的调查与评估研究》获全国人事科研优秀成果一等奖（2009）；《建设长株潭产业人才集群》获中共湖南省委献计献策优秀建议一等奖（2006）；4.《长沙2001—2015年人才开发战略研究》获人事部第三次优秀科研成果三等奖（2001）；5.《跨世纪科技人才的人文素养与人文教育研究》获湖南省第五届社会科学优秀成果三等奖（1999）。

代表性学术荣誉：国务院特殊津贴专家（2010）；中国人才学研究三十年贡献奖获得者（2009）；中国人才研究会学术委员会委员（2011）；全国百名优秀科普专家（2011）；湖南省"五个一批"人才工程专家（2008）。

陈文胜

1968年生，湖南衡阳人。中央党校研究生学历。2007年晋升研究员。现任科研开发处处长兼农村发展研究所所长。主要从事"三农"问题研究。出版各类著作30余部，发表论文60余篇，主持各类课题10余项，获得各类奖励10余次。

代表性著作：1.独著《乡镇视角下的"三农"》（湖南人民出版社，2007年）；2.独著《乡村债务的危机管理》（湖南人民出版社，2007年）；3.主编《中国乡村发现》（1—14辑）（湖南人民出版社，中央部委、湖南省委政府领导多次肯定性批示，20多位知名专家给予高度肯定）；4.主编《新型农民能力培养》丛书（5本）（湖南人民出版社，2010；被国家新闻出版总署列入"2010—2011年全国农家书屋重点图书推荐目录"）。

代表性论文：1.独著《国民经济转型必须从"三农"突破》（《光明日报》2010年7月13日）；2.独著《新农村建设进程中的现实困境》（《中国农村经济》2010年第5期，《中国社会科学文摘》2010年第10期全文转载）；3.独著《乡村债务的社会公共危机研究》（2006年得到时任湖南省委书记张春贤、常务副省长肖捷和分管农业副省长杨泰波的肯定性批示；发表在《求索》2006年第3期，《中国社会科学文摘》2006年第4期全文转载）；4.独著《世界粮食危机下的中国粮食安全机遇与挑战》（《中国社会科学内刊》2008年第5期，得到时任湖南省委书记张春贤的肯定性批示）；5.独著《新农村文化建设的战略思考》（《中国发展观察》2006年第12期，《中国社会科学文摘》2007年第1期全文转载）。

代表性课题：1. 主持湖南省社科基金重点课题《世界粮食危机下的中国粮食安全机遇与挑战》（2009）；2.主持湖南省政府委托课题《转变发展方式：湖南农业现代化的必由之路》（2010）；3.主持湖南省发展改革委员会委托课题《湖南"十二五"现代农业发展战略研究》（2009）。

代表性奖项：1.主编《湖湘三农论坛•2008长沙》获得第十届湖南省社科优秀成果特别奖（2010）；2.论文《化解乡村债务的对策与建议》获人民网"2006年度最受关注的五大网络论文"（2006）。

代表性学术荣誉：湖南省扶贫领导小组专家咨询委员（2010）；中央党校"三农"研究中心客座研究员（2005）；华中科大中国乡村治理研究中心特聘研究员（2005）。

周亚平

女，1958年生，湖南双峰人。1982年在湘潭大学获得学士学位。2007年晋升研究员。现为历史研究所副研究员，兼任湖南省舜文化研究会副秘书长。主要研究中国近现代史、妇女学等。出版著作4部，在省级以上报刊发表论文40多篇。

代表性著作：1. 独著《民国军阀世纪——大对局：桂系军阀全传》（团结出版社，2002）；2.主编《社科大视野丛书》（海南出版社，2001）；3.执行主编《虞舜大典•古文献卷》（岳麓书社，2009）。

代表性论文：1.《马克思主义妇女观在中国的传播》（《中国妇女报》1991年11月15日）；2.《中国妇女参政的历史轨迹》（《吉首大学学报》1992年第2期，人大复印资料《妇女组织》1993年第1期全文复印）；3.《辛亥革命时期妇女参政运动》（《历史档案》1993年第2期，人大复印资料《中国近代史》1993年第7期全文复印，美国《春夏杂志•中国近代史》1995年第3期）；4.《抗日战争时期的湖南女性》（《湖南省纪念抗战胜利60周年学术讨论会论文集》，湖南人民出版社，2005）；5.合著《虞舜的和谐之道》（《光明日报》2009年12月22日）。

代表性课题：1. 合作主持湖南省科技厅2001年湖南省软科学研究计划项目《我省社会保障体系的建立与完善》（2001）；2.主持江西省萍乡市近中期经济社会发展战略研究课题之子课题《萍乡城市文化发展战略研究》（2005）；3.副主编《中国百县市经济社会追踪调查——永州卷》（当代文献出版社，2010）。

胡艳辉

女，1957年生，湖南湘潭人。大学文化。2007年晋升研究员。现任政治与公共管理研究所副所长兼支部书记。主要研究社会主义精神文明建设、文化建设、青少年问题等。出版著作21部，在省级以上报刊发表文章60余篇。

代表性著作：1.独著《“问题少年矫治”体系论》（湖南人民出版社,2005）；2. 独著《公民道德建设教育读本》（成人版）（湖南人民出版社,2002）；3.执行主编《湖南精神文明建设红皮书》（湖南人民出版社，1978—1998卷、1999—2002卷、2003—2005卷、2006—2010卷）；4. 执行主编《湖南企业文化研究丛书（长炼卷、省建六公司卷、老百姓大药房卷、湘电集团卷、湘钢集团卷、省建行卷、中建五局卷、省路桥公司卷）》（红旗出版社）；5.合著《城市化进程中农民工道德认知与再造》（湖南人民出版社，2011）等。

代表性论文：1.独著《自发社会力：走向经济全球化的共同价值观》（《财经理论与实践》2004年第3期，《新华文摘》2004年第14期观点摘登）；2.独著《城市化进程中农民工的“三德”教育》（《湖南师范大学社会科学学报》2004年第4期，人大复印资料《工会工作》2004年第5期全文转载）；3.独著《农村“留守儿童”之现状、走向与对策研究——以湘北H村“留守儿童”群体为实证分析对象》（《青少年犯罪问题》2007年第1期，报刊复印资料《青少年导刊》2007年第8期全文转载）；4.独著《“问题青少年”矫治的心理学认知》（《求索》2006年第2期）；5. 独著《“两型”社会进程中拓展区农民城市融入与文明建设研究》（《湖南社会科学》2010年第4期）等。

代表性课题：1.主持国家社科基金课题《城市融入进程中新生代农民工政治意识文明研究》（2011）；2.主持省社科基金课题《可持续发展战略研究》（1998）；3.主持湖南省社科基金课题《提高公民道德素质的机制研究》（2002）；4. 主持湖南省社科基金课题《“问题青少年”矫治体系研究》（2004）；5. 主持湖南省社科基金课题《农民市民化角色转换中的公民道德建设》（2005）等。

代表性奖项：1.主持报告《学习型城区评价指标体系研究》获湖南省第二届社科基金课题优秀成果三等奖（2005）；2.合著论文《拓展文明社区建设的关键点——湖南省创建文明社区先进典型的调查与思考》分获湖南省第七届社科优秀成果二等奖、湖南省“五个一”工程奖（2001）；3.合著著作《中国共产党与中国农民》获湖南省第七届社科优秀成果二等奖、湖南省“五个一”工程奖（2004）；4.合著著作《邓小平理论与湖南改革开放实践研究——20年回顾与前瞻》分获湖南省第六届社科优秀成果三等奖、湖南省“五个一”工程奖（2002）等。

代表性学术荣誉：湖南省中共党史人物研究会常务副秘书长，“FHI”、“CHARTS”项目和“湖南省艾滋病策略支持项目”技术支持专家等。

谢晶仁

1967年生，湖南郴州人。2004年在中共湖南省委党校研究生毕业（脱产）。2007年晋升研究员。现任国际问题研究所副所长（主持工作）。主要研究政治与公共管理、社区建设、经济管理、基层党建等。出版著作两部，在省级以上刊物发表论文200篇左右。

代表性著作：1.独著《社区文化建设新论》（中央文献出版社，2007）；2.独著《社区党建工作研究》（香港天马图书有限公司，2004）。

代表性论文：1.合著《坚定不移走中国特色政治发展道路》（《光明日报》2008年2月18日）；2.独著《论廉政文化的意义》（《思想政治工作研究》2005年第1期）；3.独著《建立党性分析制度的思考》（《党建研究》2010年第5期）；4.独著《非公有制企业如何保持共产党员的先进性》（《中共山西省委党校学报》2005年第2期，人大复印资料全文转载）；5. 独著《美、欧、日、印低碳经济发展策略探析》（《当代世界》2010年第5期）。

代表性课题：1. 主持中组部委托课题《体现科学发展观的基层党建工作考评机制研究》（2009）。2. 主持湖南省社科基金课题《和谐社区建设问题研究》（2007）。3.主持湖南省委组织部委托课题《党的先进性和执政能力建设》（2005）。4.主持湖南省软科学课题《“两型社会”建设中的长株潭生态型城市群发展对策研究》（2010）。

代表性获奖：1.独著论文《在现代企业条件下加强和改进企业基层党组织建设》获全国党风与用

人科学优秀成果一等奖（1999）；2.独著论文《关于邓小平共同富裕的几点思考》获全国高校邓小平理论教育教学研讨会二等奖（1996）；3.独著论文《强化知识经济的几点思考》获中华教育艺术研究会二等奖（1998）；4.独著论文《农村文化建设：构建和谐农村社会的重要选择》获湖南省农业产业协会举办的新农村建设理论研讨会优秀论文一等奖（2007）。

代表性学术荣誉：湖南省党校系统优秀教师（1999）；湖南省新世纪121人才工程第三层次人选（2010）。

刘新荣

1963年生，衡阳常宁人。1987年毕业于中国农业大学获农学硕士学位。2008年晋升研究员。现任国际问题研究所副所长。主要从事休闲经济、企业管理和国际经济研究。出版各类著作9部，发表论文30篇，主持各类课题12项。

代表性著作：1.独著《文化资本：产业战略与企业管理》（国防科技大学出版社，2007；《湖南日报》发表书评）；2.执行主编《领闲半步：普瑞温泉酒店休闲文化经营和管理》（湖南文艺出版社，2009）；3.编著《农民素质培训——交往与礼仪》（湖南人民出版社，2010）；4.参著《湖南产业竞争力研究》（光明日报出版社，2006）。

代表性论文：1.独著《文化个性与企业价值研究》（《中国工业经济》2007第2期；人大复印资料全文复印）；2.独著《中部休闲经济竞争力比较研究》（《中州学刊》2007第2期；人大复印资料全文复印）；3.独著《论休闲和休闲产业的战略管理》（《求索》2004年第11期）；4. 独著《湘西土家族、苗族服务文化的生态属性》（《船山学刊》2005年第2期）；5.独著《论湘粤经济合作的基础和前景》（《湖南农大学报》2004年第6期）。

代表性课题：1. 主持加拿大IDRC资助项目《潇水流域水土资源开发与减灾系统控制》（1995）；2.主持湖南省社科基金重点课题《粮食安全与国家国际竞争力战略研究》（2010）；3. 主持湖南省社科基金课题《企业核心竞争力与湖南生态休闲产业竞争策略研究》（2004）；4.主持湖南省社科基金课题《基于个性文化战略的民族地区旅游核心竞争力研究》（2006）；5.主持湖南省社科基金课题《文化个性价值研究》（2007）。

代表性奖项：合著论文《湖南国有困难企业走出困境的思路与对策》获首届湖南省社会科学基金课题研究优秀成果二等奖（2002）。

余小平

女，1956年生，湖南长沙人。1981年于湖南师范大学政治教育专业本科毕业。2008年晋升研究员。现任湖南省社会科学院求索杂志社副总编。主要研究农村经济与社会发展、区域经济、企业改革发展等。出版著作8部，在省级以上报刊发表论文40多篇。

代表性著作：1.独著《中国现代化进程中的农村村庄建设》（中国言实出版社，2008）；2.合著《节约型社会研究》（湖南人民出版社，2007）；3.合著《湖南农业现代化研究》（湖南人民出版社，2008）；4.合著《识别与再造——长炼企业文化建设研究》（红旗出版社，2004）；5.合著《湖南城市蓝皮书：省域城镇化战略》（社会科学文献出版社，2006）；6.合著《城郊经济学》（湖南出版社，1993）等。

代表性论文：1.独著《中国现代化进程中的农村村庄建设》（《农业经济》2008年第6期；人大复印资料《新思路》2008年第5期转载）；2.独著《议我国中小企业财务管理创新》（《财经界》2008年第10期；人大复印资料《企业家信息》2008年第12期转载）；3.独著《建设现代村庄是实现全面小康的重要内容》（《小城镇建设》2003年第7期）；4.独著《论城乡统筹发展中农村村庄的精神文化建设》（《广东行政学院学报》2004年第4期）等。

代表性课题：1.主持湖南省社会基金课题《湖南农村村庄建设与湖南农村城市化道路》（2000）；2.主持湖南省社会科学院规划课题《现代村镇建设与农村社会化服务》（2005）；3.主持湖南省社会科学院规划课题《提升湖南城市化质量的核心问题》（2006）等。

代表性奖项：1.合著著作《省域城镇化战略》获湖南省第九届社科优秀成果特别奖（2008）；2.合著著作《城郊经济学》获株洲市第二届社会科学成果一等奖（1994）等。

代表性学术荣誉：湖南省家庭教育研究会理事（2011）等。

谢建新

女，1955年生，湖南长沙人。1978年毕业于武汉大学。1984年由湖南省博物馆调入湖南省社会科学院工作。2008年晋升研究员。曾任科研组织处副处长、机关党委专职副书记。现任湖南省社科研究系列职改办副主任（正处级）、研究生教育与管理中心副主任。主要研究方向为管理学与妇女学。出版专著1部，编著1部，参著7部，发表论文30余篇。

代表性著作：1.独著《社科科研人才学》（沈阳

出版社，2000）；2.编著《我们的家园——湖南》（山东出版社，1997）；3.执行副主编《湖南农业现代化》（湖南出版社，2008）；4.合著《社会科学管理理论与实践》（湖北人民出版社，1993）4.参著《湖南女性教育发展研究》（中南大学出版社，2003）。

代表性论文：1.独著《把脉科研滞后根源破解成果提升困局》（《社会科学管理与评论》2008年3期）；2.独著《农村妇女劳动力流动与农村经济发展》（《求索》1997年第5期）；3.独著《谈女性教育与国民素质提高》（《湖湘论坛》2003年第5期）；4.独著《妇女要为贯彻“男女平等”国策作出更大的努力》（载《男女平等携手并进》，湖南出版社，2005）；5.独著《职称改革与湖南专业人才队伍发展思考》（载《迈向新世纪——湖南青年社会科学工作者的思考》，湖南人民出版社，1992）。

代表性课题：1.主持湖南省社科基金课题《社科科研人才学》（2000）；2.主持湖南省社科基金课题《欧盟落后地区开发对我国西部开发的启示》（2001）；3. 主持湖南省社科成果评审课题《贫困村妇女与非贫困村妇女发展同步》（1999）；4.主持省委宣传部委托课题子课题《湖南社科人才队伍建议》（2004）；5.副主持湖南省政府委托课题《湖南农业现代化研究》（2003）。

代表性奖项：1.独著《职称改革与湖南专业人才队伍发展思考》1998年获湖南省青年社会科学成果三等奖；2.独著《农村妇女劳动力流动与农村经济发展》获“全国农村改革与发展”学术论文三等奖(1997)；3.独著《挖掘本地人才资源，构筑“人才洼地”——谈长株潭技术产业人才资源开发》获“长株潭经济论坛”优秀论文二等奖(2002)。

代表性荣誉：1995年获第四次世界妇女大会中国组织委员会嘉奖；获省优秀党员/优秀党务工作者、思想政治工作十佳、宣传系统“三创一争”先进个人等。

谢瑾岚

女，1964年生，湖南邵东人。1985年于湖南农学院获学士学位，1996年毕业于中国社科院研究生院在职硕士研究生课程班。2008年晋升研究员。现任湖南省社会科学院区域社会经济系统工程研究所副所长。主要从事区域经济、产业经济和技术经济研究等。出版专著1部、合著16部，在省级以上报刊发表论文40多篇。

代表性著作：1. 独著《区域现代农业发展研究》（中国农业出版社，2008）； 2.合著《新农村建设中的产业发展研究》（中国农业出版社，2006）；3. 合著《“名牌战略与经济结构调整”（湖南人民出版社，2004）；4. 《湖南科技发展战略研究》（湖南科学技术出版社，2004）。

代表性论文：1. 独著《 我国合理有效利用稀土资源的战略对策》（《中国国情国力》2011年第1期）；2. 独著《区域中小企业技术创新测度模型及实证分析》（《科技进步与对策 》2010年第6期）；3. 独著《基于产业集群与科技园区互动的高新技术产业发展战略研究》（《科技和产业》2007年第11期）；4. 独著《城市边缘区耕地非农流转的驱动因素及保护对策》（《农业现代化研究》2005年第5期）；5. 独著《试论知识农业与21世纪中国农业发展》（《求索》2000年第4期，人大复印资料《农业经济》2000年第10期全文转载）。

代表性课题：1.主持湖南省软科学课题《高新区可持续发展专题调研.（2010）；2. 主持国家科技基础专项课题《湖南中小企业技术创新调查指标研究》（2008）；3. 主持湖南省社科基金课题《绿色食品生产补偿与区域农业可持续发展》（2007）；4. 主持湖南省社科基金课题《绿色食品供需瓶颈与缓解对策研究》（2004）； 5. 主持湖南省社科基金课题《加快湖南乡镇企业发展研究》（1998）。

代表性奖项：1.合著《新农村建设中的产业发展研究》获湖南省第十届社科优秀成果特别奖；2. 合著《湖南乡镇企业发展问题研究》获湖南省第八届社科优秀成果四等奖；3. 合著《湖南省1996—2010年名牌产品发展战略研究》获湖南省第五届社科优秀成果三等奖和湖南省首届社科基金项目优秀成果三等奖。

童中贤

1962年生，湖南汉寿人。2008年晋升为研究员。现任湖南省社科院社会学法学研究所和城市发展研究所所长。主要研究方向为领导科学、城市问题、区域发展等。出版著作17部，在省级以上报刊发表论文200多篇，主持各类课题20项。1998年领导科学界专门举办了“童中贤领导科学研究成果笔谈会”。

代表性著作：1.独著《领导大跨越——现代领导艺术的构思》（中国言实出版社，2008）；2.独著《超常规发展的领导艺术》（党建读物出版社，2000）；3.《领导的艺术》（重庆出版社，2007）；4.合著《长株潭城市群重构——两型社会视域中的城市群发展模式》（社会科学文献出版社，2008）；5.执行主编《中国中部地区发展报告（2008）——开创城市群时代》（社会科学文献出版社，2009）。

代表性论文：1.独著《论圆点领导》（《理论探讨》2003年第5期，人大复印报刊资料转载）；2.独著《领导力运行机制的理论分析》（《理论与改革》2003年第3期，人大复印报刊资料转载）；3.独著《我国中部地区城市群的空间整合》（《城市发展研究》2010年第8期）；4.独著《反腐败制度设计的基本原则新探》（《学习论坛》2001年第5期，人大复印报刊资料转载）；5.合著《湖南省城镇化发展战略报告》（2005，得到省委书记、省长、常务副省长批示）；6.独著《长株潭城市群发展战略新构想》（2005，得到省委领导批示）。

代表性课题： 1.主持国家社会科学基金课题《形成合理的城镇化空间格局与新城市群研究》（2007）；2.主持国家发改委咨询专题研究《中部地区城市群发展政策研究》（2007）；3.主持国家发改委咨询项目《武陵山经济协作区发展规划建议》（2009）；4.主持湖南省决策咨询项目《湘南地区开发开放规划》（2009）；5.主持湖南省决策咨询项目《湖南省湘西地区"十二五"发展规划》（2010）；6.主持长沙市"十二五"规划重大课题研究招标项目《长沙市"十二五"推进宜居城市重大问题研究》（2010）。

代表性奖项： 1.合著《省域城镇化战略》获湖南省社科优秀成果特别奖（2007）；2.合著《长株潭城市群重构》获湖南省省社科优秀成果三等奖（2009）；3.独著论文《论政策缝隙及其现实选择》获湖南省社科优秀成果优秀奖（1997）。

代表性学术荣誉： 全国领导科学研究优秀中青年学者（1998），湖南省新世纪121人才工程第三层次人选（2008），中国领导科学研究会理事、中国软科学研究会理事、湖南省领导科学学会副秘书长、湖南省行政管理学会学术委员会委员、湖南省城市科学研究会常务理事等。

向志柱

1970年生，湖南绥宁人。2007年在北京师范大学获文学博士学位。2009年晋升研究员。现任湖南省社科研究系列职改办公室主任、湖南省社会科学院年鉴编辑部主任。主要从事元明清文学及其文献、学术评价研究。发表独著文章50余篇，被《新华文摘》、《中国社会科学文摘》、人大复印资料三种主流文摘刊物转摘14篇次。

代表性著作： 1. 独立专著《胡文焕〈胡氏粹编〉研究》（中华书局，2008）；2. 独立点校本《稗家粹编》（繁体竖排，中华书局，2010）。

代表性论文： 1. 独著《〈牡丹亭〉蓝本问题考辨》（《文艺研究》2007年第3期；《新华文摘》2007年第11期论点摘登，人大复印资料《中国古代近代文学研究》2007年第7期全文转载）；2. 独著《新资料〈稗家粹编〉的研究价值》（《文学遗产》2007年第6期）；3. 独著《〈胡氏粹编〉的版本及价值》（《文献》2007年第4期）；4. 独著《古典文学引文的几个问题》（《光明日报》2004年2月25日；《新华文摘》2004年第10期和《中国社会科学文摘》2004年第5期论点摘编）；5. 独著《改革论文转载排名》（《光明日报》2004年5月27日；《中国社会科学文摘》2004年第4期全文转载，《中国学术年鉴2004》全文收录）。

代表性课题： 1. 主持国家社科基金项目"《稗家粹编》与中国古代小说研究"（2011）；2. 主持湖南省社科基金项目"《稗家粹编》与中国古代小说研究"（2007）；3. 主持湖南省社科基金项目"说话表演与话本研究"（2008）；4. 执笔湖南省作协委托课题"湖南文学三十年（1978—2008）专题研究"（2008）。

代表性奖项： 1.独立专著《胡文焕〈胡氏粹编〉研究》获湖南省社科优秀成果奖三等奖（2009）和湖南省优秀社科学术著作出版立项资助（2008）；2.学位论文《论"三言"的叙事模式》获湖南省优秀硕士学位论文奖（不分等级，2002）。

代表性学术荣誉： 湖南省新世纪121人才工程第三层次人选（2010）。

郭　勇

1974年生，湖南桃江人。1999年中共湖南省委党校经济管理研究生班毕业。2004年获经济学副教授资格，2009年晋升研究员。现任工业经济研究所所长。研究领域为产业经济学和发展经济学。近5年来，共主持、参与28项课题研究；发表论文50余篇；咨询报告获得中央及省委省政府主要领导批示13人次。

代表性著作： 独著《国际金融危机下的工业结构升级》（湖南人民出版社，2009）。

代表性论文： 1. 独著《论民营企业治理结构的创新》（《青海社会科学》2000年第2期，人大复印资料《乡镇企业、民营经济》2000年第5期全文转载；2.独著《经济发展：从二元结构到三元结构———对三元结构理论研究的一个综述性说明》（《湖湘论坛》2004年第3期，人大复印资料《社会主义经济理论与实践》2004年7期全文转载）；3.独著《加快城乡信息化步伐 推进城乡统筹发展进程》（《经济日报》2004年4月26日）；4.独著《中部六省规模工业发展的差异性及协调发展对策》（《中国情国力》2009年第6期，人大复印资料《产业经济》2009年第10期全文转载）； 5.独著《统筹管理：提升科技创新能力》（《光明日报》2011年3月4日）等。

代表性课题： 1.主持国家社科基金规划课题《农村公共产品供给研究》（2006）；2.主持工业和信

息化部政策研究软科学课题《国际金融危机下新型工业化道路研究》（2010）；3.主持省新型工业化领导小组重大委托课题《促进湖南战略性新兴产业发展战略研究》（2009）；4.主持省新型工业化领导小组重大委托课题《促进湖南消费品工业发展战略研究》（2009）；5.主持省社科基金重大委托课题《促进湖南战略性新兴产业集群发展的政策研究》（2010）等。

代表性奖项：合著论文《论制度创新与欠发达县域经济跨越式发展》获湖南省社科优秀成果三等奖（2004）等。

代表性学术荣誉：湖南省新世纪121人才工程第三层次人选（2010）、中国企业管理研究会常务理事、湖南省青年系统工程研究会副会长，湖南省“十大杰出经济人物”评选委员会委员、湖南省新型工业化“十大领军人物”评选委员会委员等。

唐光斌

1962年生，湖南辰溪人。2004年在湖南师范大学（伦理学专业）获得哲学硕士学位。2009年晋升研究员。现任哲学研究所副所长、湖南省中国特色社会主义理论体系研究中心办公室主任等。主要研究哲学伦理学。出版著作15部，在省级以上报刊发表论文100多篇。

代表性著作：1.独著《传统与现代的抉择——科学发展观对中国传统文化的继承与创新研究》（湖南人民出版社，2009）；2.合著《执政理国——当代中国共产党人的和谐智慧》（湖南人民出版社，2010）；3.参著《和谐中国》（湖南人民出版社，2007）；4.参著《当代中国共产党人的行动哲学》（红旗出版社，2007）；5.参著《当代中国共产党人的忧患意识》（红旗出版社，2009）等。

代表性论文：1.独著《试论科学发展观与构建和谐社会的同源哲学基础》（《哲学与和谐社会构建》，湖南人民出版社，2008）；2.独著《坚持科学教育发展观，开拓中国民办高等教育新视野》（《美中教育评论》2004年第12期）；3.独著《新时期中国民办高等教育责任异化问题探究》《中国高等教育研究杂志》2004年第11期）；4.独著《先秦诸子经济哲学之本末论》（《贵州财经学院学报》2005年第5期）；5.独著《周易天行健发展思想探微》（《求索》2009年第7期）等。

代表性课题：1.主持国家社科基金课题委托课题子课题《道教道德生活史》（2005）；2.主持湖南省社科基金课题《科学发展观对中国传统文化的继承与创新研究》（2008）；3.主持湖南省社科成果评审委员会课题《科学发展观与构建和谐社会的同源哲学基础研究》（2008）等。

代表性奖项：1.独立专著《传统与现代的抉择——科学发展观对中国传统文化的继承与创新研究》获湖南省优秀社科学术著作出版资助（2009）；2.独著论文《试论科学发展观与构建和谐社会的同源哲学基础》获全国社科系统优秀论文一等奖（2007）等。

黄　海

1976年生，湖南平江人。2008年于华中科技大学获得社会学博士学位，2009年晋升研究员。现任政治与公共管理研究所副所长、湖南县域发展研究中心办公室主任。主要从事青年研究、农村社会学和政治社会学研究等。出版专著3部，参著18部，在省级以上报刊发表论文50多篇。

代表性著作：1.独著《灰地——红镇“混混”研究（1981—2007）》（三联书店，2010）；2.独著《“灰人”——德村街角研究》（中央文献出版社，2009）；3.独著《走入街角青年——来自一个城市边缘群体的表达》（远方出版社，2004）。

代表性论文：1.独著《让幸福与经济同步增长》（《人民日报》海外版2010年12月3日）；2.独著《乡村“混混”的生存土壤——对湘北H镇农村不良青年的考察》（《青年研究》2008年第11期）；3.独著《徘徊在边缘：都市“洗脚妹”的生态特征与社会流动》（《青年研究》2009年第6期）；4.独著《解读街角青年：一个亚犯罪青少年群体的前期生态调查与分析》（人大复印资料《青少年导刊》2006年第1期全文转载）；5.独著《解析街角灰色社会：以湖南长沙某区“街角DY帮派”为分析对象》（人大复印资料《青少年导刊》2006年第5期全文转载）。

代表性课题：1.主持国家社科基金课题《社会变迁中的青少年问题研究——对街角青少年的审视》（2005，结项鉴定“优秀”）；2.主持湖南省社科基金课题《乡村混混与乡村社会灰色化研究》（2008）；3.主持湖南省社科成果评审委员会课题《湖南新农村建设中的社区自助与文化重建研究》（2006—2007）；4.主持湖南省社科基金课题《社区建设与街角青少年转化机制研究》（2004）；5.主持共青团中央重点立项课题《街角青年与社区青年工作研究》（2002—2003）。

代表性奖项：1.博士论文《当代乡村社会中的越轨行为与社会秩序》获华中科技大学优秀博士论文（2008）；2.合著论文《德国煤矿安全生产管理的经验借鉴及启示》获民政部国家减灾中心和解放军军事科学院军队建设研究部三等奖。

代表性学术荣誉：湖南省新世纪121人才工程第三层次人选（2010）。

邓秀华

女，1969年生，湖南邵阳人。2002年毕业于中共湖南省委党校法理学专业研究生班。2010年晋升为研究员。曾任人才学研究所副所长。主要从事农民工问题、法社会学和政治社会学研究等。出版专著1部，参著10余部，在省级以上报刊发表论文60多篇。

代表性著作：1.独著《和谐社会构建中的农民工政治参与问题研究》（湖南人民出版社，2009）；2.参著《农民关注的拾大问题——湖南农民调查报告》（湖南人民出版社，2005）；3. 参著《湖南经济社会发展报告》（湖南人民出版社，2008）等。

代表性论文：1.独著《长沙、广州两市农民工政治参与问卷分析》（《政治学研究》，人大复印资料《中国政治》2009年第8期全文转载）；2.独著《农民工政治参与模式变迁及实现路径选择》（《求索》2007年第2期，人大复印资料《政治理论》2007年第2期转载）；3.独著《自治背景下流动农民的政治参与》（《湖南公安高等专科学校学报》2005年第1期，《高等学校文科学术文摘》2005年第3期观点摘要）；4.独著《金融危机中农民工困境及促进其就业的思路》（《中国人才》2009年第4期）；5.独著《扩大农民工政治参与的社区支持》（《东南学术》2010年第6期）。

代表性课题：1.主持国家社科基金课题《构建和谐社会与农民工政治参与问题研究》（2005）；2.主持湖南省社科基金课题《湖南农民工政治参与权益保障问题研究》（2003）；3.主持湖南省社科成果评审委员会课题《湖南农民工劳动权利保护问题研究》（2004）；4.主持湖南省软科学研究项目《湖南农民工问题与城市和谐社区建设研究》（2008年）；5.主持湖南省社科基金课题《农民工背景下的城市和谐社区建设之实证研究》（2009）。

代表性奖项：1.调查报告《乡镇部门事业单位的现实困境及改革思考——对隆回县乡镇事业站所的调查》获“中国农村发展论坛”全国学术研讨会一等奖（2010）；2.论文《优法法治环境，保障湖南非公有制经济发展的合法权益》获十三省、市自治区法学会经济法学术研讨会一等奖（2006）。

代表性学术荣誉：湖南省社会学学会常务理事(2006)。

在职具有博士学位的副高职称专业技术人员简介

说明：以获得博士学位时间为序，若同年获得学位，则以晋升副研究员职称时间以及出生年月为序；材料系本人提供；由于诸多原因，个别未列入。

刘 敏

女，1975年生，湖南邵东县人。2007年9月在西南财经大学获得消费经济学博士学位。2005年晋升副研究员。现任湖南省社科院财经所市场与消费研究室主任、长沙市开福区人大代表兼人大常委会委员。主要研究消费经济学、产业经济学。出版专著1本，参编著作6本。在省级以上刊物发表论文40余篇。

代表性著作：独著《当代中国居民消费方式变革的理论与实践研究》（线装书局，2011）。

代表性论文：1.独著《论和谐消费》（《宁夏党校学报》2005年第1期）；2.独著《论消费方式变革中文化因素的选择性激励机制》（《消费经济》2008年第1期）；3.独著《低碳经济背景下构建湖南低碳消费生活方式研究》（《消费经济》2009年第5期）；4.独著《扩内需战略背景下消费需求的帕累托改进问题研究》（《求索》2011年第8期）。

代表性课题：1.独立主持湖南省社科基金课题《低碳经济背景下构建湖南居民低碳消费生活方式研究》（2009）；2.独立主持湖南省软科学项目《构建湖南低碳消费模式的体制机制研究》（2010）。

代表性奖励：获全省"五个一"工程一等奖论文1项，获省部级三等奖以上的著作和论文2项，获全国性研讨会论文三等奖以上论文3项。

傅秋涛

1963年生，湖南娄底人。2008年在武汉大学获得哲学博士学位。2009年晋升副研究员。现任哲学研究所室主任。主要研究中国传统思想、美学等。

代表性著作：《李卓吾传》（湖南人民出版社，2007）。

代表性论文：1.独著《略论王阳明对传统儒学的批判及其意义》（《湖南社会科学》2010年第1期）；2.独著《心学对颜子的诠释及其意义》（《湖南科技学院学报》2010年第1期）；3.独著《略论良知学说反理性启蒙的诗性路向》（《中国越学》第二辑）；4.独著《试论王船山与李卓吾哲学观之异同》（《船山学刊》2010年第3期）等。

周建刚

1971年生，江苏苏州人。2008年在苏州大学获得哲学博士学位。2009年晋升副研究员。现任哲学研究所中国哲学史研究室主任。主要研究中国哲学、宗教学。出版著作1部，在省级以上报刊发表论文20多篇。

代表性著作：独著《周敦颐研究著作述要》（湖南大学出版社，2009；《光明日报》专题评介）。

代表性论文：1.独著《章学诚的诠释学思想特征》（《哲学研究》2009年第4期）；2.独著《构建虞舜文化研究的古文献宝库》（《光明日报》2009年5月20日）；3.独著《宋代新符箓道教对梅山教之影响》（《中国社会科学报》2010年11月30日）；4.独著《经典诠释与信仰世界》（《世界宗教文化》2010年第6期）。

代表性课题：1.主持湖南省社科基金规划课题《章学诚的文本诠释思想研究》（2009）；2.主持湖南省社科基金规划课题《周敦颐研究著作述要》（2010）。

吴正锋

1970年生，湖南保靖人。2010年在湖南师范大学文学院获得文学博士学位。2008年晋升副研究员。现任文学研究所中国现当代文学及文艺理论研究室主任。在省级以上报刊发表论文17篇，主要从事中国现当代文学研究。

代表性著作：合著（第一作者）《孙健忠评传》（湖南文艺出版社，2008）。

代表性论文：1.独著《孙健忠：土家族文人文学的奠基者》（《文学评论》2008年第4期）；2.独著《论沈从文对湘西民族命运的思考》（《民族文学研究》2006年第3期）；3.独著《论后期沈从文创作

艺术的现代追求》（《求索》2005年第3期）；4.独著《论沈从文与存在主义的关系》（《中国文学研究》2007年第3期）；5.独著《生命的探寻》（《理论与创作》2004年第3期）。

代表性课题：1.主持省社科基金课题《沈从文创作的艺术价值研究》（2009）；2.参与国家社科基金规划课题《沈从文创作的思想价值研究》。

代表性奖项：著作丛书《湖南当代作家评传》获得湖南省第十届社科优秀成果二等奖（排名第四，2009）。

常　伟

1974年生，安徽砀山人。2010年在中国人民大学获得博士学位。2010年晋升副研究员。主要从事农业经济学和发展经济学研究，发表独著论文40余篇，主持课题2项，获得各类奖励6项。

代表性论文：1.《废除农业税与农村公共产品的提供》（《新视点》2007年第2期，《体制改革》2007年第9期转载）；2.《公共选择视角下的集体行动效率及其制度含义》（《经济理论与经济管理》2008年第6期，《理论经济学》2008年第9期全文复印）；3.《“一事一议”为何寸步难行？》（《调研世界》2008年第7期）；4.《农村土地基本制度的形成与演化》（《调研世界》2009年第10期）。

代表性课题：1.参与国家社科基金重大项目《城市化进程中的农民工问题》（2007）；2.参与国家社科基金重大项目《加强农业基础地位和确保国家粮食安全战略研究》(2010)；3.参与国家社科基金重点项目《中国现代化进程中农村基本经营制度稳定和完善研究》（2009）；4.主持湖南省社会科学基金项目《湖南省农产品价格波动机制研究》（2010）。

代表性奖励：1.中国人民大学光华奖学金（2009）；2.中国人民大学科研创新奖学金（2009）。

李　斌

女，1975年生，湖南道县人。2011年6月在湖南师范大学获得历史学博士学位。2006年晋升副研究员。现任图书馆副馆长。主要研究中国近现代史及湖湘文化。出版专著1部，合著6部，参著7部。在省级以上刊物发表专业论文40多篇。

代表性著作：独著《废约运动与民国政治（1919—1931）》（湖南人民出版社，2011）。

代表性论文：1.独著《中共废约与马克思主义中国化》（《中共党史研究》2011年第7期）；2.独著《关于国民政府“国际承认”问题的探讨》（《求索》2009年第9期）；3.独著《试析北洋政府修约外交的特点》（《安徽史学》2002年第1期）；4.独著《废约与十月革命道路的选择——兼论苏俄对华宣言的影响》（《湖南社会科学》2007年第6期）。

代表性课题：主持湖南省社科基金课题《中西对峙下的湘绅研究》（2004）；独立主持湖南省社科基金课题《近代湖南国货运动研究》（2007）；主持国家清史工程项目《湘军》子课题第十三卷《日记》（2010）。

代表性奖项：学位论文《试析北洋政府的修约外交》获“湖南省优秀硕士学位论文奖”（2002）。

杨　畅

1981年生，湖南长沙人。2011年在湘潭大学获得管理学博士学位。2010年晋升副研究员。现任科研开发处综合办主任。主要社会兼职：湖南省领导科学学会理事、湖南省行政管理学会理事、湘潭大学硕士生导师。主要研究政府绩效评估、政府公信力、公共管理等。主持国家社科基金项目1项，主持省部级科研项目6项，参与科研项目20余项；发表论文30余篇。

代表性著作：合著第二作者《中国生态安全：预警与风险防范机制》（红旗出版社，2009）。

代表性论文：1.《绩效提升视角的当代中国政府公信力评估实施方略》（《湖南师范大学学报》2011年第3期）；2.《政府绩效评估与当代中国政府公信力建设的价值与逻辑契合》（《伦理学研究》2011年第2期）；3.《基于信息非对称的政府信用流失和行政成本研究》（人大复印资料《公共行政》2006年第6期全文转载）等。

代表性课题：1.主持国家社科基金项目《绩效管理视角下的当代中国政府公信力研究》（2010）；2.主持湖南省社科基金项目《从失范到绩效规制：当代中国政府公信力提升困境及其塑造策略》（2008）等。

代表性奖项：《政府绩效评估与当代中国政府公信力建设的价值与逻辑契合》获湖南省社会科学界首届学术年会优秀论文（2011）。

获得国务院政府特殊津贴专家的离退休人员简介

说明：不含调离社科院和已逝世人员；材料系本人提供；由于诸多原因，个别未列入。

王 驰

1926年生，河北馆陶人。1940年参加革命工作，1949年南下入湘。曾任中共湖南省委党校副校长、省委理论领导小组成员、理论研究小组副组长、写作小组组长、省委宣传部第一副部长兼《新湘评论》编辑部主任、省社科院院长兼省社科联主席，并任省革委会委员、省人大常委。1986年晋升研究员。1996年离休。现任湖南省关心下一代工作委员会副主任、湖湘文化交流协会名誉会长。主要研究方向为社会主义精神文明学。出版著作19部，在报刊上发表文章180余篇。

代表性著作：1.独著《社会主义精神文明十论》（湖南人民出版社，1983年第1版、1986年再版）；2.主编《社会主义精神文明学概论》（湖南人民出版社，1988）；3.独著《论改革大潮中的精神文明建设》（湖南出版社，1993）；4.独著《文学艺术与精神文明建设》（湖南文艺出版社，1990）；5.主编《湖湘文化大观》（岳麓书社，2003）；6.独著《留在心里的歌》（银河出版[香港]有限公司，2006）。

代表性论文/调研报告：1.独著《建设社会主义强国的一个重要课题——谈谈建设高度的社会主义精神文明》（《新湘评论》1980年第3期）；2.独著《论社会主义精神文明学的实在性及其价值》（《求索》1986年第5期、红旗《内部文稿》1987年第1期）；3.独著《发展文艺创作建设精神文明》（《求索》1982年第6期）；4.独著《把马克思主义理论建设推向前进》（《邓小平理论研究文库》第五卷，中共中央党校出版社1997）；5.《关于我省青少年犯罪情况的调查报告》（2001年11月，报省委省政府，受到肯定）。

代表性课题：1. 指导国家科委、省科委下达试点研究的《湘潭市社会主义精神文明建设总体规划》（结题鉴定为“国内首创”、“具有重大指导意义”、“具有示范作用”，1989）；2.指导省科委下达的《韶山市双文明建设系统工程研究》（结题鉴定为“有重要的学术价值”、“具有示范作用”，1993）；3.省关心下一代工作委员会研究项目《青少年问题研究》（在研）。

代表性奖项：1.《社会主义精神文明学概论》获社科院建院10周年优秀科研成果一等奖（1993）；2.《机关党组织与机关精神文明建设》获中共湖南省直工委优秀论文一等奖（1991）；3.《把社会主义精神文明建设提高到新水平》获中央人民广播电台、人民日报、《毛泽东思想理论与实践》杂志社主办的“纪念毛泽东同志诞辰一百周年优秀论文一等奖”（1993）；4.获省关心下一代优秀工作者奖（2000）、省青少年法制宣传教育工作先进个人奖（2002）、育苗奖（2003）、绿叶奖（2008）。

代表性学术荣誉：国务院政府特殊津贴专家（1993）；湖南省荣誉社会科学专家（1998）；抗日战争胜利60周年纪念章（中共中央、国务院、中央军委颁发，2005）。

张 萍

1928年生，河北藁城人。1949年结业于华北大学（中国人民大学前身）。1987年晋升研究员。曾任湖南省社会科学院副院长。1993年离休。现任湖南省长株潭城市群研究会会长、湖南省“两型社会”建设研究中心主任等。主要研究宏观经济、市场经济、区域经济等。出版著作18部，在省级以上报刊发表论文200多篇。

代表性著作：1.独著《张萍选集》（光明日报出版社，2005）；2.主编《城市经济区学》（改革出版社，1990）；3.主编《省际经济关系发展战略研究》（知识出版社，1993）；4.主编《长株潭经济一体化推进方式创新》（中央文献出版社，2007）；5.主编《长株潭城市群发展报告》（2008、2009、2010卷）（社科文献出版社）等。

代表性论文：1.独著《中国从计划经济到市场经济改革的特点、规律性和发展阶段》（《人民日报•内部参阅》1994年第1期，《求索》1994年第1期，《新华文摘》1994年第5期转摘）；2.独著《略论社会主义商品流通的作用》（《光明日报》1980年8月29日）；3.独著《论计划机制与市场机制的转型和结合》（《求索》1991年第2期）；4.独著《论实现计划与市场有机结合的基础和途径》（《经济研究》1991年第8期）；5.独著《宏观经济的分层调控与区域市场》（《经济研究》1989年第8期）等。

代表性调研报告：1.独著《关于建立长株潭经济区的方案》（1984，进入省委省政府决策和成为国家级改革试验区）；2.独著《关于推进湘粤港经济合作若干建议的报告》（1990，被省委省政府采纳）；3.独著《湖南省西线开发战略与布局研究的工作总结报告》（1992，进入省委政府宏观决策）；4.独著《长株潭“两型社会”建设全面启动突出低碳科学跨越思考与建议的报告》（2009，得到省委书记张春贤肯定性批示）；5.独著《关于转变经济发展方式、走绿色低碳道路加快“两型社会”建设的建议》（2010，得到省委书记周强肯定性批示）等。

代表性课题：1.主持国家“七五”社科规划课题“省际经济关系发展战略研究”；2.主持国家“八五”社科规划课题“湘鄂川黔桂省际边境区域开发研究”；3.主持湖南省社科基金课题“长株潭产业集群园区建设与区域国际竞争研究”（2003）等。

代表性奖项：1.“因负责《长株潭区域经济研究》的研究”在全省理论文艺出版工作授奖大会上获奖（1982，省委省政府）；2.合著论文《正确处理湘粤经济发展关系的调研报告》获湖南省首届社科基金课题研究优秀成果一等奖（2002）；3.合著《湖南西线开发战略与布局研究》获湖南省哲学社科优秀成果二等奖（1995）等；4.独著论文《论社会主义初级阶段的区域共同市场》获“纪念党的十一届三中全会十周年理论讨论会入选论文奖”（1988，中宣部等）。

代表性学术荣誉：国务院政府特殊津贴专家（1992）、湖南省优秀理论工作者（1993），湖南省荣誉社会科学专家（1998），湖南省十大杰出经济人物特别贡献奖（2006）、“改革开放30年湖南杰出贡献人物”（2008）、“文化强省建设有突出贡献先进个人”（2009）等。

刘仕清

1941年生，湖南衡阳人。1966年毕业于中国人民大学，所学专业政治经济学。曾任《学习导报》总编辑、湖南省社科院副院长。1990年晋升编审，1994年转评研究员。主持国家级课题1项、省级课题18项，发表文章200多篇，主编主著著作6部，合作主编著作9部，获国家级与省级奖21项。

代表性著作：1.主编《邓小平理论与湖南改革开放实践研究——20年回顾与前瞻》（湖南大学出版社，1998）；2.主编《人类永恒的主题——可持续发展研究》（湖南人民出版社，1999）；3.主编《新湖南50年研究》（湖南人民出版社，1999）；4.主编《永恒的生命线——中国共产党80年思想政治工作的回眸与前瞻》（湖南大学出版社，2001；省委宣传部党教处作为培训班教材）。

代表性论文：1.独著《可持续发展的革命变革、本质特征及其误区》（《求索》1997年第6期，入选《97’湖南省优秀理论文章集》、《湖南新时期社会科学优秀成果荟萃》）；2.独著《论新时期的艰苦奋斗》（载《学习导报》1986年第3期，《红旗》1986年第17期摘登）；3.合著《八亩山地做文章综合开发奔小康——怀化山区综合开发与改革试验的调查》（《学习导报》1996年第11期）；4.独著《给节约型社会画个像——论节约型社会的基本特征及其悖区》（《学习导报》2006年第7、8、9期连载）；5.独著《论鼓励部分地区和部分人先富起来与两极分化的界线》（载《求索》1994年第6期，《新华文摘》1995年第3期全文转载）。

代表性奖项：1.独著《论鼓励部分地区和部分人先富起来与两极分化的界线》获1994年度湖南省精神文明建设“五个一”工程优秀文章奖、湖南省第三届社会科学优秀成果二等奖；2.独著《永恒的“生命线”——试论“生命线”的理论依据与实践价值》获2000年湖南省精神文明建设“五个一”工程优秀文章奖；3.主编《邓小平理论与湖南改革开放实践研究——20年回顾与前瞻》获湖南省精神文明建设“五个一”工程优秀图书二等奖、省首届国家社科基金课题优秀图书二等奖；4.合著论文《穷乡僻壤的自强之路——湖南12个偏僻村脱贫致富的启示》获全国精神文明建设“五个一”工程入选作品奖和湖南省第六届社会科学优秀成果一等奖、湖南省社科基金课题优秀成果一等奖；5.合著《湖南国有困难企业出路对策研究》获湖南省第四届社会科学优秀成果二等奖、湖南省首届社科基金课题优秀成果二等奖。

代表性学术荣誉：国务院政府特殊津贴专家（1997）、湖南省优秀社会科学专家（2003）等。

胡光凡

1931年生，湖南益阳人。1949年参加党的新闻工作，1978年到湖南省社会科学院从事文学研究。曾任文学所首任所长。1992年晋升研究员。1995年离休。现任湖南省湖湘文化交流协会学术顾问、中国作家协会会员。长期从事文艺理论批评和中国现当代文学研究，重点研究周立波。历年出版、发表论著共400多万字，包括专著（含合著）8部，论文、评论等300多篇。此外，主编、合编文学论文集、资料集、鉴赏辞典等12部。

代表性著作：1.独著《周立波评传》（湖南文艺出版社，1986）；2.独著《中国现代作家评传•周立波》（山东教育出版社，1989）；3.《中国佛像巡礼》（二人合著，排第一，湖南出版社，1996）；4.独著《当代湖南文艺评论家选集•胡光凡卷》（湖南文艺出版社，1999）；5.合著《湖湘文化大观》（副主编，岳麓书社，2003）等。

代表性论文：1.独著《革命现实主义的烂漫山花——周立波农村题材短篇小说的艺术风格》（《文学评论》1981年第4期，人大复印资料全文转载）；2.独著《写出色彩来，写出情调来——评古华小说创作的艺术特色》（《文学评论》1982年第5期，人大复印资料全文转载）；3.独著《“雅俗共赏”辩》（《求索》1989年第2期）；4.独著《解放区作家和外国文学》（《延安文艺研究》1990年第1期，人大复印资料全文转载）；5.独著《再现历史本质的真实——兼论刘和平的历史剧创作观》（《理论与创作》2007年第3期）等。

代表性课题：中国社会科学院全国文学学科1978—1985年度研究规划重点课题——周立波研究（课题负责人）等。

代表性奖项：1.论文《革命现实主义的烂漫山花》获湖南省首届文艺创作奖中的理论奖（1981）；2.专著《周立波评传》获湖南省首届社科优秀成果二等奖（1992）、中国当代文学研究会第二届优秀成果表彰奖（1988）、中国解放区文学研究会首届优秀研究专著奖（1989）、中国新文学学会“云冈杯”文学奖（1992）；3.论文《解放区作家和外国文学》获湖南省第二届社科成果优秀奖（1994）；4.主编《中国解放区文学研究资料丛书•湖南卷》获第二届中国解放区文学研究优秀成果二等奖；5.参著《当代中国的马克思主义》获湖南省第三届社科优秀成果二等奖和湖南省“五个一”工程优秀作品奖（1995）；6.论文《把握中国先进文化的前进方向必须坚持以马克思主义为指导》获湖南省学习江泽民重要论述理论研讨会优秀论文一等奖（2000）等。

代表性学术荣誉：国务院政府特殊津贴专家（1992）；中国文学艺术界联合会颁发“从事新中国文艺工作60年”荣誉证书（2009）。

王兴国

1937年生，湖南株洲人。1961年毕业于中国人民大学哲学系。1992年晋升研究员。曾任哲学研究所所长和《船山学报》主编。现任船山学社社长、国际儒学联合会顾问、中国实学学会理事、中国近现代哲学史学会常务理事，湖湘文化研究会常务副会长、湖南省书院研究会副会长，湖南省孔子研究会副会长，湖南省谭嗣同研究会副会长，湖南省舜文化研究会副会长，湖南道教文化研究中心副主任等职。长期从事中国思想史和湖湘文化研究，出版专著和著作20余种，发表论文200余篇，并获得多种奖励。

代表性著作：1. 独著《郭嵩焘评传》（南京大学出版社，1998）；2. 独著《贾谊评传》（南京大学出版社，1992）；；3.独著《实事求是论——马克思主义“实事求是”命题与中国传统文化》（湖南人民出版社，1998）；4. 独著《毛泽东与佛教》（中国书籍出版社，1996；中共党史出版社2009）；5.合著《青年毛泽东的思想轨迹》（湖南人民出版社，1993）。

代表性论文：1.《近代湖湘伦理思想的变迁》（《伦理学研究》2011年第2期）；2.《湖湘哲学发展的四个阶段及主要特点》（《湘潭大学学报(哲学社会科学版)》2008年第3期）；3.《船山学研究四十年之回顾》（《船山学刊》2002第4期）；4.《湖湘文化与湖南现代化》》（《求索》1997年第3期）；5.《青年毛泽东与黄兴》（《毛泽东思想研究》1995年第1期）。

代表性课题：1.主持国家社会科学基金项目《毛泽东早期哲学思想研究》（1987）；2.主持国家社会科学基金项目《马克思主义“实事求是”命题与中国传统文化》（1997）；3.主持湖南省社科基金项目《郭嵩焘评传》（1997）；4.合作主持湖南省社科基金项目《当代中国的马克思主义——邓小平建设有中国特色社会主义理论研究》（1994）；5.合作主持湖南省社科基金项目《在邓小平理论的伟大旗帜下——中国共产党第三代领导集体对邓小平理论的坚持和发展》（1999）。

代表性奖项：1.独著《郭嵩焘评传》获湖南省社科优秀成果一等奖（1999）；2.独著《贾谊评传》获湖南省社科优秀成果二等奖（1994）；3.独著《实事求是论——马克思主义“实事求是”命题与中国传统文化》获湖南省“五个一”工程奖、湖南省社科优秀成果二等奖（1998）；4.主编《湖湘文化纵横谈》获湖南省“五个一工程”奖（1996）；5.合著《当代中国的马克思主义——邓小平建设有中国特色社会主义理论研究》获湖南省“五个一”工程奖，湖南省第三届社科优秀成果二等奖（1994）等。

代表性学术荣誉：国务院政府特殊津贴专家（1993），湖南省文史研究馆馆员（2010）。

湖南省社科院
相关专业技术人员名录

1. 湖南省社科院获得省级以上学术性荣誉称号的专业技术人员及其时间

国家级有突出贡献的中青年专家：何光岳（1986）

国务院政府特殊津贴专家：何光岳、胡潇、向元望、胡梅魁、胡光凡、张萍（1992）；
王　驰、王兴国（1993）；刘仕清（1997）；陈书良（1998）；沈其新（2000）；方向新（2002）；
朱有志、乌东峰（2004）；胡良桂（2006）；贺培育（2008）；万里、胡跃福（2010）

湖南省优秀专家：乌东峰（2009）

湖南省优秀社会科学荣誉专家：张萍（2004）

湖南省优秀社会科学专家：刘仕清（2004）；乌东峰（2008）；朱有志（2010）

湖南省优秀中青年社会科学专家：方向新、陆远如（2001）

湖南省宣传文化系统“五个一批”人才人选：方向新、罗波阳、贺培育、刘云波（2005）；
胡跃福、肖耀球（2008）

湖南省跨世纪人才工程第二层次人选：罗波阳、史永铭（1998）；肖毅敏（1999）

湖南省新世纪社科研究人才“百人工程”培养对象：刘云波、黄启昌、欧阳雪梅（2002）

湖南省新世纪121人才工程第二层次人选：贺培育（2007）；

湖南省新世纪121人才工程第三层次人选：童中贤（2007）；谢晶仁、郭勇、黄海、向志柱（2010）

2. 湖南省社科院历年获得正高职称人员（截至2010年年底，排名不分先后）

1986年：王驰、邓潭洲；

1987年：张萍；

1988年：陆魁宏、何鹄志；

1992年：胡光凡、伍新福、王兴国、胡潇、张胜祖、王少哲；

1993年：刘泱泱、向元望；

1994年：禹舜、李吉、刘仕清、李华盛（编审）；

1995年：王康乐、王新坚、肖栋梁、李明生、张世珊、胡慧颖、何光岳、何畏；

1996年：吴兴勇、陈书良、吕芳文、卢汉桥；

1997年：沈其新、万里、方向新、罗文华、朱有志（教授）；

1998年：赵志凡、徐荪铭、唐伯固；

1999年：王晓天、彭新沙、史永铭、肖毅敏；

2000年：罗波阳、胡良桂、刘心语、陆远如、郑洁（编审）；

2001年：刘云波、贺培育、黄启昌、王翊、吴康；

2002年：乌东峰、欧阳雪梅、刘助仁、肖耀球、余应彬；

2003年：唐日新、廖承良、汪金敖、王亮；

2004年：邹智贤、史南飞、任理德、岑生平；

2005年：张铁夫、尹向东、毛炳汉、王国宇；

2006年：胡跃福、王自立、刘焕新；

2007年：胡艳辉、周亚平、秦国文、谢晶莹、陈文胜；

2008年：余小平、刘新荣、谢建新、谢瑾岚、童中贤；

2009年：黄海、向志柱、郭勇、唐光斌；

2010年：周小毛、邓秀华

注：未标明者均为研究员，1989—1991年停评。

3. 湖南省社科院在职具有副高职称人员（截至2010年年底，排名不分先后）

副研究员：王毅、何文辉、彭崇伟、杨盛海、陆源辉、邢亚莉、韩未名、林志红、潘小刚、刘敏、李海燕、郑小鸣、湛中维、戚祖良、李斌、李铁明、张小舟、陈军（挂职）、周少华、伍新林、宋本江、郭钦、刘险峰、卓今、马美英、马纯红、张其贵、吴正锋、陆福兴、刘黎辉、王文强、周海燕、张黎、张江洪、马贵舫、周建刚、傅秋涛、杨畅、李晖、常伟

副研究馆员：李果仁、周晚香、汪晓燕、陈靖华、刘涛、肖喜雨、王唯、陈君武、卢刚、饶红艳、饶爱民、曹晓霞

副编审：章克团、盛小鸥、孔强

高级政工师：张宜湘、刘红林

4. 湖南省社科院在职具有博士学位的专业技术人员（截至2010年年底，排名不分先后）

朱有志、乌东峰、向志柱、刘敏、黄海、何文辉、李铁明、吴正锋、周建刚、傅秋涛、马延炜、黄虎、王安中、吴志国、傅异星、邓平、常伟、曲婷、杨顺顺、胡守勇、宋春艳

5. 湖南省社科院在职攻读博士学位的专业技术人员（截至2010年年底，排名不分先后）

周小毛、罗波阳、刘云波、尹向东、李斌、陈军（挂职）、杨畅、马骏、蒋俊毅、肖卫、罗黎平、张胜军、范东君、邓子纲

重要成果 08

HUNAN ACADEMY OF SOCIAL SCIENCES YEARBOOK

重要著作

重要论文

获得批示和作为文件下发的调研报告

重要课题

湖南省社科院2010年度纵向课题立项一览表

重要著作

湖南在当代中国的战略地位

朱有志、贺培育、潘小刚等
专　著　150千字
湖南人民出版社　2010年1月

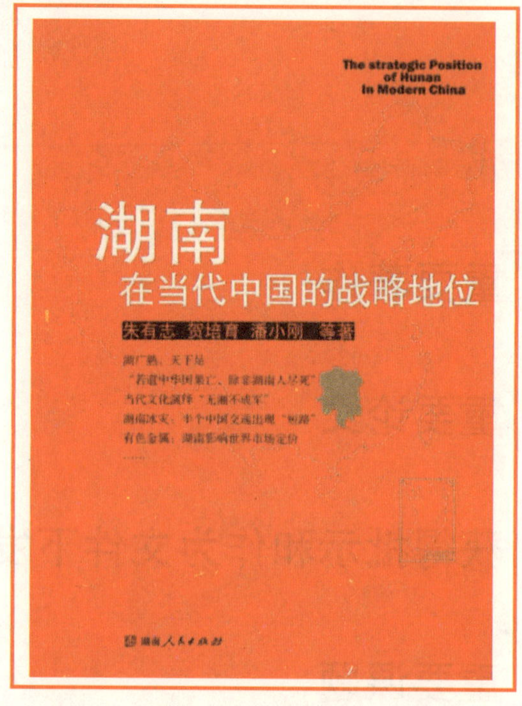

本书选题最初由朱有志院长提出，后经请示周强书记（时任省长），两次得到周强书记的批示。本书旨在展示湖南、宣传湖南、推介湖南，全面反映湖南在全国具有战略地位的优势所在，希望形成一本省内感召人、省外说服人、国际影响人、学者随身带、群众乐于看、领导用得上的图文并茂的科研力作。本书共分八个部分，即：辉耀当代的历史、独具特色的区位、得天独厚的资源、举足轻重的科教、传颂千年的农业、强势崛起的工业、引领潮流的文化和前景可期的辉煌，主要从三个方面对湖南在当代中国的战略地位进行了阐述：一是从历史人文的角度科学地诠释了湖南在全国的地位。湖南的历史文化具有深远的影响力，这种影响力至今已被更多来自理论学术界以外的各界人士所认同，企业家视之为资源，老百姓视之为财富。这种相对于其他省份不可多得的历史文化资源，正在日益成为富民强省战略的重要支撑。二是从区位和资源的角度实事求是地找准了湖南在全国的地位。湖南承东接西、呼南应北，既是我国多重过渡地带之间的接合部，又是多个经济地带和板块之间的重要节点。与此相关联，在周边各大经济区域和经济带的辐射作用的交互影响下，叠加湖南而产生的放大效应以及中转传输效应十分显著。而湖南得天独厚的有色金属矿产和非金属矿产资源，近年异军突起的旅游资源，成为湖南超越发展的坚实基础。三是从当代所取得辉煌实绩的角度客观准确地阐明了湖南在当代中国的地位。改革开放30多年的快速发展，推动湖南迈入中部经济强省的行列。尤其难得的是，在经济发展最困难的2009年，面对严峻复杂的经济形势，全省取得了显著成绩，湖南的经济总量进入全国前10名，增长速度列入全国前10位以内。这一系列辉煌成就的取得，得力于“一化三基”战略，得力于在后发中“弯道超车”、变危机为生机的应对之道，得力于上升到国家战略的“长株潭两型社会试验区”的启动和先行先试等。

本书出版后，作为参考读物赠送给湖南省政协十届三次会议的全体代表，并得到与会代表的好评；被5月3日《光明日报》发表专题书评评价；10月被湖南省委建设学习型党组织工作领导小组办公室确定为向全省党员干部推荐第二期读书书目入选著作。

低碳崛起：湖南科学跨越的新路径

朱有志、罗波阳、方向新等
专　著　219千字
湖南人民出版社　2010年1月

全书以湖南省低碳经济发展为主题，在系统评估湖南发展低碳经济的现实基础和潜在优势基础上，分析了湖南在新的发展背景下抢抓低碳经济战略机遇，实现科学新跨越的必要性和可行性，探讨了湖南发展低碳经济的路径和重点，并从低碳产业体系、低碳能源、低碳城市、低碳技术、低碳消费、低碳金融、低碳合作和低碳管理八个方面进行了具体设计，提出了相关政策措施。

本书的特色：一是选题有开创性。本书率先对湖南低碳经济开展系统性研究，是湖南省社会科学界第一本公开出版的低碳经济专著，也是国内学术界率先研究省域低碳经济发展的专著。二是内容全面系统。全书既有对湖南低碳经济的发展道路、发展模式等宏观层面的研究，又有对湖南低碳产业体系、低碳能源、低碳技术等中观或微观层面的研究，内容全面系统。三是方法集成创新。既运用了一般的经济学方法，又运用了管理学中的情景预测法、SWOT等方法，还运用了环境科学中的碳排放估算等数理模型，在研究方法上具有综合创新性。四是观点新颖。本书从实现科学跨越的战略高度对“十二五”及更远时期湖南发展低碳经济进行了研究，提出了许多具有前瞻性、创新性的思想和观

点。如书中提出要将发展低碳经济作为推进“两型社会”建设的一个根本途径来抓；将核电置于全省

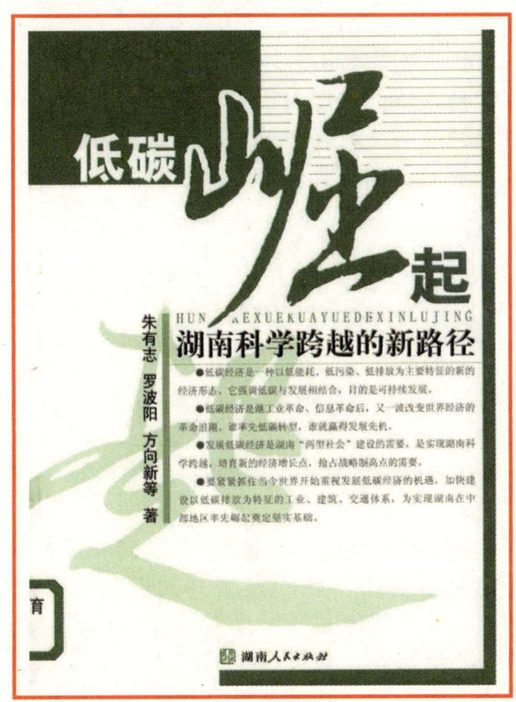

整个能源体系中进行方案比选，坚持安全第一的发展原则等等。

本书在深刻认识世情、国情、省情和认真把握低碳经济发展规律的基础上，将国际国内先进的低碳发展理念、成功的发展模式和有效的政策措施与湖南具体实践相结合，提炼出了符合湖南低碳经济发展的新思想、新观点、新措施，这既是对湖南低碳经济学科建设的重要理论贡献，也是对湖南发展低碳经济一个很好的智力支持，因此，本书不仅丰富了湖南社会科学在低碳经济方面的理论研究，而且对湖南传播低碳发展理念、践行低碳发展模式具有明显的指导意义。

《湖南日报》2010年3月18日发表书评；中共湖南省委宣传部《科学发展观在湖南的认识和实践之二》将本书作为延伸阅读。中共湖南省委讲师团将本书列为2010年干部理论学习用书。

新型农民能力培养（丛书）

陈文胜　主编
编　著　550千字
湖南人民出版社 2010年3月

丛书共五册，分别为《交往与礼仪》、《学习与发展》、《求职与创业》、《保护与维权》、《理财与消费》，涉及农民的交往、学习、就业、创业、管理、理财、维权、安全保护等诸多内容，采用讲解、举例、启示、总结、小锦囊、延伸阅读等多种形式，用农民的语言、举农村的事例来介绍知识、培养能力，使农民看得懂、感兴趣、用得上，具有很强的实用性和可操作性。本丛书专门为农民量身定做，从“提升农民素质”的视角对增强农民自身的发展能力进行探索，从当前市场经济和农业现代化、国际化背景入手，着力于农民如何适应市场经济，如何适应现代农业发展的要求，力图解决农民的迫切需要、切实提升农民的综合素质。

本丛书得到中央农村工作领导小组办公室主任陈锡文的肯定性评价，并受到了众多专家的好评，中国社会科学院学部委员、农村发展研究所所长张晓山评价丛书“是一套全新视角的农民素质教育丛书，显示了一个团队对新农村建设事业的倾情关注，使人感觉到一股关爱新型农民成长发展的热流在希望的田野上传播”。农业部农村经济研究中心主任宋洪远认为丛书“用浅显的语言、生动的实例，讲述知识，解答疑惑，是农民朋友真正的良师益友”。国务院发展研究中心赵树凯研究员认为丛书“积极探索农民能力提升的途径和领域，通俗实用，是对农民的有用之书”。 中国农村改革家、湖北省社会科学院院长宋亚平认为丛书“是一套贴近农业生产、贴近农村生活、贴近农民需要的丛书”。浙江大学公共管理学院院长姚先国教授、华东理工大学社会发展研究中心主任曹锦清教授、中国社会科学院农村发展研究所党国英研究员、《中国改革》杂志社社长袁绪程、华中科技大学社会学系吴毅教授、中央党校“三农”问题研究中心常务副主任刘德喜教授、《乡镇论坛》主编徐付群、《我向总理说实话》作者李昌平等都给予了高度评价。

本丛书被国家新闻出版总署列入“2010—2011年全国农家书屋重点图书推荐目录”。

湖南城市蓝皮书（3）——《城市公共安全》

罗海藩　主编
童中贤、韩未名　执行主编
蓝皮书　394千字
社会科学文献出版社　2010年4月

本书是在国内外突发公共事件频仍、公共安全受到严峻挑战的大背景下推出的第一部着眼于省域、立足于“两型社会”建设、以湖南城市公共安全为主线的多维实证研究成果。旨在通过研究，展现湖南城市应对突发公共事件的能力，同时揭示城市中存在的公共安全风险与危机，并发出预警。为人们

了解和认识风险，进而在“两型社会”建设主导下规避和化解区域风险，提供认识基础。

本书由环境资源安全、公共安全、应急管理、安全论坛四部分报告组成。书中重点对湖南14个地市的空气环境、水环境以及矿山环境的污染状况；对矿山、饮用水、能源、电力、粮食等重要战略资源的供需状况，进行了深度分析与前瞻。研究认为：湖南环境污染形势仍然严峻，主要原因是减排与增量的矛盾突出，造成污染叠加，并提出新型工业化要突出信息化带动，新型城市化要严肃规划，环保责任制重在问责等宏观应对举措。针对湖南重要矿产资源出现负增长，尤其一些以资源为主要支撑的城镇近年资源枯竭，出现后续产业无以为继的局面，指出：必须调整“两头小中间大”的矿业粗放结构，同时可借国家重点发展六大类技术为契机，主动出击，抢先掌握重要技术，提高矿业开发利用水平。

此外，还率先对三峡水库运行后对洞庭湖区城市公共安全的影响进行了分析调研，指出：三峡水库运行后对洞庭湖区城市的防洪排涝将产生重大作用，但因来水来沙减少，对城市供水与水运以及湖区血防及生态将带来新的挑战。此书特别强调了公共安全规划的重要，提出，应将水、电、气、电子信息等关系民生的生命线统筹纳入城市整体发展规划，认为这是对关系民生的公共安全事件突发的有效防范。

本书得到省委书记周强肯定性批示。并被中共湖南省委党校作为干部培训学习阅读教材。

湖南战略性新兴产业集群创新发展报告2010

朱有志、罗波阳、郭勇、王钦等
调研报告 170千字
湖南人民出版社　2010年8月

本书是郭勇研究员主持的湖南省社科基金重大委托项目《湖南战略性新兴产业集群发展政策研究》的阶段性成果和罗波阳研究员主持的省社科基金重大招标课题《加快长株潭产业集群发展对策研究》的后续研究成果。本书分为总报告和分报告两个部分，共11个章节。

总报告包括：湖南战略性新兴产业集群：模式、特点与举措；产业集群创新能力评价研究的概念框架、理论基础与研究方法；湖南战略性新兴产业集群创新能力的综合评价等三个部分。分报告包括：长株潭动漫游戏产业集群创新能力研究、长株潭太阳能光伏产业集群创新能力研究、长沙高端工程机械产业集群创新能力研究、浏阳生物医药产业集群创新能力研究、衡阳输变电产业集群创新能力研究、益阳特种船舶制造产业集群创新能力研究、长株潭航空航天产业集群创新能力研究、株洲轨道交通装备制造产业集群创新能力研究等八个部分。

本书以全国“两型社会”建设综合配套改革实验区为背景，将创新能力作为切入点，是目前国内首部对省域战略性新兴产业集群创新能力进行系统分析与评价的著作，具有一定的创新性、前瞻性和实用性。

长株潭城市群发展报告(2010)

张　萍　主编
史永铭、湛中维、胡炳炀、胡亚文 副主编
蓝皮书　318千字
社会科学文献出版社　2010年8月

本书主题为建设“两型社会”，转变发展方式，走绿色低碳之路。转变发展方式就是要由传统的“高消耗、高排放、高污染”的发展方式，转变为新型的“低消耗、低排放、低污染”的发展方式，建设资源节约型、环境友好型社会。《长株潭城市群发展报告(2010)》综合、多角度地论述了“两型社会”建设中的绿色发展，低碳发展和循环发展，并从新能源产业发展、绿色交通体系构建、低碳服务业发展、低碳消费模式、绿色园区建设、企业可持续发展、发展林业碳汇、建设碳交易市场，绿色税收政策等方面进行了研究，提出了相关建议。

本书由1篇总报告、11篇综合报告以及13篇专题组成，并附录《关于全面推进长株潭城市群“两型社会”建设改革试验区改革建设的实施意见》和《2009年长株潭城市群“两型社会”试验区建设大事记》。湖南省委书记周强同志以《加快经济发展方式　推进“两型社会”建设》为代序。

和谐稳定论

周小毛　著
专　著　200千字
湖南人民出版社 2010年9月

本书系作者的同名博士学位论文，从“和谐稳定”的视角对转型期的社会稳定问题进行研究。本书由绪论和七章组成。第一章阐释了研究缘起、理论意义和实践意义。第二章对古今之外的稳定问题进行了历史考察。第三章对稳定失控的原因进行深层剖析。第四章对和谐稳定尝试制度机制的科学设计。第五章对新型政府在和谐稳定中的职责担当进行分析。第六章对和谐稳定目标追求的路径选择进行探讨。第七章对和谐稳定的国外经验进行借鉴参考。

本书首次搭建了“和谐稳定”的理论平台，对和谐稳定的内涵、特征、结构进行新的解读，试图实现稳定从计划经济体制下的维稳理念向市场经济体制下的维稳理念转变、从刚性维稳向柔性维稳转变、从线性维稳向立体维稳转变、从单纯稳定向和谐稳定转变。

本书提出了“和谐稳定具有动态性、相对性、开放性、主动性、时代性、可控性、规范性、整体性、可持续性和非强制性等特征；稳定失控主要源于利益调整的影响、贫富悬殊的隐患、心理失衡的制约、吏治腐败的破坏、群体事件的冲击、国际势力的渗透、‘三大问题’的困扰；和谐稳定尝试制度机制的科学设计，主要包括利益诉求机制、社会保障机制、调控约束机制、妥协协商机制、舆论导向机制、公众参与机制、公平分配机制、社会预警机制、疏导缓冲机制；新型政府在和谐稳定中的主要职责是科学发展实现民愿、民主决策集中民智、依法行政确保民安、优化服务赢得民心、积极作为谋求民利、弘扬公正化解民怨、转变作风融洽民情；和谐稳定目标追求的主要路径是扎实打牢物质基础、稳步推进民主政治、全面建设和谐文化、科学管理社会事务、合理分配社会资源、积极应对国际局势”等一系列重要观点，具有明显的前瞻性和较高的理论创新价值和实践创新价值。

灰地——红镇“混混”研究（1981-2007）

黄　海　著
专　著　233千字
三联书店　2010年11月

本书系作者的博士学位论文，是在底层社会研究传统中所展开的乡村灰色化、越轨行为与社会秩序的研究。以湖南省北部地区的红镇为田野个案，通过两个混混为代表的混混生命历程为网络结点，展现红镇“混混”群体的网络结构、行动模式、发展逻辑与乡村社会的变迁逻辑，对接自1980年代以来乡村社会秩序所经历的结构性转型，解释乡村灰色化的特点和形成逻辑，理解当代乡村中的越轨行为与社会秩序，并进而完成某种结构式的“自我建构”与理论归依，形成了红镇“混混”的民族志文本。

第一章交代本书的研究缘起与主题。第二章展示红镇“混混”群体的网络结构与生存方式。第三章讲述红镇后集体时代的话语变迁与社会变迁。第四章讲述红镇的市场经济、“混混”与行动逻辑。第五章讲述红镇的税费、越轨与农民的日常反抗形式。第六章讲述红镇的支配、权力与乡村秩序重构。第七章讲述红镇的市场、暴力与乡村社会转型。第八章是结论。

现在的中国农村社会，“混混”同样是“我们”这样一个主流文化群体中的“他者”，深入研究他们，就是深入研究“我们”；解释了他们为什么会这样，也同样解释了我们为什么使他们这样。通过研究像乡村“混混”这样的“他者”，往往有助于反观本群体和社会自身，对国家治理模式转型更是一种有益的反思。作者在本书中运用了田野个案和解释性的叙事研究方法、人类学建构他者和专题民族志方法。以田野见长、以理解为中心的叙事方法，与当代乡村社会转型中的“混混”问题和乡村社会“灰色化”问题有着特殊的亲和性。红镇“混混”的生命史是一部流动的历史，在这种流动历史的叙事中，不仅“混混”的生命历程、越轨行为与乡村社会的历史变迁得以展示，红镇“混混”的生命史与一部流动的底层社会史得以交叉复线并进，越轨行为在乡村社会生成、壮大乃至得道的逻辑也在流动的叙事中得以自然呈现。

稗家粹编（古体小说丛刊）

[明]胡文焕　选编
向志柱　点校
古籍整理（繁体竖排）　360千字
中华书局　2010年11月

《稗家粹编》系明代著名出版家胡文焕选编。现存明万历文会堂万历二十二年（1594）刻本，藏国家图书馆，为海内孤本。它是一部文言小说选本，但现在各种文学史、小说史、小说书目以及研究论著都没有涉及。《稗家粹编》8卷21部，共收文言小说146篇。其中鬼部、妖怪部和仙部三类共53篇，占1/3强。小说除2篇为唐前外，所选都是从唐至明的小说。但《稗家粹编》不题作者姓名和出处，此次整理，将每篇小说的来源和选载情况予以说明。所以本书，一有利于辑佚，二有利于校勘，三有利于考察版本原貌。

重要论文

五着力点：助推中国智库发展

朱有志　执笔
《光明日报》2010年10月22日

目前我国的智库机构已形成“五路大军”，专业研究人员已达3.5万人，但无论是在价值理念、发展模式还是服务能力上都还差强人意。我们认为，中国智库建设，当从五大方面着力。我国的智库建设当在政策阐释与战略预测中寻找最佳结合点，在有服务性的同时突出思想性，有解释力的同时注重引导力；智库不仅仅局限于研究本国的重大理论与现实问题，也要关注国际的热点和难点问题，不仅要在国内发出自己的声音，也要在国际具有自己的影响；建设社会主义新智库，应当坚持我们的价值立场、服务对象、特殊定位和政策功能，经费支撑应主要依靠政府资助确保生存，同时，以适当的市场拓展来获得发展；坚持官方影响力与思考独立性的统一，是当前中国智库建设必须坚持的根本方向；决策部门和政治家要求智库针对国内外的重点、热点、难点和疑点问题，作出客观、公正和科学的分析，开展战略性、趋势性和前瞻性的研究，进而提出可操作的战略思路、政策方案和行动设计，这就是智库建设成果数量与成果质量相统一的问题。建设社会主义新智库，必须在具备自己独特的专业优势上下工夫，以此感动和启发政治家，开导和规范决策者，进而推进智库自身的新发展。

塑造地方社科院形象的要素分析及有效途径

朱有志、廖卓娴　著
《社会科学管理与评论》2010年第1期

社科院形象是社科院客观存在和公众主观认知的混合物，也就是指作为主体的科研单位在作为客体的大众头脑中的有机反映，即社会科学院在社会公众中获得的总体印象和综合评价。社科院形象是一个综合性的概念，它既是社会公众对社科院的价值标准、战略目标、高效与否等诸因素印象的总和，又与社科院自身形象的设计有直接关系，是社科院办院的理念、行为及效果的集中综合表现。良好的社科院形象是繁荣哲学社会科学的有力保证，塑造好的社科院形象，必然有利于社科院在加速推进自身发展的同时，更好地发挥哲学社会科学推动历史发展和社会进步的重要作用。独特的管理与特色、高水平的科研质量与创新、拔尖的学术带头人与杰出的优秀领导、高素质的科研人员、科辅人员及优美的空间环境与文化环境是塑造社科院良好形象的六大要素。塑造良好的社科院形象最重要的是练好“内功”，换言之，就是要着重提高社科院的服务社会、服务政府、服务人民的功能。当然，仅仅练好“内功”是不够的，还要引进市场营销的理念和策略，向世人展示社科院良好的公众形象。构建社科院的特色文化是基本前提；建立社科院的质量文化是重要基石；打造社科院的形象文化是关键因素；注重社科院的品牌文化是必要选择。

文学原创与中国声音

胡良桂　著
《人民日报》2010年5月11日

多年来，从“我们为什么没有托尔斯泰”的发问，到“呼唤中国的托尔斯泰的出现”，从“为什么没有出现杜甫、鲁迅”的焦躁，到“为什么没有《红楼梦》这样的巨著”的呐喊，都表现出一种时代性的精神焦虑，对中国当代文学在反映现实生活、开掘新的精神审美价值方面，缺乏独到的发现，缺乏创新能力的不满。那么，怎样才能加强中国当代文学原创，从而才能在世界文学巍峨殿堂发出属于中国的独特声音？首先，面对真实的现实生活，进行独立的思考，惟陈言之务去，以宏大的气魄开拓原创，在全球化进程中建构中国话语。文学原创力，是创作主体在艺术实践中的开拓能力和创新能力。其次，转益多师，树立精神的高度，锤炼思想的深度，张扬刚健的审美气象，克服病态化的审美倾向。第三，面对多媒体信息时代，重新思考文学书写的价值所在，超越传统的文学书写格局，彰显文学的独特魅力。我们的文学创作者需要仰望星空，脚踏实地，用原创精品为读者带来阅读的盛宴，为时代留下精神的足迹，为世界文学的天空添一颗恒星。

表演性：话本小说研究的深化

向志柱　著
《中国社会科学报》2010年4月20日
《新华文摘》2010年第15期论点摘要

话本小说是说话伎艺与文学艺术的结合体。话本小说包含“说话之所本”和“说话之文本”、“拟本”，与说话表演密不可分。但当下话本小说研究中，不少学者将话本小说视为案头文学的一种，造成对“本”研究较多而对“话”研究严重欠缺。因此，应突出表演，以改变研究的逻辑起点与研究重点，突破案头型话本小说研究之局限，关注话本小说面临的文化生态以及文体化进程；切入表演，关注“说话”伎艺、说话艺人以及说话表演的商业性事件、读者意识等怎样影响话本小说的生成，以深化和拓展话本小说研究；应结合说书环境，重新评价和定位话本小说，如对话本小说中非常多的因袭、模仿以及习见的套语等的合理评价问题。

改革开放初期湖南省民营经济发展的历史考察（1979—1989）

王国宇　著

《当代中国史研究》2010年第5期

1979—1989年，湖南省个体私营经济由点到面的不断发展壮大经历了艰难的历程。20世纪80年代初期，湖南省个体私营经济集中在零售商业、餐饮业、服务业领域，在同行业里所占份额小，但增长速度快；1982—1985年，中央相继颁发了一系列文件，湖南逐步放宽了对个体私营经济经营范围与经营方式的限制，个体私营经济发展速度明显加快。1986年后，湖南省采取了一系列鼓励发展个体私营经济的措施，个体私营经济发展的环境日渐宽松，至1987年，形成了改革开放以来，湖南个体工商业发展的第一个高峰。改革开放后湖南个体私营经济的兴起，是新时期我国思想解放运动的产物，它的发展进步与党和政府的关心、支持紧密相连。它的发展壮大，从一个侧面反映了湖南思想解放运动的步步推进，这一历史性的时代成果，不仅得益于一大批干部在实际工作中能深刻领会党中央的精神，自觉贯彻执行党和政府有关鼓励发展个体私营经济的方针政策，同时得益于广大人民群众以自己的勇气与切实的行动，积极投身商品经济的时代潮流，百折不挠地将湖南的个体私营经济一步步向前推进。1979—1989年湖南省民营经济发展的过程以及人们思想的变化在一定程度上是当时全国的一个缩影，回顾此间湖南民营经济发展的历史过程，深刻总结其经验，对于我们进一步解放思想、全面推进湖南民营经济的健康发展，具有重要的历史与时代意义。

清代中叶的汉宋之争与桐城派——以清国史馆《儒林传》初稿为中心

马延炜　著

《安徽史学》2010年第4期

人大复印资料《明清史》2010年第10期全文转载

汉宋之争是清学史上的重要问题，嘉庆中叶编纂的清国史馆《儒林传》初稿，比较集中地反映了这一时期汉宋学术争论的实况。主张汉学的史稿编修者，效仿《明史》中只设儒林传，不为道学家立专传的体例，在具体编修中将主张宋学的桐城学者列入较为时人所轻视的《文苑传》中，以达到扬汉抑宋、为汉学争取儒学正统的目的，以致时至今日，桐城派依然被主要视为一个文学流派，桐城学者也主要被看做是文学家，他们在古文、辞章之外的其他成就，长期没有得到应有的重视。

清季名臣袁昶的经世实学

马延炜　著

《光明日报》2010年7月20日

袁昶作为清末知名政治人物，“同光体”浙派代表人物之一，在其政治活动、诗歌创作之外，提倡并践行经世实学。袁昶青年时期即接受实学教育，考中进士后，又因先后在户部、总理各国事务衙门等处长期任职，从事具体的事务性工作，更加关注现实政治和国计民生，逐步形成了具有自身特色的实学思想，外放安徽徽宁池太广道后，更将这些实学主张落实到了地方的日常治理之中。

毛泽东的民生思想及其启示

邹智贤　著

《哲学研究》2010年第12期

民生问题不能看成是一个简单的经济和物质问题，而应该是一个包括了经济、文化和政治诸要素在内的层层递进的整体。毛泽东民生思想的基本理论框架是以民生经济为基础的民生经济、民生文化和民生政治三方面的统一：一是发展经济，满足人民群众的物质生活需要，二是创新文化，丰富人民群众的精神生活，三是弘扬民主，保障人民群众的基本政治权利。毛泽东的民生思想在艰巨复杂的现实环境中遭遇了困境，走入了误区，主要表现在经济建设中目标的偏离、文化创新中功能的偏废、民主政治中程序的缺失。毛泽东民生思想的理论和实践留给我们的最大启示在于：应当从社会主义革命和建设的前提条件出发探索社会主义建设的具体路径，而不是依照既定的理论原则人为地构建生产关系的先验模式。那种不顾现实条件、超越历史阶段的做法，只会使我国的社会主义建设事业蒙受损失。

从“悲欣交集”看弘一法师与藕益智旭的佛学思想渊源与路径

万里　著

《世界宗教文化》2010年第6期

《中国社会科学文摘》2011年第5期全文转载

弘一法师被誉为中国律宗第十一祖，“悲欣交集”是其圆寂前三天所书写的最后绝笔，有着极为丰富的含义。本文以“悲欣交集”语词为线索，通过对历史文献的检索和梳理，认为自《楞严经》至藕益智旭到弘一法师一脉相承，该语词所表达的，既是一种获得宗教觉悟后之慈悲欣喜的心境，又是一种企及心灵升华所达到的终极境界。这种心境和境界，既蕴涵了对拯救处于“末世”众生的悲悯之愿，又包涵着终归净土并“去去就来”的喜悦。这就是弘一法师以弘律匡救宗门流弊和以指归净土体究终极大事为主线的佛学思想渊源与路径走向。

唐宋潭州谷山寺及其驻锡僧人考

万里　著

《世界宗教研究》2010年第6期

潭州（长沙）谷山寺是唐宋时期禅宗南宗经常驻锡活动的一所重要寺院，被誉为“谷山胜地，湘水名蓝”。由于地方文献记载简略，学术界对该时期在这所寺院活动住锡过的僧人知晓不多，并且有许多舛误。本文对相关历史文献进行了较为详细的梳理考证，住持或驻锡于该寺的僧人中，有唐五代时期南岳怀让与青原行思二系的谷山藏禅师、谷山有缘禅师、谷山崇禅师、谷山丰禅师、谷山和尚等，也有宋代临济宗的惠洪觉范禅师、谷山希祖禅师、谷山旦禅师、扬州齐谧首座、谷山广润禅师、石霜竹崖印禅师、谷山照禅师等。这些禅师之间相互有着较深的师承法脉渊源关系。唐代潭州谷山藏禅师的法嗣中有瑞岩禅师、百岩禅师、大岭禅师三位新罗国（今朝鲜半岛）僧人，这几位禅师回国后，相继建立起自己的法派体系，对中国禅宗的东传作出了一定的贡献。

着力增强农民工消费能力

尹向东　著

《人民日报》2010年1月26日

随着工业化、城镇化进程的加快，我国的农民工已由改革开放初期的不到两百万人迅速增加到目前的两亿人左右。如此庞大的人群在城市打工生活，他们巨大的消费潜力已使其成为城镇居民和农村居民之外的消费“第三元”。当前，虽然农民工普遍消费愿望强烈，但消费信心不够、消费能力不足的问题比较突出。着力增强农民工的消费能力，是扩大消费需求的题中应有之义。增强农民工消费能力，应注重加强就业保障、民生保障、市民身份保障三个方面的保障。就业保障方面，首先制定和实施公平就业政策，其次解决同工不同酬问题。民生保障方面，一是努力实现基本公共服务均等化，二是加快城市廉租房和经济适用房建设，三是切实保障进城农民利益，四是完善社会保障体系。市民身份保障方面，一是改革户籍制度，二是重新定位城市管理理念，三是多方位促进各群体间的沟通与理解。

以方式转变促进快速发展

贺培育、黄海　著

《人民日报》2010年12月8日

作为重要的战略性产业，我国文化产业虽然取得了巨大成绩，但文化产业的发展程度与发达国家相比差距还较大，国内成功的有生命力、竞争力的文化企业为数较少，文化产业集聚程度不高，粗放式经营较多，经济效益有限，高端人才紧缺，“走出去”刚刚起步，总体发展水平较落后。加快文化产业自身转变发展方式，实现文化产业进一步做大做强、做优做精，进一步集约化内涵化、高端化外向化发展，既是国家加快经济发展方式转变的重要途径，也是中央加快文化创新步伐的紧迫要求，既是国际文化产业发展的必然趋势，也是“十二五”时期我国文化产业发展的战略主线。加快转变文化产业发展方式，应当把握文化产业扩张化发展趋势，由注重扩大规模向注重集群发展转变，把握文化产业全球化发展趋势，由注重内生发展向注重外向拓展转变，把握文化产业内涵化发展趋势，由注重机制创新向注重要素创新转变，把握文化产业高端化发展趋势，由注重资本集聚向注重人才集聚转变。

国民经济转型必须从“三农”突破

陈文胜　著

《光明日报》2010年7月13日第10版

经过30年改革开放，我国已进入工业化中期阶段和城镇化快速发展时期，农业也已进入一个新的发展阶段，农业对国民经济的支撑作用从来没有像今天这样得到充分显现。但也应清醒地看到，由于种种原因，农业的基础地位还远未达到应有的战略高度。强农惠农既是在世界金融危机下应对国际竞争压力的迫切需要，更是国内经济转型的内在要求；既是中国经济发展的现实需要，更是当前全球经济环境下的重要战略选择。特别我国正处于产业结构调整的关键阶段，只有通过强农惠农提高农业综合生产能力和粮食市场竞争力，全面提高农民收入，推动农村经济的大发展和广阔的农村市场需求的大升级，从而全面扩大内需来推进我国外向型经济向内向型经济的顺利转型，促进国民经济健康发展，才能全面提高国家的核心竞争力。当前，自由贸易下的农业已经步入国际化时代，必须站在国家发展战略的高度，构建一系列强农惠农政策体系，着力破解城乡二元结构，形成城乡一体化化新格局，大力推进公共产品均等化、农业规模化、产业化、农民组织化、科技创新和农村改革，实现农业现代化的新跨越。

低碳城市与经济转型

李晖　著

《光明日报》2010年8月6日

城市作为人类经济社会活动的中心，是世界人口的主要集聚地，是温室气体的主要排放源，也是低碳经济发展的先锋阵地，是低碳模式探索的关键平台。进入发展快车道的中国，城市化需求不断加大，城市化速度越来越快，紧抓低碳变革与中国城市发展这一重大历史机遇，将低碳城市作为低碳经济发展的重要抓手和战略切入点，加速低碳城市的创建，将对中国城市的低碳繁荣、经济转型升级作出巨大贡献。作为一种城市新型发展模式，低碳城市在国内具有三大特性：首先是系统性，其次是阶段性，第三是创新性。发展低碳城市可以避免城市化进程中的碳锁定和路径依赖，避免出现高耗能的产业发展和城市基础设施，将有力推动中国经济转型，促进低碳城市创建能促使城市产业结构进一步优化、低碳城市创建能促使能源进一步高效利用、低碳城市创建能促使城市交通体系进一步完善、低碳城市创建能促使城市消费理念进一步转变。低碳城市的创建是一项长期而复杂的工程，构建低碳城市应着重在绿色交通、绿色能源、绿色建筑、绿色生产、绿色消费五大重点上下工夫，需要建立加速低碳城市创建的相应机制：一是创新组织机制，二是创新激励机制，三是创新治理机制，四是创新制约机制。

新农村建设进程中的现实困境

陈文胜　著

《中国农村经济》2010年第5期

《中国社会科学文摘》2010年第10期全文转载

取消农业税减轻了农民负担，缓和了乡镇政府与农民的矛盾；村民自治的实践直接促进了农民权利意识的觉醒，农民参政议政的愿望日益增强；农村投入力度逐渐加大，农民的生产生活条件正在不断改善；农村文化生活有了比较明显的变化，农民的精神状态正在不断提高。但是，当前农村的矛盾、农业的困境、农民的问题仍然明显。具体表现为：政府财政投入效益有限，惠及面不足；农民增收空间有限，未来预期不足；农田基本设施防汛抗旱能力有限，粮食安全保障水平不足；农民合作组织发展缓慢，规模化水平不足。基层政府在群众中的公信力有待提高；基层政府的公共财政体制亟待改革；农民参与公共事务的机制有待完善。基层社会真空出现，社会风气明显下降；农民教育支出压力仍然较大，外出打工生存环境维艰；合作医疗手续繁杂，乡村医生数量和素质无法满足现实需要；生活垃圾缺乏规范管理，生态环境面临治理压力；农民文化生活需求强烈；农村文化生活形式单一；文化基础设施严重缺乏。

合约基础上农村公共物品供给博弈分析：以湖南山区农村为例

肖卫、朱有志　等著

《中国农村经济》2010年第12期

本文结合中国农村公共物品供给现实，对公共物品供给的相关理论进行评述，在此基础上构建一个基于合约博弈的农村公共物品供给模型，并以湖南山区农村的案例检验该模型的主要结论。本文认为，农村公共物品供给的合约形成过程是使因有限理性、不确定性、机会主义而产生的交易费用最小化的过程，基于合约博弈的农村公共物品供给方式解决了私人供给的成本分担问题和政府供给的需求信息不足问题，能够实现帕累托有效，而政府补贴行为将强化帕累托有效的均衡。因此，农村公共物品供给应当以尊重农民基于市场机制的自由选择，促进社区的和谐生活为原则。在城乡基础性公共物品由政府自上而下统筹供给的基础上，农村生活性和生产性公共物品供给，以公共物品需求结构为导向，在完善“一事一议”制度的基础上，因事、因地制宜，实行“三位一体”（政府、村组社区、农民自发组织）的供给机制。逐步完善政府对农村公共物品供给的补贴制度。大力发展集体经济和加强农村组织建设，为农村公共物品的可持续供给、维护和管理提供坚实的经济基础和组织保障。有效利用农村社会资本参与公共物品供给，节约农村集体行动的交易成本。

城市群竞争力模型及评价体系——中部城市群竞争力实证分析

童中贤、王丹丹、周海燕 著
《城市发展研究》2010年第5期

城市群的发展，一个非常重要的目的就是要提升城市群的竞争力，从而实现城市群价值的最大化。但是，城市群竞争力目前仍没有一致的定义。在对企业竞争力、城市竞争力、区域竞争力和国家竞争力梳理的基础上，本文将城市群竞争力定义为：在竞争和发展过程中，通过各组成要素之间相互联结、相互作用而获得竞争优势，最终实现城市群价值最大化的力量总和。本文首次提出了城市群综合竞争力是由其结构竞争力、功能竞争力、绩效竞争力相互作用而产生的观点，用公式表示即：城市群综合竞争力=F(城市群结构竞争力,城市群功能竞争力,城市群绩效竞争力)，构建了新的城市群综合竞争力"三角"模型和指标体系，并对中部地区城市群竞争力进行了实证分析。得出了中原城市群、武汉城市圈、长株潭城市群、皖江城市带、环鄱阳湖城市群、太原城市圈不同类型竞争力的分值，结果表明：中部城市群综合竞争力格局表现明显差异性；城市群综合竞争力和结构竞争力呈高度相关性；城市群间功能竞争力差距大于结构竞争力差距；城市群综合竞争力受制于功能竞争力的影响大。

"两型社会"建设视野中的低碳城市发展战略研究——以湖南区域为例

李　晖　著
《城市发展研究》2010年第9期

随着能源消耗的日益增加，生态环境的不断恶化，气候变化问题急剧升温，可持续发展道路面临前所未有的挑战，基于此，低碳城市创建在国际上受到越来越多的关注。湖南作为"两型社会"建设试验区，开展低碳城市创建工作，紧跟国际发展趋势，符合国家战略要求，是推进"两型社会"体制机制改革的重要内容，是探索传统城市化向高效低碳经济模式全面转型的重要举措。洞察湖南低碳城市创建的国际社会推动低碳城市发展的外部机遇，国家鼓励支持低碳经济发展的政策机遇，"两型社会"建设综合配套改革试点的先行机遇；明晰湖南低碳城市建设的有利条件和制约因素；确定低碳城市创建的战略思路，本着规划引领、自主创新、公共参与、有序推进的原则，明确低碳城市发展目标；确定绿色交通、绿色建筑、绿色能源、绿色生产、绿色消费五大战略重点；从组织机制、激励机制、治理机制、制约机制、评价机制等五方面构建保障措施，为湖南中部崛起和"两型"社会建设探索新的发展模式，为中西部区域城市发展转型提供参考。

我国中部地区城市群的空间整合

童中贤 著
《城市发展研究》2010年第8期

城市群空间整合是我国城市化过程中出现的一个带规律性的重要现象。中部城市群还处在构建的初期阶段，通过对中原城市群、武汉城市圈、长株潭城市群、皖江城市带、环鄱阳湖城市群、太原城市圈等中部这些新兴城市群的空间整合，将城市群空间发展的潜在优势转化为竞争优势，引导城市群在空间上的协调有序发展，对于培育我国中部城市群增长极，加快中部地区崛起步伐，无疑具有十分重要的意义。该文分析了中部城市群的空间布局特征，首次提出了中部地区城市群呈"北斗星"形、"H"形和链珠形布局的空间格局。对中部城市群的空间整合，应因城市群制宜采取不同的空间链接模式，本文首次从整体上提出了中原城市群"扁担"型空间链接模式、武汉城市圈极核网络型空间链接模式、长株潭城市群"成长三角"型空间链接模式、皖江城市带"扇形"型空间链接模式、环鄱阳湖城市群"星座"型空间链接模式、太原城市圈单核型空间链接模式等主体模式。促进我国中部地区城市群空间结构的优化，应着力做大六个中心，打造六条轴线，推进节点链接。

应对气候变化的全球攻略

刘助仁　著
《国际问题研究》2010年第3期
《中国国际问题研究》（英文）2010年第4期首篇全文转载

气候变暖给地球和人类社会带来生态危机、粮食危机、健康危机、安全危机等一系列严峻挑战。这是历史上迄今为止人类所遇到的最大范围的公共问题，也是当今国际社会普遍关注的重大全球性问题。目前，气候变化加快要求人类在21世纪进入"气候安全呵护"的全球攻略空间。对此，国际社会已采取了一系列减缓气候变化的政策措施。因为，妥善应对和减缓气候变化事关各国的核心利益。在当前国内外形势下，我国作出长远的战略考量，并在不断制定和完善相应的战略谋划及应对策略。

维护气候安全　实施“绿色新政”

刘助仁　著

《中国国情国力》2010年第9期

以地球变暖为主要特征的气候安全问题和目前的世界经济衰退已成为全球性两大危机。同时这一危机也是培育新的环境、能源产业的千载难逢的好机遇。国际社会及各国政府纷纷制定和推出短期内刺激经济复苏、中长期以应对气候变化向低碳经济转型为核心的绿色发展规划，试图通过推行“绿色新政”，在新一轮经济发发展进程中促进经济转型，实现自身的可持续发展。中国作为一个负责任的发展中大国，高度关注和极端重视地球变暖问题，为全球应对和控制地球变暖、维护气候安全而积极推行绿色新政，并发挥了重要作用。

农村经营体制完善与发展历程

肖　卫　著

《中国国情国力》2010年第2期

新中国成立以来，在中国农村经济60年的发展实践中，历经土地改革、合作化运动、社会主义改造、人民公社和以家庭联产承包为基础的统分结合的双层经营体制等几个重要阶段。从1953—1956年年底，中国广大农村基本完成了生产资料私有制的社会主义改造，确立了农村集体所有制经济在农村经济中的主体地位，为中国社会主义制度打下了坚实的经济基础。尽管特定时期农村生产关系的具体表现形式呈现各自阶段性特征，农村经营体制的具体形态也不尽相同，但这一过程的实质是，社会主义制度下农村生产关系不断完善，促进生产力的发展，提高农业发展绩效的过程。

湖南农业发展方式转变的困境与途径

范东君　著

《中国财政》2010年第23期

在经济转型过程中，经济发展存在着不少深层次问题，如资源浪费、环境污染、城乡收入差距扩大等等，给经济发展方式的转变带来了巨大挑战。湖南是一个农业大省，农业的发展对其至关重要，当前的湖南经济发展中最需要转变发展方式的重点和难点在农业；农业的发展方式不转变，湖南的经济发展从长远来看就会受到阻碍。但是农业发展方式的转变不是一件轻而易举的事情，面临着诸多的问题，如果不处理好这些问题，农业发展方式的转变就难以取得预期的效果。必须改革农业经营方式，促进农业生产经营集约化；调整农业产业结构，引导企业向农村投资；强化农民培训，提升农村劳动力素质，以此推进农业现代化，促进农业发展方式的转变。

转变农业发展方式面临的矛盾与对策

范东君　著

《中国国情国力》2010年第9期

30多年的改革开放使我们充分认识到，在经济快速发展中存在着不少深层次问题，如资源浪费、环境污染、收入差距扩大等，给经济发展方式的转变带来了巨大挑战。中国是一个人口大国,也是一个农业大国，农业的发展至关重要，无论从效益、组织、规模、生产手段等方面，还是从资源节约和环境保护来讲，当前的中国经济发展中最需要转变发展方式的重点和难点在农业。不解决好中国农业发展问题，中国的经济可持续发展必将受到牵制。中国农业发展方式转变面临着粮食安全、国家责任与地方发展目标之间的矛盾，农业资金严重短缺与农村资金不断流出的矛盾，农业优质人力资源短缺与农村劳动力剩余的矛盾等普遍性矛盾，必须通过狠抓基础设施，大力发展合作组织，强化制度创新，加强政府管理，推广网络服务，突出核心技术等有力措施来着力解决农业发展的矛盾，加快农业现代化步伐。

“十二五”期间社会发展的阶段性特征

胡守勇　杨盛海　著

《中国国情国力》2010年第11期

“十二五”期间是我国经济社会发展的关键阶段，深刻把握其阶段性特征是制定“十二五”规划和科学的社会政策的依据。我们认为社会发展将呈现五个方面的阶段性特征。一、社会结构的调整进入突破阶段。一方面是社会结构深刻变动，体现在：1.人口因素将长期影响社会发展。2.社会整合模式的改变导致功能重组。3.就业、分配和消费领域出现新特点。4.城乡、区域差距越来越大。5.社会阶层分化加快，但中等收入阶层发展缓慢。另一方面是结构调整刻不容缓，主要体现在：1.社会结构不协调。2.社会结构的调整进入关键期。二、社会事业的发展进入起飞阶段：一方面是由于社会事业的发展事关全局；另一方面是社会事业的起飞恰逢其时。三、社会矛盾的化解进入关键阶段，这主要体现在：社会矛盾进入凸显期；矛盾化解进入攻坚期。四、社会心理的调适进入自觉阶段，这主要体现在：社会心理问题纷繁复杂；社会心理调适需要自觉。五、社会管理的改革进入创新阶段，这主要体现在：社会管理体制初步成型；社会管理模式需要创新。

日本农业发展经验对中国农业发展方式转变的启示

范东君　著

《当代世界》2010年第11期

中国作为农业大国，人多地少，农户生产规模小，农民组织化程度较低，农民收入不高，转变农业发展方式将是经济发展方式转变的一个长期而重要的任务。日本资源禀赋、文化背景与中国极其相似，认真总结日本农业发展相关经验对于转变中国农业发展方式，促进中国经济发展具有十分重要的意义。日本农业发展经历了四个不同的阶段，其成功做法在于：政府大力扶持农业；使用土地节约型技术；充分发挥农协的作用；构建了完善的农业法制体系；注重发展地方特色农业。借鉴日本农业发展的有关经验，中国在转变农业发展方式中需要从五个方面做出努力：加强政府对农业的扶持，为农业发展方式转变提供政策保障；注重开发适用的农业技术，为农业发展方式的转变提供技术支撑；大力发展农业合作组织，为农业发展方式转变提供服务保障；加快完善的农业法制体系，为农业发展方式转变提供法律保障；努力构建地方特色农业，为农业发展方式转变提供竞争力品牌。

日本、印度、美国、欧盟应对气候变化的策略探析

郑小鸣、谢晶仁　著

《当代世界》2010年第5期

应对气候变化，发展低碳经济是现在时代的要求，也是世界各国共同的责任。日本提出了低碳社会行动的线路图，在2020年前实现二氧化碳捕捉及封存技术（CCS）的应用，力争在2020—2030年间，将燃料电池系统的价格降至目前的约十分之一；到2020年将太阳能发电量提高到目前的10倍，2030年时提高到40倍等等。印度出台了一系列的国家行动计划，其内容主要包括太阳能、水资源、提高能效、绿色印度、可持续生活、气候变化战略知识平台等。这些计划提出的措施包括：强制关停低效火电厂，支持整体煤气化联合循环发电和超临界技术研发等。美国通过了《美国清洁能源安全法案》，转变了美国生产和利用能源的方式。该法案全文900多页，涉及面广，在执行方面将需要很大的财政支出。另外，该法案对行业之间的倾斜有侧重。如该法案授予电力行业很大且免费的许可份额，授予石油行业的份额较少，在客观上刺激了石油价格的上涨，最终的实施效果将不得而知。欧盟大幅削减温室气体排放量。2008年欧洲议会通过了欧盟能源气候一揽子计划，包括欧盟排放权交易机制修正案、欧盟成员国配套措施任务分配的决定、碳捕获和储存的法律框架、可再生能源指令、汽车二氧化碳排放法规和燃料质量指令等内容。

挑战与机遇相生共存：中美新能源合作的新趋势

廖卓娴　著

《当代世界》2010年第1期

近年来，世界上许多国家和地区将新能源作为其能源发展战略的重要组成部分。目前，中美两国积极开发本国新能源，并在新能源方面展开了一系列合作，这不仅对两国关系和双边利益会产生重大的影响，而且将深刻影响全球新能源的发展。大力发展新能源已成为中美两国政府的共识.首先，大力发展新能源是当今美国政府的执政重点。其次，大力发展新能源是当今中国社会的一个共识。由于中美两国的发展阶段有所不同，两国在新能源领域的政策、态度和出发点也存在差异，这使双方合作面临着一定的挑战。第一，技术转让纠纷日渐增多。有关新能源核心技术的问题已经成为中美之间在新能源领域合作的障碍。第二，征收“碳关税”的可能性极大。双方在此问题上存在明显分歧，相关贸易摩擦增加将在一定程度上影响两国新能源合作。第三，相互信任有待增强。尽管双方面临着不小挑战，但中美两国在新能源合作存在着巨大机遇，一是合作愿望为中美双方新能源合作奠定了基础。二是应对金融危机为双方新能源合作提供了契机。第四，双赢理念为双方新能源合作带来了动力。

发达国家低碳管理的经验借鉴及其启示

黄海　著

《全球科技经济瞭望》2010年第2期
人大复印资料《管理学文摘》2010年第3期全文转载

在全球气候变化的背景下，以低能耗、低污染为基础的低碳经济日益受到世界各国的关注。我国更当积极把握机遇，正确应对挑战，在低碳经济大潮中乘势崛起。其中，政府完善的低碳管理体系在推行低碳经济进程中起着重要的主导作用。强化低碳管理，完善低碳管理体系是政府发展低碳经济的重要手段和根本保障。就政府的公共管理角度而言，低碳管理应包含发展规划的明确、法律规章的完善、政策措施的配套、体制机制的创新和科技创新的推动等方面。合理借鉴国际发达国家的低碳管理经验与启示，结合我国的低碳管理实际情况，构建完善的低碳管理制度与体系，明确战略目标、完善法律框架、加强制度建设、实行优惠政策、利用市场机制、推动科技创新，这对我国完善政府的低碳管理行为，推进低碳发展有着重要的参考作用。

论提高政府执行力

谢晶仁著
《广东行政学院学报》2009年第6期
《光明日报》2010年2月13日观点摘登

所谓“执行力”，就是指在各项政策、战略制定完成后，为实现目标采取的手段和方法，以及所体现出来的能力和精神。政府执行力是指政府及其工作人员贯彻落实上级的战略决策、方针政策和工作部署的操作能力和实践能力。提高政府执行力，既是全面提升政府管理水平的内在要求，也是打造勤政为民政府的迫切需要，更是保持和增强政府公信力的有力杠杆。目前，制约经济社会发展的一个突出问题就是“上有政策，下有对策”，这使一些政策不能如愿实施和发挥应有的作用。因此，我们必须完善政府决策程序、建立高效科学的政绩考评体系、建立健全规范的执行监督体制，全面提升政府执行力，从而为建设现代高效的服务型政府奠定坚实的基础。

建立党性分析制度的思考

谢晶仁　著
《党建研究》2010年第6期

党性分析是党员提高党性修养的重要内容和关键环节，是党员的自我教育活动。其内容主要是要求党员严格对照《党章》规定的党性原则，对自己的党性状况进行实事求是的评价剖析，在总结经验教训中，明确今后党性锻炼的努力方向。定期开展党性分析评议，是坚持从严治党，加强党员教育、管理和监督的有效措施，是巩固先进性教育成果、落实保持党员先进性长效机制的必然要求。但是，我们应该清醒地看到，当前党员党性分析方面还存在许多的问题，理想信念有待增强、宗旨意识有待提高、遵纪守法有待加强、学习方面有待强化等，这些问题严重影响了基层党组织的创造力、凝聚力和战斗力，影响了群众的主动性、积极性和创造性。因此，我们必须按照党的十七届四中全会提出的“建立党性定期分析制度”的要求，制定不同类别的分析标准，增强党性分析评议的针对性；高度尊重党员主体地位，切实保障党员的民主权利；处置不合格党员，积极做好后进党员的教育转化工作；坚持以解决问题为切入点，突出抓好党员整改措施的落实。

美国移民公共参与经验对我国农民工政治参与的启示

邓秀华　著
《当代世界》2010年第4期

本文分析美国对所有的外来移民实行“百分之百的美国化”政策，使移民完全融入美国社会而真正成为美国公民，然后再通过选举、社团活动等多种方式让其真正参与到国家政治生活中去。并在此基础上，针对我国城乡漂移中的农民工的政治参与的现实状况和困境，在中美公民政治参与对比中积极借鉴其成功经验，提出美国移民政治参与对我国农民工参政议政的经验启示：1. 建立与完善农民工组织，为农民工参与政治提供平台依托。市民社会组织是联系个人与国家的中介和纽带，它将分散的个人资源和能量整合为集体的意志，建立与完善农民工组织将有效地提高其政治参与的质量。2. 加速农民工市民化，为农民工参与政治提供社会支持。农民工只有市民化，才能与市民形成融洽的人际关系，才能得到合理的政治资源配置。对此要加速户籍改革，推进农民工市民化，为农民工参与政治提供社会支持。3. 营造良好的政治文化氛围，为农民工参与政治提供政治生态保障。当今，我国农民工经常遭受社会歧视，不能平等地参与国家政治生活。我们必须营造平等、和谐的政治文化氛围，为农民工参政提供政治生态保障。4. 提高农民工自身素质，为农民工参与政治提供技能保障。参政议政能力与技巧是农民工参与政治的基础。农民工要能有效的参与政治，就必须通过培训尽快提高其政治和文化素质，为农民工参政议政提供政治技能保障。

如何治理庸官懒政——湖南平江“差额竞职”改革的启示

周湘智　著

《中国人力资源开发》2010年第5期

庸官懒政的有效治理是我国的一个吏治难题。部分官员满于现状、贪图安逸、作风漂浮、得过且过，一定程度上存在观念上的保守主义，生活上的享乐主义，工作上的形式主义。其原因一是竞争“短缺”，动力不足；二是问责“短路”，压力不大；三是考评“短腿”，活力不强。必须嵌入竞争，通过加强竞争管理、实行竞争优化来激活效率闷局。未来庸官懒政治理必然成为干部管理的重点，必须实现新的制度超越，回应未来的发展需要。总的原则是通过完善优胜劣汰、奖勤罚懒、能上庸下、竞争激励、责任追究等机制，增强干部队伍的危机感、责任感和进取心，激发干部队伍干事创业的热情、干劲和活力。要建立开放的选拔体系，把好“入口”；建立科学的考评体系，把好“楼梯口”；建立严密的问责体系，把好“出口”。

我国省直管县（市）研究中的几个问题

周湘智　著

《科学社会主义》2009年第6期

人大复印资料《体制改革》2010年第3期全文转载

目前社会各界特别是学、媒两界关于本问题的相关研究与公共表达，其对于“省直管县”、“行政省直管”、“财政省直管”、“强县扩权”、“扩权强县”等概念的误读与混用现象较为普遍；对改革模式、改革省份归属、改革的省份数量、所涉县（市）数量、改革时间、改革批次、改革覆盖面等重要基础信息缺乏准确、规范的厘定。本文对相关概念进行辨正与界定，对相关改革模式进行建构与划分，对相关基本要素进行集成与分类梳理。认为“省直管县（市）” 可作广义与狭义两种界定。广义上是指国家在政治、经济、文化、社会等领域实行一个或多个方面的省直接对县（市）体制及与之相关的管理活动的总和，包括“行政省直管”与“财政省直管”两个方面；狭义上是将它与“行政体制省直管县（市）”视为同一个概念。“财政省直管县（市）”则是指在财政体制上实行由省直接管理县（市）的体制及与之相关的管理活动。“强县扩权”是指在现有体制不变的前提下，将省辖市的部分经济管理权和社会管理权直接赋予经济相对发达的县（市）的改革。“扩权强县”是指在现有体制不变的前提下，将省辖市的部分经济管理权和社会管理权直接赋予所有县（市）的改革。改革形成模式有“行政体制省直管县（市）模式”、“县(市)正职领导行政省直管县（市）+财政体制省直管县（市）+强县扩权模式”、“财政体制省直管县（市）+强县扩权模式”、“财政省直管县（市）+扩权强县模式”、“财政体制省直管县（市）模式”、“强县扩权模式”与“扩权强县模式”等7种。在对“省直管县（市）”体制绩效评估中，应注意剔除那些“非体制收益”因素，在“裸体制”基础上重点分析地市一级对县域经济的发展所造成的阻碍，求得准确的绩效函数。

“强县扩权”改革试点评估及拓展路径——基于682个试点县（市）的实证分析

周湘智　著

《领导科学》2009年9月（下）期

人大复印资料《管理科学》2010年第1期全文转载

我国一些地方自1992年实行“强县扩权”改革以来，县域经济活力空前激发，县域经济综合实力明显增强，县域发展环境持续改善，但也遇到了一些具体问题和困境。表现为：一是“权力打折”：部分权力口惠而实不至。存在“先放后收、放小不放大、放虚不放实、明放暗不放”的现象；二是“两个婆婆”：扩权县（市）处境尴尬。出现省、县两级积极性高涨，地市一级消极应付的“两头热中间凉”现象，扩权县（市）心存顾虑，进退两难；三是“感觉蹦极”：工作流程出现梗阻。很多试点县仍然必须像以前一样在县市之间来回跑。四是“地位矮化”：扩权县（市）所获省辖市的支持力度“缩水”。扩权强县“有了对省府的话语权失了市府的支持度”。五是“能力短板”：省、县两级政府新体制适应力遭遇挑战。省一级“偏好型决策，强制型服务，检查型工作”痕迹较为明显，县（市）在直接对省后，人员的素质难以适应业务衔接需要等；六是“制度意外”：行政运行成本有所增加。扩权县的工作经费和运行成本反比改革之前增大了。七是“苦乐不均”：扩权对象过度侧重发达县（市），经济弱县(市) 扩权对象比例明显偏低。要采取“应放尽放”，进一步增进放权质素；“交互理性”，进一步厘清市县关系；“扶强帮弱”，进一步推动扩权转型；“强基固本”，进一步降低行政成本；“践行三手”，进一步提升管理水平，采取五大措施加以应对。

让幸福与经济同步增长

黄海　著

《人民日报》海外版 2010年12月3日

“一切人类努力的伟大目标在于获得幸福”，追求幸福是经济社会发展的终极目标，是执政党和政府公共管理的最重要职责。在今年的“两会”上，温家宝总理强调“我们所做的一切，都是为了让人民生活得更加幸福、更有尊严”，党的十七届五中全会明确要求“十二五”以民生为核心，实现“两个同步”，即经济发展与居民收入同步增长、劳动生产率与劳动报酬同步提高。淡化GDP增长在国家发展战略中的权重，将民生问题提高到幸福与尊严的层次，实现了执政思路的又一跨越。“两个同步”是一种民享理念的体现，在强国和富民之间更加强调富民，在公平与效率之间更加突出公平，在GDP增长与公共服务之间更加关注公共服务；“两个同步”是一种民生理念的提升。幸福指数的提升，不仅来自民生的改善，也来自国家更加合理的分配秩序和机制安排。国民在国家的制度性安排中获得民生的充分保障，是一种有尊严的幸福感。

国内外职业高原问题研究进展

张其贵　著

《社会科学管理与评论》2010年第2期

职业高原是发生在个体职业生涯中的一个新现象，对这一现象的研究已经成为人力资源管理学一个新领域，需要厘清中外理论学界既成科研成果，为进一步拓展和完善这一思想理论体系奠定基础。20世纪中后期，随着西方经济社会进入一个滞长期，组织管理结构扁平化、精简化和机构重组逐渐成为主流，职业压力增大，职业危机加重，众多职业人员对个体的职业晋升缺乏信心，职业发展普遍出现了停滞现象。近半个世纪以来，西方学者对职业高原现象研究，经历了两次变革性影响的理论转变：一是由客观职业高原测量转向职业高原知觉测量；二是引人情景作为中介变量，来考察职业高原效应，并着手研究其发生的内在机理和本质特征。国内有关的职业高原研究，是进入21世纪后，随着改革开放的深入，市场主体逐渐成熟，员工职业竞争压力增大，职业高原现象逐步显露出来，国内一些研究学者，才开始在运用西方研究框架的基础上，结合我国的职业发展实际进行了一些实证性研究，并在实践中不断地寻求理论拓展。目前，这些研究处于起步阶段，范围窄，成果有限，尚未形成具有影响力的理论观点。

社会科学成果评价的理性透析

谢晶仁　著

《社会科学管理与评论》2010年第4期

社会科学成果评价是检验或认定社会科学成果的科学性和创造性，评价其质量、水平和效益。开展社会科学成果评价，有利于社会科学事业的繁荣发展；有利于促进社会科学管理规范化；有利于实现社会科学可持续发展；有利于培育和选拔社科优秀人才。近年来，社会科学得到了迅速发展，学科交叉与渗透的现象日益明显，科研队伍不断增强，科研成果层出不穷，由此而带来的社会科学成果评价工作显得越来越迫切。在一波又一波的学术浪潮中，科研管理者和理论界对社会科学成果评价问题做了大量的探索，取得了可喜的成就。但是，我们应该清醒地看到，由于学者们的研究角度不同，观点和说法存在差异，所得结论也存在一定的分歧，导致在实际操作过程中，理论与实践相脱节，研究与转化不相符，评价体系不规范，这影响了社会科学的建设与发展。为此，开展社会科学成果评价，应该坚持学术价值与社会价值相结合；坚持成果数量与成果质量相结合；坚持基础理论与应用成果相结合；坚持直接价值与间接价值相结合。同时，要从严遵守评价程序，真正确保操作的规范性；科学设定评价标准，保证评价结果的公正性；定性与定量相结合，体现评价结果的客观性；完善评价指标体系，实现评价手段网络化。

大学生就业问题的理性认识与对策思考

宋本江

《中国人才》2010年第1期

近年来，日益严峻的大学生就业形势备受社会广泛关注，今后一个时期大学生就业难问题还将继续存在。当前，大学生就业难主要有以下三个方面的表现：一是“公考”升温持续走高；二是出国留学逆势回升；三是“降价”求职越来越多。大学生就业难问题是多种因素相互影响、综合作用的结果，是我国经济转型与社会发展过程中的一种正常现象。对此，我们必须理性认识，正确看待：其一，大学生就业问题是就业制度从“统包统分”向“自主择业”转变的必然；其二，大学生就业问题是高等教育从“精英教育”向“大众化教育”转变的必然；其三，大学生就业问题是我国经济转型和产业结构调整的必然；其四，大学生就业问题是人才供需结构性矛盾的必然。破解大学生就业难题，既要出台积极的就业政策，促进大学生就业，缓解就业压力；同时也要大力推进体制机制创新，解决根源问题，构建长效机制。总的来说，要着力抓好以下六个方面：一是促进经济发展、增加就业岗位；二是实施积极的就业促进政策；三是改革高校教育体制；四是强化大学生就业指导与服务；五是健全就业市场体系；六是完善社保、户籍等相关配套政策与制度。

获得批示和作为文件下发的调研报告

湖南与发达国家、全国、中部省份经济社会发展主要指标比较分析材料

《湖南省情要报》2010年1期（总第50期）
朱有志、肖耀球、周少华、罗黎平、袁男优、蒋俊毅、陶庆先　执笔
获得时任省委书记张春贤的肯定性批示

领导批示：

湖南与发达国家、全国、中部省份
经济社会发展主要指标比较分析材料

编者按：为贯彻落实春贤书记“社科院要加强对湖南与发达国家、全国、中部省份的比较分析”的指示，2月23日晚上，省社科院朱有志院长牵头成立了“湖南与发达国家、全国、中部省份比较分析”工作组，专题研究湖南主要经济社会发展指标在全国、中部的位置，以及同先进国家的差距。由于时间紧迫、资料欠缺，部分内容未能具备四层次比较条件，现将初步查阅、测算成果呈上，谨请书记阅示。

2010年第1期
（总第50期）
2010年2月26日
湖南省社会科学院
湖南省情与决策咨询研究基地

为贯彻落实春贤书记“社科院要加强对湖南与发达国家、全国、中部省份的比较分析”的指示，2月23日，省社科院朱有志院长牵头成立了“湖南与发达国家、全国、中部省份比较分析”工作组，专题研究湖南主要经济社会发展指标在全国、中部的位置，以及同先进国家的差距。

材料对湖南与全国平均水平、中部六省以及部分先进国家在经济社会发展综合指标、经济社会发展专项指标和经济社会发展竞争力指标三维度进行比较：经济社会发展综合指标方面：主要从GDP和人均GDP、产业结构、需求结构、城市化水平、要素生产率等指标进行比较；经济社会发展专项指标比较：主要从农业、工业、财政、金融、城乡居民收入、收入差距、单位GDP能耗、科技投入、交通运输等指标进行比较；经济社会发展竞争力指标方面：主要从全球竞争力、省域竞争力、城市竞争力、生态文明水平、地区工业化、小康社会建设进程等指标进行比较。通过对上述指标的比较分析，鲜明地指出湖南经济社会发展在全国、中部的位置，以及同先进国家的差距，达到了预期的目标。

关于转变经济发展方式、走绿色低碳道路、加快“两型社会”建设的建议

张　萍
获得省委书记周强肯定性批示

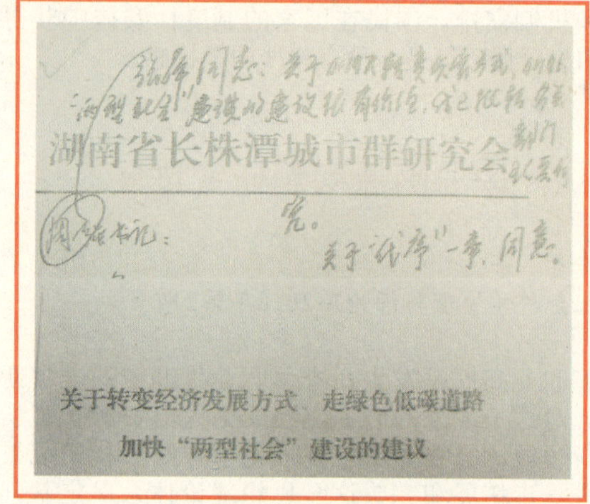
湖南省长株潭城市群研究会

关于转变经济发展方式、走绿色低碳道路
加快“两型社会”建设的建议

报告分为八个部分，即“两型社会”建设面临能源安全和生态环境不可持续的严峻挑战；加快转变经济发展方式与向创新驱动转变相结合，大力发展战略性新兴产业；发展低碳无碳新能源与高碳低能低碳化和无碳利用相结合，形成复合型高效洁净的能源结构和安全供应体系；加快经济结构调整、打造区域综合现代服务业中心；大力推进资源循环利用，加速高能耗高排放产业低碳化进程；大力创新工业技术软件技术，促进信息化与工业化深度融合；实施城镇化与低碳化相结合，走协同推进的发展道路；关于综合改革与制度保障的建议等，就长株潭城市群在综合配套改革试验中，如何坚持低碳道路，转变经济发展方式，加速“两型社会”建设，更好地发挥示范带动作用等问题，提出相关建议，以供决策参考。

推进军技民用，做大北斗产业：实现我省新一代信息产业新突破——关于我省发展北斗卫星导航应用产业的调查和思考

肖　卫　执笔

获得省委书记周强、省委副书记梅克保、
副省长陈肇雄等肯定性批示

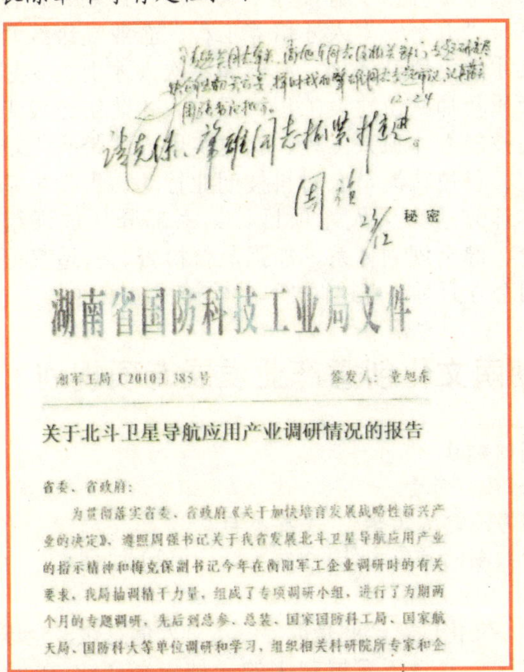
秘密

湖南省国防科技工业局文件

湘军工局〔2010〕385号　　签发人：童旭东

关于北斗卫星导航应用产业调研情况的报告

省委、省政府：

为贯彻落实省委、省政府《关于加快培育发展战略性新兴产业的决定》，遵照周强书记关于我省发展北斗卫星导航应用产业的指示精神和梅克保副书记今年在衡阳军工企业调研时的有关要求，我局抽调精干力量，组成了专项调研小组，进行了为期两个月的专题调研，先后到总参、总装、国家国防科工局、国家航天局、国防科大等单位调研和学习，组织相关科研院所专家和企

北斗卫星导航系统是我国正在实施的自主发展、独立运行的全球卫星导航系统，是继美国的GPS和俄罗斯的GLONASS之后第三个成熟的卫星导航系统。随着北斗系统不断完善和产业化推进，北斗卫星导航技术在国防建设、国民经济和社会发展各领域正在快速推广应用。为此，我局组织专项调研小组，进行了为期两个月的专题调研，先后到总参导航办、总装北斗办、国家国防科工局、国家航天局、国防科大和相关企业进行调研和学习，并组织我省相关科研院所专家和企业负责人进行座谈研讨。经过调查研究，我们认为，建设北斗卫星导航系统及其产业化是国家的重大战略部署，北斗卫星导航应用产业（简称北斗产业）具有不可限量的经济价值和市场潜力，发展北斗产业有利于推动我省“四化两型”战略实施，我省已经具备发展北斗产业的技术支撑、产业基础、人脉资源等优势条件，当前正是进军北斗产业的最佳时机，应大力支持北斗产业发展，抢抓机遇，占领制高点，把北斗产业作为战略性新兴产业重点培育，努力实现新一代信息产业新突破。

“加快湖南产业低碳化转型研究”专题报告

朱有志、罗波阳等　参与调研
周少华、陶庆先　　执笔
获得省长徐守盛，省委副书记梅克保，省委常委、省委秘书长杨泰波以及副省长陈肇雄等肯定性批示

报告共分为四大部分：第一部分主要从节能减排、低碳产业发展、低碳技术创新等方面总结了湖南产业低碳化转型的成效，从产业低碳化体系的构建、能源瓶颈、自身发展转型等方面探讨了产业低碳化转型面临的挑战；第二部分主要从“两型社会”建设、参与国际市场竞争、推进新型工业化等方面，分析了加快湖南产业低碳化转型的必要性；第三部分主要从技术创新、结构优化、科学管理、示范试点等方面，具体探讨了产业低碳化转型的路径；第四部分主要从规划、政策、合作、考核监督等方面，提出了加快湖南产业低碳化转型的对策建议。

“文明融城”加速度：长株潭“两型社会”精神文明示范区建设理论研讨会综述

周湘智
《湖南省情要报》2010年第10期
获得省委宣传部长路建平批示

一个载体+三大功能：示范区建设之“文明融城”重要意义；三条短板+两个不足：示范区建设之“文明融城”问题表征；四化同治+三城同建：示范区建设之“文明融城”政策体系；三字文章+五大名城：示范区建设之城市文化发展战略；同中存异+异中求同：示范区建设之城乡社区文明建设；统筹兼顾+突出重点：示范区建设之国内外经验借鉴；六种教育+三大力量：示范区建设之公民道德教育；五类转化+五个落点：示范区建设之城市拓展区文明建设；三条原则+三个结合：示范区建设之文明街道、村镇、社区建设；方向引领+政策导航：示范区建设之党建工程。

湖南省新建大中型水库移民安置问题、影响、成因及对策研究

省委省政府领导2009年交办的调研项目
汪金敖研究员　参与调研、主要执笔
获得徐明华、蔡力峰、谢康生等多位省领导的肯定性批示
在调研报告基础上形成的对策部分湖南省人民政府以2010年9号文件下发

湖南省委省政府历来高度重视水利水电事业发展和水库移民安置工作。为了进一步做好新建水库移民安置工作，实现工程建设与移民安置、生态保护多方共赢，2009年5月至11月，在省委、省人大、省

政府的领导下，我们以贯彻执行《大中型水利水电工程建设征地补偿和移民安置条例》（以下简称国家条例）和《湖南省大中型水库移民条例》（以下简称省条例）为主线，以新建大中型水库为重点，采取全面了解101座新建水库与重点解剖20座水库相结合的方式进行调查，并到新建水库移民安置工作搞得好的贵州省、广西壮族自治区考察学习，与四川、云南省进行信函交流，在此基础上，对湖南省新建大中型水库移民安置工作的问题、成因、影响及对策进行了深入研究和探讨。

湖南省中长期人才发展规划纲要（2010—2020年）

调研起草
胡跃福、宋本江　负责
马贵舫、许冰凌、张其贵　主要参与
中共湖南省委文件[湘发（2010）12号]印发

为贯彻落实党的十七大提出的更好实施人才强国战略的要求，中央启动了《国家中长期人才发展规划纲要（2010—2020年）》的编制工作，并对各省市区编制规划纲要提出了明确要求。《湖南省中长期人才发展规划纲要（2010—2020年）》(以下简称规划纲要)充分考虑人才发展的现实情况，深刻把握经济社会发展对人才发展的要求，明确了建设人才强省的战略目标。《规划纲要》的出台对我省在日益激烈的国内外人才竞争中赢得主动，加快科学发展、为实现富民强省提供充足的人才智力支持具有重要意义。

《规划纲要》分为六部分，1.7万多字。第一部分根据国家中长期人才发展规划纲要的要求和我省的实际，提出了“服务发展、人才优先、以用为本、创新机制、高端引领、整体开发”的24字方针。第二部分根据我省人才发展基础和未来10年经济社会发展要求，提出了“确立我省在中部地区的人才竞争优势，进入全国人才强省行列”的总体目标，并提出到2020年，人才总量达到780万人左右，其中党政人才33万人左右，企业经营管理人才117万人左右，专业技术人才350万人左右，高技能人才139万人左右，农村实用人才141万人左右。第三部分提出要突出高层次创新型科技人才队伍、高层次经营管理人才队伍、高层次党政领导人才队伍和高技能人才队伍建设，突出新型工业化人才、宣传文化人才、社会工作人才和知识产权人才开发，突出长株潭区域人才开发和湘西地区人才开发。第四部分提出了实施人才投入优先保证政策、加大人才培养力度、加强人才引进与交流、创新人才工作体制机制、完善人才公共服务体系、促进人才队伍协调发展、推进人才工作基础建设等七大政策措施。第五部分确立了科技领军人才培养计划、宣传文化系统“五个一”人才培养工程、企业高级经营管理人才能力提升计划、海外高层次人才引进计划、高素质教师队伍建设工程、卫生人才队伍建设工程、高技能人才振兴工程、农村实用人才带头人培养计划、科技特派员农村科技创业行动、大学生基层培养计划等十大人才项目。第六部分从加强组织领导、健全规划体系、加强监督检查、营造良好环境四个方面对《规划纲要》的实施提出了要求。

湖南文化创意产业发展专项规划

调研起草
王　毅　负责
周海燕、陈文峰　主要参与
中共湖南省委文件[湘发（2010）20号]印发

文化创意产业是世界经济进入信息化、全球化时代这一背景下发展起来的一种新兴产业，蕴涵着巨大的经济潜力，“十一五”以来，在省委省政府提出“发展文化创意产业、建设文化强省”战略思想指导下，湖南文化创意产业正在朝着最具活力、最具竞争力、最具国际化风格、最具湖湘文化底蕴的特色产业目标前进。

一、总体思路。通过转变发展方式，不断调整产业结构，以创意为核心，以文化为灵魂，以科技为支撑，以园区为依托，促进文化创意产业向高端化、网络化、数字化和信息化方向发展。在继续做大做强广播影视、新闻出版、文娱演艺产业的基础上，充分调动全省创意资源，服务国民经济各行业的创意需求，促进传统产业结构升级。大力发展数字媒体、数字出版、框架媒体、手机电视、手机购物、手机动漫、网络游戏等新兴文化业态，延伸和拓展文化创意产业链条，形成具有湖湘特色和文化元素的创意产品生产、经营、服务、运作模式及系列“创意产业群”。

二、发展目标。建成具有湖湘特色的文化创意产业体系，将湖南省文化创意产业培育成重要支柱产业，形成规模壮大、布局合理、重点突出、保障有力的发展格局。“十二五”期末，湖南文化创意产业增加值占地区生产总值的比重达8%，2015年文化创意产业产值达4500亿元；到2020年，湖南文化创意产业增加值占地区生产总值的比重达10%，文化创意产业产值突破10000亿元，将长株潭建设成世界“文化创意产业高地”、国家级文化创意产业示范区、“软件及服务外包之都”，使之成为中部地区最具活力和竞争力的文化创意区之一。

三、战略重点。1.强力推进数字新（下转129页）

重要课题

形成合理的城镇化空间格局与新城市群研究——基于中部新城市群整合机制的实证分析

国家社会科学基金课题（项目批准号：07BJY061，结项号：20101140）
主持人：童中贤
课题组成员：韩未名、熊柏隆、王丹丹、肖琳子、周海燕等

本项目以新城市群的推动手段为研究重点，以新城市群的整合机制为研究线索，以新城市群竞争力提升为研究目标，并围绕这三者构建研究框架，形成了“四大机制、两类模型、一大体系”的研究成果。“四大机制”即城市群整合的利益机制、动力机制、链接机制和制导机制，“两类模型”即利益博弈模型和经验计量模型，“一大体系”即城市群竞争力评价体系。这对于新城市群的整合发展，不仅具有重大的应用价值，而且具有重要的学术价值。其主要内容包括以下几个方面：

城市群整合机制的基础分析。研究了城市群整合机制的理论模型与目标模式，为新城市群整合提供理论依据；梳理了中部地区城市发展的历史演化，探讨城市极化与集群的客观规律性；考察了新城市群发育的现实基础，并在城市群发展趋势的时代大背景下揭示了城市群整合的重要意义。

中部城市群整合的利益机制。城市群从本质上讲，就是一个利益共同体。利益机制，包括利益结构关系、主体如何诉求、行动如何博弈以及利益实现方式。通过对成熟城市群利益机制的考量，构建新城市群的利益表达机制、利益协调机制和利益保障机制，这是研究新城市群整合机制及模式的基础。

中部城市群整合的动力机制。通过对外部动力、内部动力和耦合动力的分析，研究城市群整合的生产力调整效应驱动、企业区位选择驱动、交通通讯网络化驱动、要素流动网络化驱动、政府宏观调控驱动、城市功能改变驱动等动力机制，通过动力机制研究了新城市群整合机制及模式的性质。

中部城市群整合的链接机制。“链”，即表达具有某种特征的不同要素之间的相互联系。本课题以价值为取向，以空间为平台，以产业为落脚点探讨构建中部城市群的三大关键“链”，即价值链、空间链和产业链，形成各种“链接”机制，通过链接链条研究了新城市群整合机制及模式的内容。

中部城市群整合的制导机制。制导机制就是整合的制逆导顺机制。通过对中部城市群产业结构、市场机制、基础设施、行政文化等问题的分析，提出

（上接128页）媒体建设。2. 做大做强数字出版印刷产业。3. 大力发展湖南会展会议经济。4. 重点打造中国乃至全球的“动漫之都”。5. 加快构建创意产业体系。

湘南地区开发开放规划

童中贤、李晖、杨盛海
湖南省人民政府湘政函[2010]160号批复

以省第九次党代会精神为指导，以改革创新为动力，积极承接粤港澳等沿海产业转移，不断完善基础设施，大力推进经济转型，加快产业结构优化升级、促进资源高效利用，加强生态环境保护，构建和谐社会，把湘南地区打造成全省对外开放的引领区、产业承接的先导区、加工贸易的集聚区、综合开发的创业区、循环经济的示范区、环境优美的游憩区。报告在分析区位优势、资源优势、产业优势、后发优势四大发展条件及全球产业转移机遇、国家宏观调控机遇、中部崛起战略机遇、泛珠区域合作机遇、省内政策助推机遇和五大制约因素的基础上，进一步阐述了研究的重大意义，提出了总体发展目标与发展要求，明确了打造中心城市、提升县城功能、建设重点中心镇的城镇体系建设，推进农村现代化、主要农作区开发、加强农田水利建设的新农村建设，创建产业承接示范园区、共建出口加工贸易区、打造产业转移承接走廊的开发布局。提出了现代农业、先进制造业、有色金属深加工业、传统产业和服务业、承接产业转移的产业开发，矿产、旅游、人力资源开发，呼应长株潭、对接粤港澳、推动与东盟合作、加强对外通道建设的对内对外开放，综合交通体系、能源保障、城乡公共等基础设施建设，加强生态建设、强化污染治理、推进节能减排等生态环境保护，改革经济管理体制、改革社会管理体制、改革行政管理体制、改革生态环保体制，制定了强化组织领导、加大财政支持力度、强化金融支持、强化用地保障、优化经济环境等五个方面的保障措施。

城市群整合的制导方式，使新城市群整合符合规律地进行，防止和纠正偏离正确发展轨道的现象，以此确定了新城市群整合机制及模式的原则。

中部城市群竞争力评价体系。衡量城市群整合绩效的一个非常重要的标准就是其竞争力。而城市群的绩效取决于其结构状况和功能水平，本课题主要研究中部城市群综合竞争力测量模型构建，通过建构一个综合的城市群综合竞争力经验模式，探讨了各个变量对中部城市群整合成效的影响弹性。

中部核心增长极培育与整合。本课题通过对长武郑都市带培育的现实条件和长武郑都市带作为国家增长极的对比分析，探索促进中部崛起的战略支点构建，打造中国经济第四增长极，这也是加快推进我国东中西互动，实现区域经济协调发展的重大战略举措。

深刻认识和把握“十二五”期间湖南经济社会发展的阶段性特征

湖南省社科基金重大委托项目
（项目批准号为2010WTA10 ）
主持人：朱有志
课题组成员：罗波阳、童中贤、尹向东、杨盛海、湛中维、刘险峰、刘敏、刘莉、周海燕、袁男优、胡守勇、罗黎平、肖琳子、邓子纲、陶庆先
获得省委常委、省委宣传部长路建平肯定性批示，《湖南省社科规划项目成果要报》2010年第7、8期刊登主要观点，省委宣传部【2011】16号文件采用；结题获“优秀”等级

该成果主要包括以下四方面的内容：1.分析了“十二五”期间湖南发展的五大阶段性特征。即：经济继续高位运行，竞争态势更加激烈；工业化纵深推进，转型提升更加重要；城镇化带动力增强，发展瓶颈更加突出；社会建设全面加速，和谐发展更加艰巨；“两型”建设有效突破，两难选择更加明显。2.提出了以“五化四型”建设为主要内容的战略思路。即：协同推进工业化、信息化、城镇化、市场化、国际化，加快“人口均衡型、社会和谐型、资源节约型、环境友好型”社会建设，使湖南继续走在中部崛起的前列。3.明确了五大战略任务。即：坚持科学发展，建设“高效湖南”；坚持以人为本，建设“民本湖南”；坚持创新驱动，建设“智慧湖南”；坚持绿色发展，建设“两型湖南”；坚持依法治省，建设“法治湖南”。4.从促进跨越发展、转型发展、内生发展、优化发展、绿色发展、和谐发展、创新发展七个方面提出了战略举措。

巩固和发展湖南凝心聚力、干事创业的良好局面的对策研究

湖南省社科基金重大委托项目
（项目批准号为2010WTA02）
主持人：贺培育
课题组成员：潘小刚、宋本江、王文强、伍新林、周少华、陈扬
获得省委常委、省委宣传部路建平部长的肯定性批示；《湖南日报》摘要编发了研究报告的主要内容；依据本成果撰写的《谈心录》文章《将智慧和力量凝聚到发展上来》在全省各主要媒体集中刊发；结题获“优秀”等级

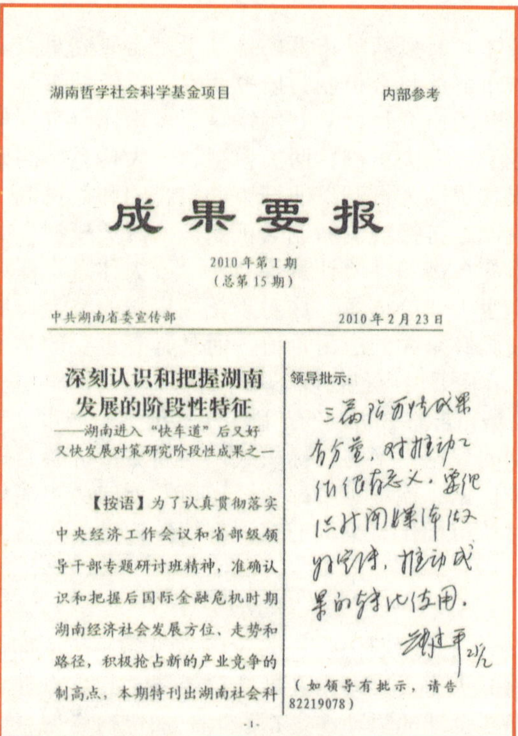
湖南哲学社会科学基金项目　　内部参考

成果要报

2010年第1期
（总第15期）

中共湖南省委宣传部　　2010年2月23日

深刻认识和把握湖南发展的阶段性特征
——湖南进入“快车道”后又好又快发展对策研究阶段性成果之一

【按语】为了认真贯彻落实中央经济工作会议和省部级领导干部专题研讨班精神，准确认识和把握后国际金融危机时期湖南经济社会发展方位、走势和路径，积极抢占新的产业竞争的制高点，本期特刊出湖南社会科

领导批示：

（如领导有批示，请告82219078）

-1-

本项目归纳和提出了形成湖南凝心聚力、干事创业良好局面的主要标志、宝贵经验以及进一步巩固和发展这一局面所面临的压力与挑战，并就如何进一步巩固和发展湖南凝心聚力、干事创业良好局面提出具体的对策建议，为省委省政府提供决策咨询。

课题最终研究报告共分为四个部分：第一部分：湖南形成凝心聚力、干事创业良好局面的主要标志的理论分析。研究报告从湖南干部群众的精神面貌、湖南社会活力得到有效激发、党和政府服务发展、服务人民的良好形象被人民群众广泛认可和湖南经济已经驶入快车道等方面进行了分析和阐述。第二部分：湖南形成凝心聚力、干事创业良好局面经验的总结。研究报告从打牢全省人民的共同思想基础、科学跨越富民强省的发展战略、广泛集中民

智民力、坚持民生优先和坚持“三个不吃亏”的用人导向等五个方面进行了经验总结。第三部分：巩固和发展湖南凝心聚力、干事创业良好局面所面临的新的压力和挑战。研究报告提出影响巩固和发展湖南凝心聚力、干事创业的良好局面有四大因素。分别是从思想观念滞后可能削弱科学发展的引领力、社会矛盾进入多发期使维护社会稳定的压力加大、农村基层组织功能弱化不利于群众积极性的调动和腐败仍处高发期不利于维护党和政府的公信力四个方面加以分析和阐述。第四部分：进一步巩固和发展湖南凝心聚力、干事创业良好局面的对策措施。研究报告从强化科学跨越共识、充分发扬民主、完善民生保障体系、构建全民创业支撑体系、缩小收入差距、进一步推进社会公平和实施党的形象提升工程等六个方面提出了进一步巩固和发展湖南凝心聚力、干事创业良好局面的对策建议。

湖南经济进入“快车道”后又好又快发展对策研究

湖南省社会科学基金重大委托项目
（项目批准号：2010WTA01）
主持：方向新
承担者：郭勇、肖卫、陆福兴、蒋俊毅、李晖、陈文锋、周少华
获得时任省委书记张春贤，省委常委、省委宣传部长路建平的肯定性批示；结题获“优秀”等级

本课题总体研究报告分为三个部分，第一部分研究湖南经济社会发展的历史方位与走势，第二部分研究后金融危机时期湖南实现又好又快发展的战略构想，第三部分研究构建具有长远竞争力的现代产业体系问题。主要观点：

其一，湖南发展的历史方位及其阶段性特征。即：1.湖南经济进入起飞的后阶段；2.湖南经济进入工业化、城市化加速推进的中期阶段；3.全面小康建设的攻坚阶段。

其二，后金融危机时期湖南面临的机遇与挑战。湖南虽然步入发展“快车道”，但目前尚存在着三大突出特征：有总量优势，无人均量优势；有数量优势，无结构优势；有结构调整变化的优势，无发展方式转型的优势。湖南面临的机遇和挑战包括：1.后金融危机时期全球经济的发展，对湖南发展始终是机遇与挑战并存。2.经济增长进入比较稳定的加快发展阶段，但在经济高位运行中潜在风险加大。3.工业化、城市化进程进入中期加速的新成长阶段，但结构转型的任务将更为艰巨。

其三，后金融危机时期湖南实现又好又快发展的战略思路和战略措施。战略思路是：坚定不移地走科学跨越之路；紧紧抓住转变经济发展方式的根本；更加明确突出经济结构调整的重点。战略措施是：注重培育战略性新兴产业；做好低碳崛起的大文章；迈出自主创新的新步伐；走出一条“稳外需扩内需”的新路子；以城乡一体为导向加速新型城市化进程；切实推动政府体制改革；加强以民生为重点的社会建设。

其四，湖南如何构建具有长远竞争力的现代产业体系。在后金融危机时期，湖南打造富有竞争力现代产业体系的重点是：1.建设现代效益农业。2.构筑新型工业体系。3.发展现代服务体系。4.完善产业组织体系。打造富有竞争力现代产业体系的对策措施是：强化产业规划引导；强力推动自主创新；实施技术标准战略；加大资金投入力度；加强产业人才建设；加强产业统筹协调。

人均GDP进入3000～5000美元阶段部分省市经济结构变化和动态特征对湖南“十二五”经济社会发展的启示研究

2010年湖南省社会科学基金重大委托项目
（项目批准号：2010WTA14）
主持：史永铭
承担者：区域系统所为主

世界进入后金融危机时代，全球经济面临深度调整，国内 “十二五”也将以“转方式、调结构”为发展主线。湖南2009年人均GDP按当年汇率计算已近3000美元，“十二五”末将达5000美元。而人均GDP 3000～5000美元阶段被公认是一个国家或地区发展的“重要关口”，经济社会的发展将于此阶段发生结构性变化并进入转型期。在这一“黄金发展期”和“矛盾凸显期”相交织的“战略十字路口”，湖南今后经济结构战略性调整之路具体该怎么走？

课题研究从世界典型国家“中等收入转型”的经验教训分析入手，遴选了我国人均GDP已过3000美元的几个先行省份，在对其经济结构演进的动态特征及一般性规律进行实证分析的基础上，结合湖南经济结构发展演进的特点及变动趋势，从产业结构、需求结构、要素结构、就业与分配结构和社会结构等多个层面展开分析，总结归纳出若干可供湖南参考借鉴的人均GDP过3000美元之后一段时期经济结构调整升级的经验、启示和对策。

课题组认为：在进一步加快推进新型工业化、着力提升居民消费水平的基础上加快服务业发展，是今后促进三次产业结构优化升级必须抓的关键环节；在积极推进高技术产业以加工组装为主向自主研发制造为主转变的同时，要注重强化和提升原

材料工业，提高加工深度，推进规模化、清洁化、基地化和新型化发展；积极培育和发掘新的有效需求，加快治理前期高速投资造成的产能过剩，跳出“利用新投资来适应旧产能过剩，新投资又形成新产能过剩”的怪圈；要切实加大民生、社会保障领域的投资力度，注意遏制以往民生投资占比有所下滑的态势；高度重视需求型技术变迁与供给型技术变迁、产业技术基础与经营基础、技术变迁与制度变迁等“三个匹配”，避免“新能源陷阱”；注重粗放型城镇化向集约型城镇化转变，以政府为唯一主体的传统城市管理模式向“全民、全程参与”，实现城市管理理念由“人治”向“人本”转变，以促进人的全面发展为主线，完成农村转移人口的“半城市化”向“全城市化”转变；着力调整提高居民收入在国民收入分配中的比重，提高劳动报酬在初次分配中的比重；以新农村建设和新型城市化为抓手，积极推进农村人口的集中居住和进入城镇就业定居；在全省实行弹性的绩效评价和政绩考核体系，为后发地区经济发展转型，实施差异化、特色化发展留足时间和空间等。

湖南经济进入快车道时期的投融资规模、结构及政策研究

2009年湖南省社会科学基金重大招标项目
主持：肖毅敏

后危机、后“弯道超车”时期的湖南经济，面临两大挑战，一是积极的财政、货币政策引致的通胀预期和资产泡沫压力；二是反周期高速发展带来的高位压力和后续动力问题。如何化解挑战，保证湖南经济在快车道上持续航行是必须破解的现实问题。本课题抓住湖南经济投资拉动型特征，以扩大投资规模应对双重挑战，以投融资结构与机制创新促进投资，以投融资政策调整和优化来保障与优化投资为逻辑展开研究，将应对后危机困境与长期可持续发展有机结合起来；将扩大投资和优化投融资结构、提高投融资效益结合起来；提出了后“弯道超车”阶段湖南扩大投资规模的发展思路、方法和政策体系。

湖南省社科院
2010年度纵向课题立项一览表

序号	课题级别	课题类型	名　称	主持人
1	国家社科基金	一般项目	湘中梅山地区民间信仰的历史与现状研究	刘范第
2	国家社科基金	青年项目	低碳生活方式与经济发展模式研究	李海燕
3	国家社科基金	青年项目	绩效管理视角下的当代中国政府公信力研究	杨　畅
4	省社科基金	重大委托	湖南经济进入“快车道”后又好又快发展对策研究	方向新
5	省社科基金	重大委托	巩固和发展湖南凝心聚力、干事创业的良好发展局面的对策研究	贺培育
6	省社科基金	重大委托	“十二五”期间经济社会发展的阶段性特征与战略创新研究	朱有志
7	省社科基金	重大委托	人均GDP进入3000～5000美元阶段的部分省市经济结构变化和动态特征对湖南“十二五”经济社会发展的启示研究	史永铭
8	省社科基金	重大委托	湖南战略性新兴产业集群发展政策研究	郭　勇
9	省社科基金	重大委托	推进“四化两型”湖南加快发展和转型发展的战略抉择研究	罗波阳
10	省社科基金	重大委托	打造“四个湖南”新名片：新起点上湖南科学发展的新任务研究	刘云波
11	省社科基金	重点项目	后国际金融危机时期湖南加快经济发展方式转变的战略性选择	尹向东
12	省社科基金	一般项目	周敦颐研究著作述要	周建刚
13	省社科基金	一般项目	湖南工业低碳化转型研究	周少华
14	省社科基金	一般项目	“两型社会”建设视角下的经济增长动力机制和模型研究	蒋俊毅
15	省社科基金	一般项目	“下里巴人”的重建——湘西地区群众文化建设研究	胡守勇
16	省社科基金	一般项目	湖南城市保障性住房准入及退出机制研究	周海燕
17	省社科基金	一般项目	人均GDP过3000美元后湖南经济结构调整升级的思路与对策研究	罗黎平
18	省社科基金	一般项目	基于政府绩效评估的当代中国政府公信力提升研究	杨　畅
19	省社科基金	一般项目	袁昶（1846—1900）学术研究	马延炜
20	省社科基金	一般项目	湖南转变经济发展方式的评价体系及实现路径研究	邓　平
21	省社科基金	一般项目	湖南农村女性劳动力转移就业社会风险防范研究	陈君武
22	省社科基金	一般项目	加快湖南地方政府投融资平台发展方式转变研究	刘　雯
23	省社科基金	一般项目	基于LEAP模型的湖南省低碳经济发展模式评估及碳减排预测研究	杨顺顺
24	省社科基金	一般项目	湖南农产品价格波动机制分析	常　伟
25	省社科基金	一般项目	伦理学的形而上学追求——叔本华伦理思想研究	田　智
26	省社科基金	一般项目	加快推进惩治和预防腐败体系建设研究	张胜军
27	省社科基金	一般项目	现代性与乡土文学的话语变革——当代乡土小说十家论	傅异星
28	省社科基金	一般项目	生物燃料产业发展对粮食安全的影响研究	刘险峰
29	省社科基金	一般项目	加快促进农业发展方式转变	陈文胜
30	省社科基金	一般项目	低碳经济背景下的湖南新能源产业发展研究	刘亦红
31	省软科学课题	重点项目	长株潭开展低碳城市群试点的发展战略研究	李　晖
32	省软科学课题	一般项目	构建湖南低碳消费模式的体制机制研究	刘　敏

09 重要活动

HUNAN ACADEMY OF SOCIAL SCIENCES YEARBOOK

2010年海峡两岸宗教与区域文化暨梅山宗教文化研讨会

由中国社会科学院世界宗教研究所、中华宗教哲学研究社、湖南省社科院哲学研究所共同主办的“2010年海峡两岸宗教与区域文化暨梅山宗教文化研讨会”，于2010年7月4日在湖南长沙开幕，此后移师南岳，转赴新化，并于7月8日在新化闭幕。

中国社会科学院副院长高全力研究员，全国人人常委、中国社会科学院世界宗教研究所所长卓新平，全国人大代表、中国佛教协会副会长陈圣辉，湖南省政协副主席何报翔、中华宗教哲学研究社理事长巨克毅、中华经典文化教育学会理事长洪淑慧、日本中国学会理事长池田知久、湖南省社会科学院院长朱有志等著名专家学者共155人出席了会议。本次学术研讨会共设有四个议题：一是海峡两岸宗教文化交流的回顾与前瞻；二是海峡两岸的民间信仰(宗教)与文化遗产保护；三是湖南梅山宗教文化的调查研究；四是宗教文化与区域社会的互动研究。

研讨会上，围绕海峡两岸宗教文化交流的历史和未来、梅山宗教文化的历史和现状，各位专家学者各抒己见，畅所欲言，从文化人类学和民俗学视角与世界文明共享的高度，从文化与旅游、经济与社会发展相结合的深度，探讨和展示了梅山文化的形成、深刻内涵及其巨大文化价值和旅游开发价值。研讨会期间，共收到论文49篇，其中关于梅山宗教文化研究的论文22篇。各位代表欣赏了梅山武术表演和民俗文艺表演，领略了傩戏的神秘和梅山山歌的独特魅力，并对新化县旅游文化品牌的打造和旅游经济的发展进行了科学指导。这次研讨会的召开对抢救、保护和弘扬梅山文化遗产，打造新化城市文化名片，加速新化旅游经济发展，将产生积极而深远的影响。

大会授予新化县“湖南省社会科学院梅山蚩尤文化研究基地”牌匾，并且发表了《保护非物质文化遗产，推进梅山文化研究——梅山文化新化宣言》（以下简称《宣言》）。

海峡两岸的专家、学者们共聚一团，探讨两岸宗教与区域文化及梅山宗教文化，这在湖湘大地尚属首次。本次研讨会聚焦于梅山宗教文化，不少见解自成一家，许多成果极富创见，对于挖掘和整理祖国特别是梅山宗教文化遗产，强化和提升两岸文化认同都具有极其重大的学理价值和现实意义。

2010中国工业创新发展论坛暨第二届技术创新管理与政策国际研讨会

2010年8月21—22日，由中国社会科学院工业经济研究所、湖南省加速推进新型工业化领导小组办公室、湖南省经济和信息化委员会、湖南省社会科学院共同主办的“2010中国工业创新发展论坛暨第二届技术创新管理与政策国际研讨会”在长沙隆重召开。中共湖南省委副书记梅克保向大会发来贺信（全文见特载）。全国人大常委、中国社会科学院学部主席团代主席陈佳贵研究员作主题演讲，湖南省人民政府副省长陈肇雄致辞（全文见特载）。湖南省人大常委会党组成员、省政府顾问唐之享等领导出席会议。来自美国、英国、日本、瑞典、韩国、中国社科院、清华大学等海内外著名高校和研究机构、有关政府部门、相关开发区的专家学者两百余人围绕主题“产业集群与企业创新”进行了深入探讨。

开幕式由中国社科院工业经济研究所党委书记李平研究员主持。陈佳贵和美国麻省理工学院凯伦•布兰斯卡教授先后作主题演讲。

中国社会科学院工业经济研究所党委书记、副所长李平研究员主持了开幕式后的第一阶段主题演讲，日本财团法人静冈综合研究机构理事长竹内宏和湖南省社会科学院院长朱有志分别作“地区产业的特点与大学的作用”、“战略性新兴产业集群发展的模式、特点及举措”主题演讲。

中国工业经济联合会副会长林凌研究员、湖南省社科院副院长罗波阳研究员、中国社科院工业经济研究所副所长黄速建研究员分别主持下午三阶段的主题演讲，英国威尔士大学教授菲利普•库克、瑞典隆德大学教授比约恩•阿西姆、日本文部科学省渡边阳平、韩国忠南大学教授吴根烨，以及中国社科院管理科学与创新发展研究中心副主任王钦、台湾暨南国际大学林欣美副教授等先后发表了主题演讲。

开幕式上，中国社科院课题组介绍了《产业集群创新能力》课题的研究情况，并举行了《中国产业集群创新发展报告》与《2010湖南战略性新兴产业集群创新发展报告》两本书的赠书活动，陈佳贵、唐之享、陈肇雄等领导和专家向省内各市州的代表赠送了这两本新书。《湖南战略性新兴产业集群创新发展报告（2010）》系湖南社科院工业经济所策划、湖南战略性新兴产业集群发展战略研究小组完成，是目前国内首部对省域战略性新兴产业集群创新能力进行系统的分析与评价的著作。

湖南省经济和信息化委员会主任谢超英主持了闭幕式，中国社科院工业经济研究所副所长黄速建研究员作总结发言。

会议期间，与会代表由湖南社科院副院长罗波阳陪同赴株洲市实地考察了产业集群发展与企业创新情况，株洲市委常委、副市长龚凤祥等接待了考察团一行。

海峡两岸产业创新与合作研讨会

2010年8月30－31日，由中国社会科学院台港澳学术交流委员会、台湾中华经济研究院主办，中国社会科学院工业经济研究所、湖南省社会科学院承办的“海峡两岸产业创新与合作研讨会”在长沙隆重召开。中国社科院副院长李扬、台湾中华经济研究院院长萧代基出席会议并致辞，湖南省人民政府副省长陈肇雄发来贺信（全文见特载）。来自海峡两岸的专家学者共120余人参加会议。开幕式由中国社会科学院工业经济研究所所长金碚主持。

开幕式后，研讨会进行了“两岸未来重要经济发展策略之探讨”、“ECFA在两岸发展的角色扮演”、“后ECFA时代，两岸产业合作的新局势”、“中国经济研究状况综述”等四个单元的主题演讲。金碚主持了第一单元的主题演讲。中国社科院数技经研究所副所长李雪松研究员、中国社科院工业经济研究所所长助理张其仔研究员、台湾中华经济研究院王健全副院长分别作了主题演讲。湖南省社科院长朱有志主持了此单元的评议及提问。

中华经济研究院大陆经济所所长张荣丰研究员主持了第二单元的主题演讲。台湾中华经济研究院国际经济所陈信宏研究员、中国社科院台湾研究所熊俊莉助理研究员分别作了主题演讲。萧代基主持了此单元的评议及提问。

中国社科院数技经研究所副所长李雪松研究员主持了第三单元的主题演讲。湖南省社科院副院长罗波阳研究员代表朱有志院长、台湾中华经济研究院大陆经济所温芳宜助研究员和刘柏定助研究员分别作了主题演讲。中华经济研究院大陆经济所所长张荣丰研究员主持了此单元的评议及提问。

台湾中华经济研究院副院长王健全主持了第四单元的主题演讲。台湾中华经济研究院大陆经济所副所长刘孟俊研究员、台湾商业发展研究院吴明泽副研究员、中国社科院经济研究所王诚研究员、中国社科院世界经济与政治研究所姚枝仲研究员分别作了主题演讲。罗波阳主持了该单元的评议及提问。

罗波阳研究员主持了闭幕式。张荣丰研究员、张其仔研究员分别代表台湾与大陆作总结发言。

8月31日，湖南省人民政府副省长陈肇雄与中国社科院副院长李扬、台湾中华经济研究院院长萧代基、湖南省社科院朱有志院长等海峡两岸专家代表共进早餐，并就海峡两岸产业创新与合作的相关问题进行了探讨。8月31日下午，台湾中华经济研究院院长萧代基一行参观了岳麓书院，访问了湖南省社科院，与湖南省社科院领导及专家学者进行了交流和座谈。9月1日，与会的台湾专家对开慧故居、韶山和湘潭九华工业园与齐白石故居进行了访问。在湘潭期间，中共湘潭市委常委、常务副市长毛腾飞会见并宴请了台湾专家。

本土经验与中国现当代文学的世界性学术研讨会

2010年12月18—21日，由《文学评论》编辑部和湖南省社会科学院文学研究所联合主办的“本土经验与中国现当代文学的世界性学术研讨会”在长沙蓉园宾馆召开。中共湖南省委宣传部巡视员李湘舟出席并讲话，中国社科院文学所所长陆建德、湖南社科院党组成员、副厅级纪检员刘云波致辞。中国社科院文学所原副所长何西来、中国当代文学研究会会长白烨、湖南社科院副院长罗波阳等省内外专家学者60余人出席。

中国社科院文学所副所长高建平主持开幕式。李湘舟在讲话中指出，全国的众多专家学者集聚长沙，围绕本土经验与中国现当代文学世界性这一主题，共襄文学盛世，共谋创作大计，这是一件很有意义的事情，也是对我省文化建设和文化发展的一次极大地推动。会议取得的成果不仅将为湖南文学的发展和湖南文化强省建设提供有益的启示，而且将为我国文学的大发展、大繁荣作出特殊的贡献。

《文学评论》副主编王保生、《文学评论》编辑部副主任董之林、中国当代文学研究会会长白烨、湖南理工学院副书记余三定分别主持了“本土经验与中国现当代文学的意义、评价问题”、“本土经验的特殊性与价值意义的普遍性问题”、“中国现当代文学中本土经验表达存在的问题”、“本土经验与文化全球化问题”分论坛。湖南社科院文学所所长胡良桂主持了自由发言阶段的讨论。大家围绕主题从不同侧面进行了深入探讨。

湖南社科院文学所副所长卓今主持闭幕式，《文学评论》常务副主编、编辑部主任胡明作学术总结。

“社保银行与金融创新”财经论坛

2010年2月27日，由省社科院举办的“社保银行与金融创新”财经论坛在院中层干部会议室召开，省社科院院长朱有志出席论坛并致开幕辞。全国人大代表、湖南万家丽家居建材广场董事长黄志明作主题发言。出席论坛的专家有湖南省参事室主任孙海、省社科院副院长罗波阳研究员、湖南省社会科学联合会党组成员郑升、湖南师范大学刘茂松教授、湖南大学金融学院彭建刚教授、湘潭大学谭燕芝教授、湖南省人民政府经济信息研究中心左宏、湖南科技大学商学院副主任潘爱民、湖南科技大学商学院贺胜兵博士、长沙市劳动和社会保障局高级经济师刘星亮及省社科院经济类专家、有关部门负责人等。

朱有志院长在致辞中指出，在后金融危机时代，湖南经济进入发展快车道的新形势下，随着长株潭“两型社会”建设的快速发展，“一化三基”战略的稳步推进，新型城市化、新农村建设运动的有效展开，湖南经济在实现科学跨越的同时，财经发展问题越来越引起社会各界的广泛关注和高度重视。希望通过论坛财经发展的焦点、难点、热点问题得到反映和探讨；财经建设的好经验、好思路、好方法将得到汇聚和交流。

黄志明在主题演讲中表达了两个重要观点：一是建立社保新机制，加速成立国有社保银行；二是建立中国特色的资本市场新模式。

与会期间，专家围绕论坛主题进行了热烈的讨论。

第四届“县乡干部论坛”

安徽省农村社会学研究会、安徽大学中国“三农”问题研究中心、安徽大学农村社会发展研究中心、华中科技大学中国乡村治理研究中心、湖南省社会科学院农村发展研究所共同主办的第四届“县乡干部论坛”于2010年11月20日至21日在安徽大学举行，论坛的主题为“农村基本经营制度的稳定和完善”，与会县乡基层干部与“三农”理论工作者就农村基本经营制度、农业发展方式、农民组织化、土地问题、乡村治理等议题展开了深入探讨。

一、农村基本经营制度事关长远。与会代表认为，农村家庭经营仍将长期存在，应处理好家庭经营与规模经营的关系。农村基本经营制度具有基础性特征，并与财税制度、金融制度、农村养老和计划生育均存在关联关系，应注意处理好保护耕地与工业化、农民土地权益与集体土地权益、农民权益保护与土地财政、宅基地与工业化等矛盾。

二、农业发展方式转变应走创新之路。与会代表认为，以粮食直补为主的惠农政策对农民激励不够，土地制度和家庭规模对于农业仍存在一定限制作用。农业发展方式转变离不开技术进步和高素质人力资本的投入，应通过生产要素、产业和相关制度的整合提高农业生产经营效率，增加农民收入，实现向现代农业的转变。

三、农民组织化应注重发挥政府和农民两个积极性。与会代表指出，农民专业合作组织发展面临着资金和人才匮乏、管理机制不完善等现实困难，要解决这些困难需要政府发挥主导作用，加大支持力度；需要农村基层组织发挥作用；需要通过行政指导与市场引导相结合，加强诚信建设，在农村形成合作的文化意识。

四、社会转型期的农村土地制度具有过渡性特征。与会代表指出，我国当前农地制度存在着经营规模小和土地细碎化问题，耕地被滥用现象严重，应盘活土地资产，并着眼于全球视角配置我国农业资源，农业发展应有国际化视角。与会代表也对农地集体产权的性质、权能与发展方向进行了探讨。

五、乡村治理机制的完善应具有坚实的组织基础、文化基础和群众基础。与会代表注意到市场经济对于农村传统治理资源的消解，并指出需要结合农村实际，建立新机制培养村庄内生秩序力量。与会代表也指出包括农村土地纠纷在内的农村相关矛盾的化解均需要良好的乡村治理机制与之相适应。

"加快发展方式转变、推进'两型社会建设'"论坛

"加快发展方式转变，推进'两型社会'建设"论坛暨《长株潭城市群蓝皮书（2010）》首发式于2010年8月30日在长沙召开。本次论坛的指导单位是中共湖南省委宣传部、湖南省长株潭城市群"两型社会"建设领导协调委员会办公室，主办单位是湖南长株潭城市群研究会、湖南省社会科学院。中国网进行现场全程直播。

中共湖南省委常委、常务副省长于来山出席会议并致辞，省人大常委会副主任刘莲玉、省政协副主席龙国健、社会科学文献出版社社长谢寿光、省委副秘书长段林毅、省委宣传部副部长李湘舟、省社会科学院院长朱有志等领导出席。《蓝皮书》主编、湖南长株潭城市群研究会会长张萍研究员作主题汇报。省直相关部门及"3+5"城市群八市领导等近300人参加会议。

张萍指出，近年来，湖南一直大力推动新型工业化、新型城镇化、农业现代化和信息化建设，这"四化"的核心，可以用"绿"和"智"这两个字来概括。没有绿色化和智能化，就不可能有"四化"。转变发展方式，建设"两型社会"的过程，也就是绿色低碳发展的过程，长株潭城市群"两型社会"试验区的改革建设，就是要走绿色低碳发展的道路。

省政府两型办副主任陈晓红教授介绍长株潭城市群"两型社会"建设与改革的总体构想。

论坛邀请了全国知名专家中国社科院城市与环境研究所所长、国家气候变化专家委员会委员、国家外交政策咨询委员会委员、哥本哈根会议国家谈判代表团顾问潘家华教授，他从国际、国内以及湖南发展实际三者结合的角度作了专题报告，为湖南加快转变发展方式，推进"两型社会"建设，大力发展绿色经济和低碳经济提供了新思路和新建议。

同时与会专家和代表围绕加快发展方式转变，推进"两型社会"建设和"四化两型"战略进行了热烈的交流和讨论，一致认为，转变发展方式，建设"两型社会"的过程，也就是绿色低碳发展的过程，"四化"各有其特定的内涵，但又具有共同的特征，其基本共同特征都是绿色性和智能性，所以，从总体上来说，加快发展方式转变，推进"两型社会"建设，就是要走绿色低碳发展的道路。

会上，举行了《长株潭城市群蓝皮书（2010）》首发式，该书披露了长株潭城市群在"两型社会"建设中大力推进绿色发展、低碳发展和循环发展的创新举措，并提出了相应的建议。

第三届“湖湘三农论坛”

2010年10月25—26日，由湖南省社会主义新农村建设促进会和邵阳市人民政府联合发起，中国社会科学院农村发展研究所、省政府农村工作办、省发改委、省经信委、省住建厅、省交通运输厅、省社科院、湖南日报报业集团、省广电局、湖南广播电视台、湖南大学、湖南农业大学共同举办，由市政府农村工作办和省社科院农村发展研究所具体承办的第三届“湖湘三农论坛”在邵阳召开，中共湖南省委常委、组织部部长、省新农村建设促进会名誉会长、第三届“湖湘三农论坛”组委会主任黄建国在开幕式上致辞（全文见特载）。邵阳市委书记童名谦致欢迎辞。邵阳市人民政府副市长李万千介绍了邵阳市新农村建设情况。中共湖南省委农村工作部副部长王桂云宣读了“湖湘三农论坛”优秀论文表彰决定。开幕式由省人大常委会原副主任、省新农村建设促进会会长庞道沐主持。来自全国各地的党政干部、专家学者、基层实践工作者共200多人围绕本届论坛主题“新农村建设与城乡一体化发展”进行了深入研讨。

童名谦代表邵阳市委、市人大、市政府、市政协和邵阳军分区对各位领导、专家、朋友的到来表示热烈欢迎，对论坛的开幕表示热烈祝贺。他说，邵阳历史悠久，人才辈出，资源丰富，发展潜力巨大。在省委省政府的坚强领导下，邵阳经济社会各方面都发生了巨大变化，高速公路、铁路、机场等基础设施建设进一步加快，生态文明、社会事业、党的建设等项工作得到进一步加强。邵阳要以举办此次“三农”论坛为契机，努力做好农村工作，推动邵阳经济社会又好又快发展。

开幕式后，湖南省社科院院长朱有志主持了主题报告会，中国社会科学院学部委员、农村发展研究所所长张晓山，农业部农村经济研究中心主任宋洪远作主题报告。中国农业银行湖南省分行副行长陈奇、湖南省社科院副院长罗波阳研究员分别主持了25日下午的“三农”论坛。

“湖湘三农论坛”是湖南省新农村建设促进会的常设论坛。它以“心忧天下、敢为人先、经世致用”的湖湘文化为底蕴，秉承“汇集三湘英才、凝聚八方力量、促进农村发展”为原则，为全国农村研究提供交流平台、打造探讨阵地、开辟展示窗口。本届论坛以2010年中央一号文件为指导，遵循党的十七届五中全会关于加快社会主义新农村建设、统筹城乡发展、拓宽农民增收渠道、建设农民幸福美好家园的精神，就农村金融发展、农业现代化、农村基础设施、土地流转、农村社会和谐、农民教育、农业科技服务、两型农业建设等问题，共举行两场主论坛和6场分论坛学术研讨。

湖南省社科院成立毛泽东研究所

2010年10月11日，“湖南省社会科学院毛泽东研究所”挂牌仪式暨专家座谈会在省社会科学院隆重举行，中国社会科学院副院长朱佳木为毛泽东研究所成立揭牌并讲话，中共湖南省委宣传部发来贺信，湖南省社会科学院院长朱有志致辞。出席会议的领导有中共湖南省委宣传部巡视员李湘舟，湖南省地方志编纂委员会党组书记、常务副主任王晓天，河南省社科院正院级领导赵保佑。来自高校、有关政府部门、研究机构的省内外专家学者以及湖南省社会科学院全体干部职工参加了会议。湖南省社科院党组成员、副院长贺培育主持会议。

朱佳木首先代表中国社会科学院对湖南省社会科学院毛泽东研究所的成立表示热烈的祝贺。他指出，湖南省社科院成立毛泽东研究所，加强对毛泽东的研究，既是湖南省社科院肩负的历史使命，也是湖南省社科院发展的重要平台，为提升湖南院的影响、促进湖南院的发展创造新的契机、注入了新的动力。

朱有志在致辞中指出，毛泽东研究是具有世界性、永恒性的课题，成立毛泽东研究所，就是为了加强对毛泽东的研究，责任重大，意义非凡。

挂牌仪式后，与会专家还就如何开展毛泽东研究进行了座谈。

据悉，省社会科学院在毛泽东研究方面曾取得过丰硕成果并享誉学界，为海内外所瞩目。毛泽东研究已经成为一个世界范围的重要课题，目前有数十个国家超过一百个研究机构和几千名研究者在进行专题研究，已有专题论著近2000部，论文不计其数，研究领域主要为毛泽东及其思想的来源、内容、历史作用和对后人的影响等方面。

湖南省社科院省直机关文明单位创建活动

为全面加强院精神文明建设，进一步提升全院干部职工思想政治与业务素质，增强全院凝聚力和向心力，营造争先创优与团结和谐良好氛围，树立科研单位文明形象，从2009年年初开始，湖南省社科院机关党委在全院开展创建省直机关文明单位活动。成立了“创建省直文明单位”领导小组，党组书记、院长朱有志担任领导小组组长，机关党委专职副书记王自立担任文明办主任。通过坚持四个结合开展文明创建活动，即：将文明创建目的与社科院发展目标紧密结合起来，将创建活动内容与创先争优活动紧密结合起来，将创建活动要求与社科院内力提升紧密结合起来，将创建成果与提高群众生活质量紧密结合起来。以提升创建活动层次，从而形成社科院具有自身特色的管理文化。

为了将文明创建工作落到实处，在全院开展文明处所、文明岗位、文明个人、文明家庭、文明楼栋“五项文明创建”活动。机关党委组织撰写了《湖南省社会科学院创建省直文明单位实施方案》和《湖南省社会科学院开展“五项文明创建”活动实施细则》。对社会科学院创建文明单位的品牌、核心价值观、文化和怎样发动全院职工积极参与文明单位创建活动等问题展开了热烈讨论。

2009年5月，全院召开“创建文明单位”动员大会，院领导朱有志作动员报告。省直工委副巡视员宣传部长李国军、文明办主任叶丽纯莅临大会指导。同月，院机关党委组织全院76位共产党员参加了“创文明单位，共产党员率先行”城步考察活动。

为了配合文明单位的创建，机关党委开展了“当模范党员，创文明单位”优秀支部之窗创办活动。院属各支部积极参与，充分发挥了共产党员的先锋模范作用和党支部的战斗堡垒作用，展现了社会科学院思想库与智囊团的精神风貌，加强了各支部的交流，反映了党员多姿多彩的生活，增强了党支部的凝聚力，推进了社会科学院文明单位的创建。开展新中国成立60周年系列庆祝活动。组织开展了“双百”人物评选活动；七一和十一举行了两次升国旗，唱国歌和国旗下讲话活动；主办“歌唱我们伟大祖国”歌咏比赛。

2010年，表彰了院文明处所、文明岗位、文明个人、文明家庭、文明楼栋并举行授牌仪式。开展了“我为创建文明单位作贡献”桂林考察活动。

两年来，在院领导的正确指导下，通过全院职工奋力拼搏，省社科院已经建设成为“智库服务优、社会影响大、领导班子强、职工素质高、和谐氛围浓、人居环境美”的文明单位。2010年省社会科学院被评为省直机关文明单位，全院职工增发了奖励工资。

湖南省社科院庆祝“七一”暨文明创建表彰大会

2010年6月30日，省社科院在学术报告厅隆重举行庆祝“七一”暨文明创建表彰大会，院党组书记、院长朱有志出席会议并作重要讲话。党组成员、副院长罗波阳宣读了院先进党支部、优秀党员、优秀党务工作者的表彰决定，贺培育宣读了“五项文明创建”表彰决定，方向新副巡视员宣读了“讲、重、作、创先争优、创文明单位”知识竞赛获奖人员与优秀组织单位的表彰通报。会议由党组成员、副厅级纪检员刘云波主持。全院干部职工参加大会。

朱有志院长首先代表院党组向广大共产党员和党务工作者致以节日的问候！对受到表彰的先进集体和个人表示热烈的祝贺！他指出，在省委省政府的正确领导与亲切关怀下，由于全院广大干部职工团结进取、开拓创新，近年来，省社科院各项工作突飞猛进，特别是在合格智库建设、党的建设和文明单位创建方面，工作扎实有效，成绩比较显著。一是智库建设日益推进，智库作用日趋凸显。二是党的建设卓有成效，政治觉悟全面提升。三是文明单位创建活动轰轰烈烈，文明氛围日趋浓厚。对今后全面加强省社科院党的建设，不断推进省社科院各项工作，朱有志院长强调三点要求：第一，要深怀感恩之情，第二，要常怀忧党之心，第三，要恪尽兴党之责。

会上表彰了退休一支部、工业经济研究所支部、行政处等3个先进党支部；胡良桂、郭勇、张萍、郭钦、伍新林、周少华、李斌、戚祖良、田智、陈皓等10名优秀共产党员；王自立等优秀党务工作者。隆重举行了文明处所、文明岗位、文明个人、文明家庭、文明楼栋等荣誉称号获得单位和个人的颁奖仪式。举行了“讲、重、作、创先争优、创文明单位”知识竞赛获奖人员与优秀组织单位的颁奖仪式。

第九届湖南十大杰出经济人物颁奖典礼

2010年7月31日下午，水井坊•第九届湖南十大杰出经济人物颁奖典礼在长沙隆重举行。中共省委常委、省委组织部部长黄建国出席并作重要讲话（全文见特载）。省人大常委会副主任陈叔红、省政协副主席石玉珍出席颁奖典礼。评选活动组委会主任、省社科院院长朱有志致辞。覃道雄、刘国湘、吴宏波、刘志仁、江景星、柳秀导、魏远、周海斌、蒋进光、高毅、谢文辉、冷永进、张耀明等来自我省9个行业的13位精英人士分获特别贡献奖、十大杰出经济人物奖和最受公众关注奖。评选活动指导单位省委组织部、省委宣传部，支持单位省经信委、省国资委、省工商联、省人力资源和社会保障厅、省工商局、省国税局、省地税局、省新闻出版局、湖南广播电视台等部门领导，牵头主办单位省社科院，主办媒体湖南经视、企业家天地杂志社、红网、湖南人民广播电台经济频道、三湘都市报，冠名企业四川水井坊股份有限公司等单位负责人出席颁奖典礼。

朱有志在致辞中总结了本届评选的四个特色：一是主题鲜明，二是程序严明，三是结果公正，四是传播广泛。他希望，当选者珍惜荣誉、再接再厉，为全省实施“一化三基”、促进“两型社会”建设、实施“人才强省”战略、促进经济人才建设，有更加非凡的表现和作出更大的贡献。湖南商学院院长唐未兵教授作了精彩点评。湖南十大杰出经济人物评选是湖南省经济界规格最高、规模最大、公信度最高和影响力最大的评选活动，被誉为“湖南经济奥斯卡”，至今已成功举办九届，成为培育经济湘军、打造湖南名片的有效平台之一，为促进湖南经济社会的发展起到了推波助澜的作用。

江西省社科院院长汪玉奇一行来省社科院考察交流

2010年6月11日，江西省社科院院长汪玉奇率人事处处长肖向桂、科研处处长叶青、行政处处长樊宾等到湖南省社科院考察交流。党组书记、院长朱有志出席座谈会，双方围绕两院的科研工作、人事管理、财务管理、行政后勤管理等方面工作进行了深入交流和研讨。党组成员、副院长罗波阳主持座谈会。湖南省社科院办公室代主任李铁明、副主任伍新林、科研处副处长向志柱、行政处副处长申晖等参加了会议。

会上，朱有志院长首先代表湖南省社科院对汪玉奇院长一行来湖南省社科院考察、调研表示热烈欢迎。他说，江西省社科院和湖南省社科院多年来一直有着密切的联系与合作，两院之间的友谊非常深厚，江西院有很多宝贵经验非常值得我们学习。

汪玉奇院长感谢湖南社会科学院的热情接待，他指出，湖南省社科院作为省委政省府的一个很合格的智库，在对“十二五规划”的研究方面有深度，有高度，有力度，其中大量的研究性创新成果，对江西来说是重要的启发和精彩的样板，他坚信湖南社科院一定能为湖南省委省政府的科学决策起到重要的咨询作用。

汪玉奇院长指出，湖南省社科院在科研管理、人事管理、行政管理等方面的积极探索走在了全国地方社科院的前头。湖南省社会科学院人的精神最令人钦佩，在计划经济向市场经济的转变中，湖南省社科院在朱院长的带领下，克服种种困难，敢于“蛮干”，敢于闯，敢于创新，敢于拓展新局面，真正体现了“敢当重任、敢为天下先”的湖湘文化精神。湖南省社科院的关于发布湖南省情与决策咨询课题的办法、“三个十”人才引进培养办法和“三三制”强化财务管理的做法，以及对“十二五”规划的研究，都给江西院留下了深刻的印象和启发。湖南的在“十一五”时期进入万亿GDP俱乐部之后遇到的问题和解决问题的方法都对江西有很好的借鉴作用。湖南省社科院提出的“六个导向，三个加快，五个突出，五个湖南”，特别是在经济全球化和全国致力于扩内需的背景下，提出仍然要坚持发展外向型的经济，视野宽，立意高，既体现科学发展观的要求，也体现湖南的实际，体现了湖南阶段性特征的发展要求，真正做到了一切从实际出发。

最后，汪院长还表示，湖南社科院在朱院长等领导班子带领下，一定会继续走在全国地方社科院的前列，成为地方社科院的“岳麓书院”，创造出更多的经验，“你们的经验将像一个个辣椒让我们兴奋”。

会上，李铁明、向志柱、申晖分别介绍了湖南省社科院的人事人才工作亮点、科研管理创新的一些举措和成效及财务与资产管理办法。

上海社科院党委书记潘世伟一行来省社科院考察交流

2010年7月1日，中共上海市委宣传部副部长、市社科院党委书记潘世伟率上海市社科院办公室主任王健、科研处处长权衡、行政处处长田国培、人事处副处长钱运春来省社科院就湖南文化发展、湖南省经济社会转型、智库建设等进行考察交流。省社科院院长朱有志出席座谈会并致欢迎词。湖南省委宣传部文化产业办副主任龚永华、省政府经济研究信息中心原主任贝兴亚、省社科院党组成员副厅级纪检员刘云波出席并作主题发言。省社科院办公室代主任李铁明、行政处处长张小舟、科研处副处长向志柱、办公室副主任伍新林参加座谈。座谈会由副院长贺培育主持。

朱有志首先对上海社科院的到来表示热烈欢迎。他说，上海市社科院和湖南省社科院多年来一直有着密切的联系与合作，上海院有很多宝贵经验非常值得我们学习。

潘世伟对省社科院的热情接待表示感谢。他指出，湖南省社科院近几年来在基础理论研究、应用对策研究以及智库建设方面取得了很多的成绩。希望湖南省社科院与上海市社科院多加强交流与合作。

会上，贝兴亚向客人介绍了湖南经济社会发展情况及在经济社会转型方面的做法，龚永华介绍了湖南文化产业的相关情况及省委宣传部与省社科院在文化产业方面的合作研究情况，刘云波介绍了省社科院的智库建设经验。

湖南省社科院2010年度国内来访情况一览表

序号	带队人/单位	人数	时间	备注
1	孙云/广州社科院院长		4月26日	就“智库建设”等问题来省社科院调研，并到张家界现场考察交流。
2	孙抱弘/上海社科院青少年研究所副所长、《当代青年研究》主编		5月31日	到省社科院考察交流，并作专题讲座。
3	中国社科院社会学所		6月10—12日	赴湘西吉首市对“农村养老、农村医疗保健、农民专业合作组织、农村流动人口”等问题开展实地调研。
4	汪玉奇/江西省社科院院长	4	6月11日	来省社科院就“智库建设、人才队伍建设”考察交流。受到九届全国政协副主席毛致用，湖南省委常委、宣传部部长路建平等领导接见。
5	石英/陕西省社科院副院长	13	6月29—7月1日	来省社科院就“智库建设和如何提升科研水平和管理质量”等问题进行调研，并到张家界进行了实地调研。
6	潘世伟/上海市委宣传部副部长、市社科院党委书记	5	6月30—7月2日	来省社科院就“湖南文化发展、湖南省经济社会转型、智库建设”等进行考察，参观了岳麓书院、韶山、花明楼等。
7	唐洲雁/中央文献研究室第一编辑部主任		7月19—26日	到长沙、株洲、湘潭就“以长株潭‘两型社会’建设为突破口，加快促进经济发展方式转变”进行调研，并受到路建平部长等领导接见。
8	陈佳贵/中国社科院学部主席团代主席		8月20—22日	出席了由省社科院具体承办的“2010中国工业创新发展论坛暨第二届技术创新管理与政策”国际研讨会，并到韶山等地考察。
9	逯献珉/贵州省社科院党委常委、纪委书记		9月21日	来省社科院就“智库建设”进行考察交流。
10	朱佳木/中国社科院副院长		10月10—12日	到湘西吉首参加“新时期中国农村基层治理理论与实践”学术研讨会，并出席省社科院毛泽东研究所成立仪式。
11	赵保佑/河南省社科院正院级领导		10月10—12日	到湘西吉首参加“新时期中国农村基层治理理论与实践”学术研讨会，出席省社科院毛泽东研究所成立仪式。
12	王立国/天津社会科学院副院长	10	10月19日	来省社科院就“学科建设和长株潭‘两型社会’发展”等主题展开调研。
13	包明德/全国政协委员、中国社科院文学所原党委书记	3	10月21—23日	就湖南文化产业发展情况进行调研。先后与省社科院有关专家及省文化厅、省广电总台战略研发部负责人进行了两次座谈，并实地参观了岳麓书院、广电中心、金鹰影视城等文化产业项目。
14	黄晓勇/中国社科院研究生院党委书记		11月1—7日	率领非洲国家减贫与可持续发展官员研修班成员来湖南考察调研，受到湖南省委书记周强接见。调研组先后到吉首、凤凰、张家界实地考察。
15	房宁/中国社科院政治所所长	7	11月8—14日	就“科学发展观在湖南”展开调研，并到长沙、湘潭、张家界三市实地考察。受到路建平部长和陈肇雄副省长接见。
16	罗京辉/中国社科院欧洲所书记	7	11月8—14日	就“湘西地区新农村建设的成就与经验”展开调研，到吉首、凤凰、张家界三地展开实地考察。受到湖南省委书记周强接见。
17	陆建德/中国社科院文学所所长	13	12月17—20日	参加由省社科院承办的“本土经验与中国现当代文学的世界性”学术研讨会，并到怀化等地调研。

获奖情况 10

HUNAN ACADEMY OF SOCIAL SCIENCES YEARBOOK

获得2010年度国家和省级荣誉名单

获得2010年度院级荣誉名单

获得2010年度国家和省级荣誉名单

获奖名称	获奖单位或个人
湖南省直机关文明单位	湖南省社会科学院
2010年度省直和中央驻湘单位社会治安综合治理考核评估先进单位	湖南省社会科学院
国务院政府特殊津贴专家	万里、胡跃福
第四届湖南省优秀社会科学专家	朱有志
湖南省第10届哲学社会科学优秀成果奖	特别奖：朱有志、汪金敖、湛中维、谢瑾岚、戚祖良、刘莉、李海兵等（参与）《新农村建设中的产业发展研究》（著作）；陈文胜、陆福兴、王文强、周湘智、李晖、陈旺民等（参与）《湖湘三农论坛》（2008）》（著作）
	一等奖：肖毅敏等（参与）《马克思主义中国化研究》（著作）
	二等奖：胡良桂、吴正锋、卓今、毛炳汉等《当代湖南作家评传丛书》（著作）
	三等奖：向志柱《胡文焕〈胡氏粹编〉研究》（著作）；朱有志、童中贤、肖琳子《长株潭城市群重构——“两型社会”视域中的城市群发展模式》（著作）；胡跃福、宋本江、许冰凌、马贵舫、张其贵、王文强等《西部人才政策措施实施效果的调查与评估研究》（著作）
湖南省新世纪121人才工程入选名单	谢晶仁、郭勇、黄海、向志柱
湖南省2010年老干部工作先进单位	湖南省社会科学院离退办
湖南省宣传文化系统“四创四争”先进个人	申艳琴

获得2010年度院级荣誉名单

获奖名称	获奖单位或个人
院科研标兵	胡跃福、万里、乌东峰
院青年科研标兵	肖卫、邓子纲、周湘智
院先进党支部	退休一支部、工业经济研究所支部、行政处支部
院优秀共产党员	胡良桂、郭勇、张萍、郭钦、伍新林、周少华、李斌、戚祖良、田智、陈皓
院优秀党务工作者	王自立
年度院“四创四争”先进集体	行政处、政治与公共管理研究所、党群部、区域社会经济系统工程研究所、经济研究所
年度院“创先争优”突出贡献奖	机关党委、行政处、离退办、图书馆
年度院先进个人	王文强、王自立、王国宇、王唯、马延炜、马美英、尹向东、刘助仁、刘敏、刘黎辉、伍秋生、张小舟、李铁明、陈皓、杨盛海、宋本江、肖欣、何纯、邹智贤、林志红、卓今、罗黎平、周婷、周湘智、胡良桂、胡跃福、饶红艳、饶爱民、郭勇、唐春秀、徐华亮、钱明、黄永忠、童中贤
年度院“优秀员工”	吴青峰、罗敏、易永庚、杨帆、万忠军、付修毕

11 大事记

HUNAN ACADEMY OF SOCIAL SCIENCES YEARBOOK

湖南省社科院2010年大事记

湖南省社科院2010年大事记

1月

1月6日，省社科院机关党委被评为省直机关2009年度先进机关党委。

1月7日，省人大常委会副主任陈叔红莅临省社科院指导长株潭城市群研究工作。

1月12日，省社科院召开2009年度处级干部述职测评会议。

1月13日，省妇联、省直妇工委一行莅临省社科院指导工作。

1月14日，省社科院开展“送温暖、献爱心”活动。

1月15—17日，院工会组织职工到永州开展“领悟舜文化”活动。

1月16日，方向新等出席湖南省社会学会社会调查方法专业委员会成立大会并应邀在中南大学“经世讲坛”作学术讲座。

1月17日，方向新赴韶山参加湖南“五下乡”活动启动仪式。

1月19日，长沙县委副书记曾超群一行来省社科院调研。

1月19日，培育发展战略性新兴产业座谈会召开。

1月21日，朱有志在宁乡调研。

1月21日，院工会举办第四届“读书论坛”。

1月23日，省炎黄文化研究会召开迎春茶话会。

1月，朱有志被聘为国外农业经济研究会副会长。

1月29日，老干部新年团拜会举行。

1月30日，肖毅敏主持的省社科基金重大课题《湖南经济“弯道超车”与扩大投资规模及其投融资政策研究》结项评审会在省社科院举行。

2月

2月4日，省社科院举行院领导述职测评会议。

2月4日，省社科院举行迎春联欢会。

2月5日，省社科院召开2009年度工作总结暨表彰大会。

2月7日，周小毛主持的省社科基金重大课题《大湘西文化产业与旅游业融合发展对策研究》结题，鉴定为优秀。

2月8日，贺培育主持的省社科基金重大委托项目《巩固和发展湖南凝心聚力、干事创业的良好局面的对策研究》开题报告会在省社科院中层干部会议室举行。

2月8日，方向新主持的省社科基金重大委托项目《湖南经济进入快车道后又好又快发展的对策研究》开题报告会在省社科院中层干部会议室举行。

2月12日，2009年湖南省社会科学院十大要闻发布。

2月24日，罗波阳参加国家发改委副主任张晓强带领的国家战略性新兴产业部际协调小组文件起草组来湘调研专家座谈会。

2月25日，《湘南地区开发开放规划》评审会在省社科院召开。

2月27日，省社科院举办“社保银行与金融创新”财经论坛。

3月

3月2日，省总工会与省社科院联合举办工会理论与实践研讨会。

3月3日，省社科院召开智库建设研讨班总结暨工作部署会议。

3月4日，方向新主持的省社科基金重大委托项目《湖南进入“快车道”后又好又快发展对策研究》的阶段性成果获得省委书记张春贤，省委常委、宣传部长路建平重要批示。

3月17日，省社科院妇委会组织庆“三八”游园活动。

3月18日，罗波阳出席张春贤书记主持的加快经济发展方式转变专家座谈会。

3月24日，罗波阳出席郭开朗副省长主持召开的院士和专家“提高自主创新能力，加快经济发展方式转变”专题座谈会。

3月6—20日，朱有志率中国社科院与意大利环境、领土与海洋部合作举办的“可持续发展与环境管理高级培训班”学员赴意大利参加“水污染治理项目”培训。

3月29日，第九届湖南十大杰出经济人物候选人名单出炉。

3月29日，省社科院与蓝山县在长沙举行院县合作签约仪式，成立湖南县域发展研究中心。

4月

4月2日，省新型工业化课题研究成果汇报会在长沙举行。

4月6—12日，童中贤开展武陵山经济协作区发展规划调研。

4月8日，朱有志赴京参加《中国经济学年鉴（2009）》出版新闻发布会暨调整经济结构转变发展方式研讨会。

4月9日，罗波阳出席由湖南省两型办与英国驻广州总领事馆举办的长株潭城市群低碳经济发展战略研讨会并作演讲。

4月10—11日，朱有志院长带队赴江西省社会科学院调研学部制。

4月12日，英国剑桥大学亚洲与中东研究院汉学系主任、李约瑟汉学讲座教授胡司德博士来访省社科院。

4月12日，省委宣传部与省社科院组织省内有关专家召开“转方式促发展热点问题座谈会”。

4月14日，湖南省青少年发展研究基地筹备会在省社科院召开。

4月，陈文胜应邀到中国人民大学作学术报告。

4月，罗波阳、刘云波分别接受《人民日报》记者关于省社科院建设学习型党组织的做法和经验的采访。省社科院建设学习型党组织的经验材料被《人民日报》内参《情况汇编》采用。

4月26日，广州社科院院长孙云研究员率团来省社科院考察交流。

4月30日，省社科院为玉树地震捐款献爱心。

4月6日、8日、29日，胡跃福应邀分别在省建设厅、湖南农大、省委宣传部作专题讲座。

5月

5月9日、23日，郭钦两次在长沙市博物馆“船山讲坛”开讲黄兴故事。

5月7日，院团委组织开展“五四青年活动月”之户外调研活动。

5月10日，省社科院中国特色社会主义理论体系研究基地被评为全省先进基地。

5月10日，张萍给武冈市党政干部作低碳经济专题报告。

5月14日，朱有志出席世界第一销售大师乔•吉拉德长沙演讲会开幕式。

5月18日，由省社科院承担、农村发展研究所具体负责的省政府委托重大课题《转变农业发展方式——湖南现代农业发展必由之路》论证会在省社科院举行。

5月19日，由省社科院与省文明办联合举办，长沙市文明委承办的长株潭“两型社会”精神文明示范区建设理论研讨会在湘麓山庄隆重举行

5月19日，《光明日报》连续第4次刊登胡跃福关于人才发展问题的采访文章。此前《光明日报》已于4月9日、21日、28日刊用了胡跃福的相关采访文章。

5月21日，省社科院全员英语培训开班。

5月24日，方向新当选为省妇女学研究会副会长。

5月25日，朱有志、刘云波、向志柱参加湖南省哲学社会成果表彰大会。朱有志获得“第四届湖南省优秀社会科学专家”称号，7项成果获省第10届社科优秀成果奖。

5月25日，省社科院召开赴蓝山挂职动员会。

5月，省社科院两个省社会科学研究基地顺利通过评估验收，其中省情与决策咨询研究基地被评为优秀基地。

5月29日，由省社科院和湖南省经济学学会联合主办的“湖湘经济高峰论坛”在省社科院拉开帷幕。

5月31日，第三届“湖湘三农论坛”新闻发布会举行。

5月31日，上海社会科学院青少年研究所副所长、《当代青年研究》杂志主编孙抱弘研究员来省社科院作专题讲座。

5月，院团委荣获2009年度“湖南省五四红旗团委”、“省直优秀团组织”荣誉称号。

6月

6月2日，阿特金斯首席咨询顾问吕志勇博士来省社科院讲学。

6月3日，贺培育主持的省社科基金重大课题《巩固和发展凝心聚力、干事创业的良好发展局面的对策研究》结项。

6月3日，方向新主持的省社科基金重大课题《湖南经济进入快车道后又好又快发展的对策研究》结项。

6月3日，史永铭应邀赴常德作“推进节能减排、倡导低碳经济”专题报告。

6月10—12日，中国社科院社会学所国情调研组一行赴湘西吉首市开展实地调研。

6月11日，江西省社科院院长汪玉奇一行来省社科院考察交流。

6月12日，李斌应邀在长沙市博物馆“船山讲坛”细述焦达峰革命人生的成功与失败。

6月14—15日，罗波阳应邀出席2010国际都市圈发展论坛并作主题发言。

6月17—18日，湖南省社科系列继续教育培训班在省社科院举办。

6月23—25日，方向新等出席《国有土地上房屋征收与补偿条例（征求意见稿）》理论研讨会。

6月25日，省社科院举行院办、科研处等7个部门负责人竞聘演讲。

6月28日，方向新参加贵州省社科院建院50周年

庆祝大会。

6月29日，陕西省社科院石英副院长一行来省社科院访问。

6月30日，省社科院隆重召开庆祝“七一”暨文明创建表彰大会。

6月，省社科院3项课题获国家社会科学基金立项资助。

7月

7月1日，上海市社科院党委书记潘世伟一行来省社科院考察交流。

7月1日，朱有志主持的省社科基金重大项目和重点项目《“十二五”期间经济社会发展阶段性特征与战略创新研究》开题。

7月1日，农发所、民盟支部赴浏阳市石江村调研。

7月2日，罗波阳主持召开全院省社科基金课题申报工作会。

7月2—3日，朱有志应邀出席“可持续城市化与2049年的全球城市：上海—纽约”国际论坛。

7月4—8日，中国社会科学院世界宗教研究所、中华宗教哲学研究社、湖南省社会科学院哲学研究所共同主办的“2010年海峡两岸宗教与区域文化暨梅山宗教文化研讨会”举行。

7月4—9日，唐光斌应邀出席全国社科系统中国特色社会主义理论体系研究中心理论研讨会。

7月11日，罗波阳、方向新担任省城市科学研究会首席专家、副会长。

7月16日，胡跃福在省委常委中心组集中学习会议上就贯彻落实《国家中长期人才发展规划纲要》作专题辅导报告。

7月18—20日，方向新赴涟源出席省社会学会民俗学专业委员会年会。

7月19日，中央文献研究室第一编辑部主任唐洲雁一行莅临省社科院指导工作。

7月22日，朱有志在长春出席2010全国社科院院长联席会议。

7月24—26日，方向新参加中国社会学会学术年会。

7月29日，院民盟支部召开会议传达贯彻盟省委会议、文件精神。

7月31日，第九届湖南十大杰出经济人物评选颁奖典礼在长隆重举行。

7月，罗波阳先后到湖南建工集团、南方航空湖南分公司等单位进行加快转变经济发展方式宣讲。

8月

8月1日，院工会组织军转干部、军属开展“庆八一”活动。

8月5—8日，贺培育率“十二五”规划课题组到蓝山县调研。

8月5日，中国科学院交叉科学中心唐山发展研究院刘学谦副院长一行来省社科院访问交流。

8月，童中贤等完成的《湘南地区开发开放规划》获省人民政府批准实施。

8月13日，朱有志等出席开福区“十二五”规划思路汇报会。

8月16日，省社科院承办中央宣传部理论局、学习出版社、湖南省委宣传部主办的《划清“四个重大界限”学习读本》赠书仪式。

8月16—19日，朱有志应邀出席“第四届中国社会科学前沿论坛”并发言。

8月20日，中国社科院学部主席团代主席陈佳贵研究员一行莅临省社科院指导工作。

8月21—22日，由中国社会科学院工业经济研究所、湖南省加速推进新型工业化领导小组办公室、湖南省经济和信息化委员会和省社科院共同举办的“2010中国工业创新发展论坛暨第二届技术创新管理与政策国际研讨会”在长沙隆重召开。

8月23日，郭钦就黄兴和孙中山的关系等问题接受凤凰卫视《凤凰大视野》专栏近两个小时的访谈。

8月27日，方向新在全省推进城乡规划建设一体化座谈会上作主题报告。

8月28—9月3日，毛炳汉率团赴港台参观访问。

8月30日，加快发展方式转变、推进“两型社会”建设论坛暨《长株潭城市群蓝皮书（2010）》首发式在长沙举行。

8月30—31日，中国社会科学院台港澳学术交流委员会、台湾中华经济研究院主办，中国社会科学院工业经济研究所和省社科院承办的“海峡两岸产业创新与合作研讨会”在长沙隆重召开。

8月31日，台湾中华经济研究院院长萧代基一行来省社科院访问。

9月

9月7日，朱有志受邀参加第四届中国芷江国际和平文化节。

9月9日，向志柱、谢建新参加全省职称改革工作会议。

9月11日，朱有志会见来访的美中贸易发展协会会长罗伯特·古德曼先生一行。

9月17日，省社科院召开中心组第三季度扩大学习会。

9月21日，贵州省社会科学院党委常委、纪委书记逯献珉一行来省社科院访问。

9月23日，方向新参加纪念中共中央关于控制人口《公开信》发表30周年座谈会。

9月23日，朱有志、罗波阳等出席全国对口援疆省市社科院院长联席会议并作主题发言。

9月24日，新疆维吾尔自治区党委书记张春贤接见省社科院朱有志院长一行。

9月25—27日，社会学法学所和城市发展研究所在益阳调研。

9月27—28日，朱有志参加“中国城乡统筹发展”国际研讨会暨中国社会科学院第五届“中国经济论坛”。

9月30日，省社科院举行2010迎国庆联欢会。

9月，《湖南省情要报》第6期刊发文章获路建平部长批示。

10月

10月9日，朱有志主持、罗波阳等参加的湖南省社科基金重大委托项目《“十二五”期间湖南经济社会发展的阶段性特征与战略创新研究》结题。

10月10日，方向新参加《湖南省“3+5”城市群城镇体系规划》专家评审会。

10月11日，中国社科院副院长朱佳木来省社科院参加毛泽东研究所成立大会并揭牌。

10月12日，河南省社科院正院级领导赵保佑研究员一行到省社科院考察。

10月12—13日，方向新等赴郴州进行服务性行业诚信经营调研。

10月13日，妇委会组织健康知识讲座。

10月14日，朱有志在宁远作县委学习中心组专题讲座。

10月16—18日，2010年度湖南省社科系列高级职称评审会举行。

10月19日，天津社会科学院副院长王立国一行来省社科院考察交流。

10月19—23日，毛炳汉参加第二届中国月江山毛氏文化节。

10月19日，朱有志接受湖南卫视《新闻联播》栏目采访。

10月21—23日，中国社科院国情调研组来省社科院调研。

10月22日，湖南省情与决策咨询研究课题专家座谈会召开。

10月22—24日，贺培育出席“中南地区社科院院长联席会暨地方社科院合作机制创新研讨会”。

10月25—26日，第三届“湖湘三农论坛”在邵阳举行。

10月26—29日，省社科院开展“我为创建省直文明单位作贡献”桂林考察活动。

10月27—29日，刘云波出席在会同县举行的“炎帝故里”调研活动。

11月

11月1日，非洲国家减贫与可持续发展官员研修班成员来省社科院考察。

11月2日，湖南城际铁路有限公司总经理石道华到省社科院调研东向道路改移工程。

11月2日，省委书记周强接见省社科院院长朱有志一行。

11月，《湖南在当代中国的战略地位》被湖南省委宣传部推介为全省党政领导干部学习阅读的主要六大理论读本之一。

11月5日，省科技厅领导来省社科院调研督查。

11月8日，中国社科院政治所所长房宁一行来省社科院访问。

11月8日，中国社科院欧洲所来省社科院访问并举行座谈会。

11月8日，省直工委领导验收检查省社科院省直文明单位创建工作。

11月18日，省综治考评小组来省社科院考察工作。

11月19日，湖南省社科研究系列中级职称评审会在省社科院举行。

11月20—21日，农发所赴安徽参加第四届“县乡干部论坛”。

11月22—26日，罗波阳等专家应邀为新疆吐鲁番地区转型升级支招

11月26日，童中贤主持的《涟源市“十二五”规划》课题通过专家评审。

11月26日，《求索》杂志创刊30周年庆典会举行。

11月30日，方向新等赴韶山毛泽东图书馆参观考察。

11月30日，俄罗斯科学院安芬诺戈托娃院士一行来省社科院访问。

11月30日—12月1日，肖毅敏参加湖南省审计学会第三次理事论坛。

12月

12月2日，中南大学董海军副教授来省社科院作“问卷设计的常见错误与处理”讲座。

12月4日，罗波阳参加中央宣讲团党的十七届五中全会精神报告会。

12月6日，省社科院“省情决策与咨询研究”工作座谈会在衡阳召开。

12月7日，罗波阳到省移动通讯公司宣讲十七届五中全会精神。

12月9日，《中国百县市经济社会追踪调查·永州卷》在永州首发。

12月11日，省社科院与蓝山县双向挂职欢迎会在中层干部会议室举行。

12月12日，罗波阳等专家应邀参加“唱响‘四个湖南’红网市州行”活动。

12月13日，甘肃省社科院副院长魏胜文一行来省社科院考察。

12月15日，省社科院召开第四季度中心组扩大学习会议。

12月16日，罗波阳参加省经济工作务虚会议并提交《立足中等收入，谱写科学赶超新篇章——湖南人均地区生产总值跨过3000美元的回顾与前瞻》报告，受到好评。

12月16日，童中贤主持的《石门县“十二五”规划》在长沙征求意见。

12月17日，方向新参加云南省社科院建院30周年庆典活动。

12月18—21日，《文学评论》编辑部和湖南省社会科学院文学研究所联合主办的“本土经验与中国现当代文学的世界性学术研讨会”在长沙蓉园宾馆召开。

12月22日，省社科院召开国家社科基金课题申报动员会。

12月23日，区域系统所为主承担的《湖南省“十二五”环长株潭城市群发展规划纲要》通过专家评审。

12月，方向新执行主编的《和谐社会理论干部读本》被评为湖南首届优秀社科普及读物。

12月23日，《作为推进“四化两型”的主战场》获周强书记肯定性批示。

12月24日，陈文胜参加“十二五”民政事业发展规划听证会。

12月24日，中南大学董海军副教授来省社科院讲授“问卷资料的收集”。

12月24日，罗波阳赴张家界市开展“学习贯彻中央和省委‘十二五’规划建议”专题宣讲。

12月25—27日，湖南省历史学会年会在南岳召开，刘云波增选为省历史学会副会长，王国宇任秘书长，周亚平增选为常务理事。

12月27日，方向新率图书馆全体成员赴湖南农大图书馆参观考察。

12月28日，省委宣传部给省社科院发来表扬信。

12月29日，省社科院举行2011新年联欢会。

12月29日，郭勇出席全省加速推进新型工业化综合调研工作座谈会。

12月29日，院妇委会召开工作总结会议。

12月30日，省社科院被评为“湖南机关党建”网信息报送采用先进单位。

12月31日，省直机关工委办公室主任肖东阳到省社科院调研。

12月，童中贤主持的国家社科基金项目通过国家社科规划办结项验收。

12月，肖耀球的国家社科基金项目成果入选《国家社科基金成果选介汇编》。

长沙市
社会科学院

01 全院概况

HUNAN ACADEMY OF SOCIAL SCIENCES YEARBOOK

长沙市社科院（社科联）概况

长沙市社会科学院

长沙市社科院与市社科联、社科规划办实行“一套班子、三块牌子”合署办公。现有在职干部职工16人（含政府雇员4人），设党组书记副书记、主席（院长）1人，副主席（副院长）1人、副主席（副院长）兼纪检组长1人，秘书长1人（目前为正科职）；在职人员中，博士研究生毕业2人、硕士研究生毕业4人；下设综合秘书处、科研组织处和发展研究中心3个内部处室。

社科院是市委市政府领导下从事社会科学研究的科研单位，主要围绕我市经济社会发展开展应用性、对策性研究和地方优长学科基础理论研究。社科联是市委领导下的社会科学界学术性群众团体，是全市社科类学会、协会、研究会的业务主管部门。具体而言，其职能职责有：1.领导和协调所属各团体会员的工作，负责市级社会科学学术团体的组织管理和业务管理。2.紧密结合长沙实际，制定本会活动规划，组织和推动所属团体会员开展社科研究和学术活动，为党和政府决策服务。3.组织和推动所属团体会员开展社会科学知识普及与咨询服务活动，促进社会科学成果社会化。4.组织和推动社会科学学术团体之间、理论工作部门与实践工作部门之间、社科专家与领导之间、研究部门与决策部门之间、社科工作者与企业家之间、社会科学界与自然科学界之间的联系和协作。5.制定和落实我市社会科学发展规划，组织重大课题研究攻关。6.组织全市社会科学优秀成果评奖、社会科学成果鉴定、社会科学研究课题招标以及社会科学优秀人才、社会科学理论骨干、社会科学工作积极分子和先进学会的评选等活动。7.协助有关部门加强社会科学队伍建设，维护社会科学工作者的合法权益，反映他们的意见和要求。主要业务工作有：1.管理社会科学学术团体。凡依法成立社会科学学术团体，必须先成立筹备组织，以筹备组织的名义向市社科联提交成立学会的书面申请，经审查同意后，方可持批复文件向市民政局登记注册，成为社科联的团体会员，并接受市社科联的组织管理和业务指导。2.制定社会科学工作规划。根据全国及省、市工作中心，结合本单位实际，采取领导、专家、群众三结合的办法，科学制定长沙市社会科学发展规划、社科研究课题公开招标、社科理论研讨会和社科研究成果转化等工作，积极为市委市政府决策当好参谋。3.加强社会科学队伍建设。开展全市社科类先进学会、社科优秀人才、社科理论骨干和社科积极分子评选活动，加强基层组织建设，建立“人才库”、“资料库”、“学会库”和“信息库”，培养造就一支高素质的社科队伍。4.开展社科优秀成果评奖。长沙市社会科学优秀成果奖属市级奖，是全市社会科学成果的最高奖励，每两年举行一次。凡享有公民权利、工作关系隶属长沙市的社会科学各专业的理论和实际工作者，在规定年限内产生的符合党的基本路线，有一定创见和理论深度，有一定学术和应用价值的社会科学研究成果，均可以个人或集体名义向所属学会或所在区、县(市)委宣传部申报，经初评报市评奖办，由市评委会复评和终评。5.组织社会科学成果鉴定。长沙市社会科学成果鉴定属市级鉴定，根据需要，不定期举行。凡享有公民权利，工作关系隶属长沙市的社会科学各专业理论和实际工作者的社科研究成果，均可以个人或集体的名义向市社科成果鉴定办申请鉴定，由市鉴定办聘请省市知名专家学者进行鉴定。6.举办学术理论研讨交流。加强与国际国内社会各界的联系，拓宽成果、资料、信息、人才交流渠道。邀请国内外知名专家学者来长讲学，举办各类学术研讨活动，就国际国内政治、经济形势，经济、社会发展的重点、热点、难点等问题进行探讨和学术交流。7.进行成果应用咨询服务。运用社科知识优势，开展成果应用、咨询服务活动，把社科研究、咨询和成果转化有机结合起来，建立有信誉、能够开拓和占领市场的咨询服务实体，为经济社会发展服务。8.编辑出版社科理论刊物。《长沙社科》杂志是市社科联编辑出版的社会科学综合性理论刊物，现为季刊。刊物坚持以邓小平理论和“三个代表”重要思想为指针，坚持“二为”方向，贯彻“双百”方针，鼓励大胆探索，提倡学术争鸣，服务经济建设，交流社科成果，传播理论信息，锻炼社科队伍，为我市经济社会发展服务。

长沙市社科院（社科联）2010年工作回顾与2011年工作思路与任务

一、2010年社科工作的回顾与总结

2010年，市社科联按照省委常委、市委书记陈润儿视察时所作的“切实加强社科工作，充分发挥智库作用”的重要讲话精神，认真履行“桥梁纽带、组织协调、咨询服务、宣传普及”的职责，充分发挥社科界“认识世界、传承文明、创新理论、资政育人、服务社会”的作用，主动围绕中心，自觉服务大局，扎实推进各项工作，形成并保持哲学社会科学工作与全市经济社会发展同频共振、同步共进的良好态势。2010年，市社科联被评为全省社科系统先进集体，所属学会中有1家被评为全国标兵学会，4家被评为全国先进学会。工作的特色和特点主要体现如下：

（一）课题研究在服务大局上有新突破。学以资政、服务决策是社科界的使命所在。市社科联紧紧围绕长沙经济社会发展中的重大理论与实践问题，以助推长沙经济社会又好又快率先发展为工作重点，以应用对策研究为主攻方向，多层面、多角度的研究活动日益活跃，有理论见地、有实用价值的研究成果逐步呈现；社科理论研究与长沙科学发展、和谐发展、率先发展的联系越来越紧密，对推动党委、政府决策思想的形成和决策的实施发挥的作用越来越明显。一是重大课题研究呈现新成果。完成了《又好又快、率先发展——科学发展观在长沙的认知与实践》、《立足新起点，谋划新跨越——先进城市特色发展及长沙实施赶超战略对策研究》、《提升节能管理水平重在体制机制创新——关于长沙市节能降耗管理工作的调查报告》等重大课题研究报告。在《光明日报》、《湖南日报》、《省情专递》、《长沙晚报》、《内情参考》刊发理论和对策性文章10多篇，得到了领导的充分肯定，社会反响好。二是参与规划编制取得新进展。承担了《长沙市“十二五”文化发展规划》、《“十二五”长沙国民经济和社会信息化发展战略规划》、《长沙市人才发展规划纲要》（子课题）等规划课题研究，成果被长沙市“十二五”国民经济和社会发展规划吸纳。三是学术研讨取得新成效。围绕市委“深入查找发展差距、加快转变发展方式”的主题，邀请省会社科专家开展交流研讨，在《长沙晚报》开辟专版，献计长沙转型发展。围绕市委推进城市国际化发展战略，与关单位联合开展征文活动，共收到稿件80余篇，30多万字，为长沙加快推进城市国际化进程献计献策。

（二）社科普及在服务大众上有新举措。宣传党的创新理论、普及社会科学知识，是社科联的重要职责。我们坚持以党的创新理论武装人、以人文社科知识熏陶人，致力提升社会公众人文素养，巩固干部群众共同奋斗的思想基础。一是承办全省社科普及活动启动式。承办了省委宣传部、省社科联等单位开展以“加快转变发展方式，大力促进创业就业”为主题的社科普及宣传启动式，省委常委、宣传部长路建平欣然参加启动式并视察长沙学会展区，对长沙社科普及工作给予高度评价，市社科联被评为全省社科普及先进单位。二是组织评选推荐科普读物。组织一批社科普及读物参加省社科普及读物评奖，其中获一等奖1项，录制的科普宣传光碟被评为全省社科普及优秀科普读物。三是举办专场社科普及报告会。邀请省政府参事、知名经济学家朱翔教授作了“贯彻五中全会精神，落实科学发展观”专场学术报告会。四是编辑出版好《长沙社科》杂志。对《长沙社科》进行改版，增强理论性、针对性和可读性。五是组织社科普及宣讲团深入企业、社区、农村，宣讲党的创新理论和市委市政府的重大决策和战略部署。

（三）学会工作在优化服务上有新成效。社科类学会(协会、研究会)是社科联的组织基础，也是社科事业繁荣发展的重要力量。我们坚持“以学立会、以学兴会”，全市各学会学术活动逐渐呈现“百花齐放、百家争鸣”的良好氛围，社科联和各学会之间也呈现“上下联动”的良好态势。一是建立了定期工作例会和重大学术活动登记备案制度，依法依规加强学会管理和服务，所辖全市48个社科类学会、协会、研究会健康发展。二是举办了以“坚持正确导向，服务率先发展”为主题的学会骨干培训班。三是在学会中开展创先争优活动。市会计学会被确定为全市新社会组织创先争优领导联系点。四是总结推介了市会计学会、市检察学会、市群众文化学会、市工商行政管理学会、市警察协会等一批全国先进学会的工作经验，通过典型带动，发挥示范作用。五是开展了评选先进学会和社科工作先进个人的活动。

（四）整合资源在理念创新上有新提升。长沙是全省政治、经济、文化中心，集中了一大批社科理论方面的专家学者，我们坚持不为所有、但为所用，吸引他们关注长沙、研究长沙、服务长沙。在社科规划立项、社科双评激励等方面进行了大胆探索。一是开展社科双评，以激励为导向整合资源。全市各区县（市）、机关、学校、企业都广泛参与，申报热情高。申报人才中有主持过国家级课题的教授，也有对长沙改革发展作出过突出贡献的部门负责人，申报的成果中既有影响广泛的专著，也有被《新华文摘》和人大复印资料转载的论文。二是开展社科规划立项，以课题为纽带整合资源。对社科规划工作和社科课题的申报、立项、资助、管理等进行科学规范。全年共规划立项课题15项，吸引了中南大学、湖南大学、湖南师范大学等知名学府专家学者研究长沙经济社会发展中的重大理论和实践问题。同时，机关研究人员申报省社科评审委、省社科院课题有7项获得立项。

（五）机关建设在打造团队上有新风貌。一个优秀的团队是事业发展的前提条件和核心要素，团队的凝聚力、向心力强弱直接关系到机关工作整体效能地发挥，影响着机关建设的水平。一是着力加强制度建设。市社科联起草了市委市政府《关于进一步繁荣发展哲学社会科学的意见》文件代拟稿，多次组织召开有关部门和专家座谈会，广泛征求意见，反复修改，数易其稿，形成正式文稿后，报市委市政府领导审定后发文。文件在社科规划引导、社科理论研究、社科知识普及、人才资源集聚、社科成果转化等方面，构建了全方位的工作机制。二是圆满完成换届选举工作。省委常委、市委书记陈润儿，市委副书记、市长张剑飞分别向大会发来贺信。会议修订了市社科联章程，听取并审议工作报告，选举产生新一届社科联主席、副主席、秘书长、副秘书长，聘请名誉主席、顾问。三是不断夯实机关发展基础。健全了领导班子，增设了1名副主席（兼纪检组长）职数。增设了学会工作处，增加了2名行政编制，引进了4名政府雇员。

回顾2010年，我们取得了一定的成绩。借此机会，请允许我代表长沙市社科联真诚感谢市委市政府对社会科学事业的高度重视和坚强领导！真诚感谢广大社会科学工作者积极投身我市经济社会又好又快率先发展中所作出的艰辛努力和倾情奉献！真诚感谢各位领导、各位专家和社会各界人士对我市社会科学事业的关注和厚爱！在总结成绩的同时，我们也清醒地看到工作中存在的不足。我们感到在进一步繁荣发展社会科学事业，特别是为市委市政府的科学决策提供理论成果和智力支持方面，离市委市政府的要求仍然有较大差距，需要我们在今后的工作中继续付出辛劳和努力。

二、2011年社科工作的思路与任务

2011年是“十二五”规划的开局之年，做好今年的社科工作具有承上启下的重要意义。今年工作的指导思想和基本思路是：全面贯彻落实科学发展观，履行社会科学认识世界、传承文明、创新理论、咨政育人和服务社会的职责，解放思想、创新务实，充分发挥“联”的优势和“研”的特点，全方位整合社科界资源，凝聚省会社科界力量，围绕市委市政府“五化一率先”的发展战略，为推进我市新时期又好又快率先发展做好理论先导工作，努

努力将长沙社科联办成富有特色、充满活力，在全国有重要影响，与长沙经济社会发展水平相称的城市社科机构。根据以上要求，全年要重点抓好以下六个方面的工作：

一是研究一批重点课题。要认真贯彻落实“十二五”规划、服务“十二五”发展，围绕新时期长沙又好又快率先发展，推出研究成果，提供决策服务。重点进行“五化一率先”发展战略研究、长沙加强和创新社会管理研究、省管县后长沙财政体制改革研究、长沙职业教育创新模式研究等重大课题研究。

二是出版一本专题图书。长沙是历史文化名城，文化是长沙的优势所在，推进文化产业发展是转变经济发展方式，促进长沙经济社会又好又快率先发展的重要举措。2011年，要在市委宣传部的领导下，联合宣传文化系统有关单位，编纂出版《2011年长沙文化发展报告》蓝皮书，为我市文化产业和事业健康、有序、跨越发展献计出力。

三是推介一批优秀成果。社科双评要更富成效，要组织第九届社科优秀人才评选和第十三届社科优秀成果评奖工作，加大宣传推介力度，强化导向功能，着力评选推介一批社科优秀人才和优秀成果。要做强社科规划这一品牌，围绕中心，服务大局，开展课题规划立项，采取加强管理服务，加大经费投入等举措，争取吸引更多研究机构和专家学者参与，着力整合省会社科资源。

四是培育一批典型学会。要积极探索学会管理的新途径，提高学会组织规范化、制度化管理水平，增强学会活力，出台《长沙市社科类学会管理办法》。积极探索学会组织在加强和创新社会管理中的作用和功能，加强学会骨干培训，提高工作水平。要加强对学会的业务指导，促进学会之间的良性互动、信息共享和优势互补。要发挥学会特色、培育学会品牌，开展社科类先进学会和社科工作先进个人评选活动。

五是搭建一批科普平台。要认真承办好湖南省社科普及活动启动式和科普活动周的相关工作，实现市社科联与省社科联工作的对接。要办好《长沙社科》杂志，发挥其在课题成果转化、社科知识普及等方面的积极作用。要认真举办好长沙社科普及专场报告会，联合有关单位建立一批科普活动基地。要认真组织“社科普及专家市民面对面”活动，邀请专家学者面向街道、社区、农村、企业开展社科知识普及。

六是打造一个创新团队。加强基层组织建设，推动基层社科联组织发展，在有条件的企业、高校和科研院所成立社科联组织，积极探索在区县（市）成立社科联组织。加强机关制度建设，要以制度建设为切入点，培育团队精神，建设和谐机关，保障工作规范高效运行。要加强资源整合，要以社会科学研究项目为抓手，整合省会社科研究力量，面向省会高校和科研院所聘请一批兼职研究员。

特 载 02

HUNAN ACADEMY OF SOCIAL SCIENCES YEARBOOK

给市社科联第五

市社科联第五次代表大会的全体同志们：

值此长沙市社会科学界联合会第五次代表大会隆重召开之际，我代表中共长沙市委向大会表示热烈的祝贺！向与会代表并通过你们向全市广大社会科学工作者表示诚挚的问候！

科学包括自然科学和社会科学，二者犹如车之两轮，鸟之一两翼，同等重要。社会科学既是正确认识世界和改造世界的重要工具，也是推动历史发展和社会进步的重要力量。对于一座城市而言，它既是文明的象征，也是思想的内核。这些年来，全市社会科学工作者担负起认识世界、传承文明、创新理论、咨政育人、服务社会的重要职责，殚精竭虑、心无旁骛地研究，踏踏实实、卓有成效地工作，立足长沙、研究长沙，宣传长沙、服务长沙，取得了丰硕效果，赢得了广泛赞誉。市社科联充分发挥桥梁纽带作用，把握“联”的优势和“研”的特点，紧贴中心、服务大局，整合资源、服务发展，致力于成为传播先进文化的重要阵地，成为普及社科知识的重要平台，成为决策参谋服务的重要智库，为推动科学决策、民主决策，为促进又好又快、率先发展，提供了思想保证、精神动力和智力支持。

当前，我们正处于大有可为的重要战略机遇期，这既是全面建设小康社会的关键时期，也是转变经济发展方式的攻坚时期，既面临难得的历史机遇，也面对诸多的风险挑战。长沙加快转变经济发展方式，深入推进“两型社会”建设，是全市人民肩负的庄严使命，也是全市社科工作者的鲜明主题。经济社会发展所面临的一系列重大课题和现实问题，亟待社会科学界，以战略的眼光、理性的思考、专业的学识，去潜心研究、积极探索、努力破解。特别是当前，我们要认真贯彻落实十七届五中全会精神，围绕谋划“十二五”规划、推动“十二五”发展，在提高城市国际化水平、加快产业高端化步伐、实现城乡一体化发展、探索发展“两型”化路子、推进管理法制化进程等战略举措上，在建设生态文明城市、国际文化名城、国家创新型城市等重大问题上，加强对策研究，推出研究成果，提供决策服务，不辱使命、不负重托，多出精品、多出力作。

我相信，只要我们始终坚持“二为”方向和“双百”方针，求真务实、开拓创新，不畏艰难、刻苦钻研，最大限度地整合一切可以整合的资源和优势，调动一切可以调动的智慧和力量，我们就一定能够实现长沙社会科学事业的大发展大繁荣，为促进全市经济社会又好又快、率先发展作出新的更大的贡献。

祝长沙市社会科学界联合会第五次代表大会取得圆满成功！

中共湖南省委常委、长沙市委书记 陈润儿

2010年10月27日

次代表大会的贺信

市社科联第五次代表大会的全体同志们：

在充满收获与喜悦的金秋十月，迎来了长沙市社科联第五次代表大会的隆重召开，我谨代表长沙市人民政府向大会的胜利召开表示热烈的祝贺！向各位代表表示崇高的敬意和亲切的问候！

近年来，我市广大社科工作者围绕市委市政府的决策部署，自觉服务全市中心工作，充分发挥智库优势，认真履行职责，为促进我市哲学社会科学事业的蓬勃发展，推动理论创新，繁荣学术交流，提高公众文明素质，促进经济社会发展作出了重要贡献。我市改革和建设取得的每一项成就，都凝聚着全市广大社科工作者的智慧，饱含着广大社科工作者的辛劳。实践证明，社科工作是引领理论创新的主导力量，是提升决策水平的重要推动，是持续促进创业之都、宜居城市、幸福家园建设，率先基本实现全面小康的强力支撑。

目前正处在加快经济发展方式转变、推进“两型社会”建设的关键时期。这使我们的工作既面临着新的战略机遇，也为我们提出了更高的要求，更为广大社科工作者提供了崭新的发展契机。广大社科工作者要紧密结合长沙经济社会的发展实际，着力围绕我市发展“两型”化、城乡一体化、产业高端化、城市国际化等开展全方位、多角度、高层次研究，尽快形成一批有深度、有分量、有影响的研究成果，为推动我市实现又好又快、率先发展提供强大的思想保证、精神动力和智力支持。

预祝大会取得圆满成功！

长沙市人民政府市长　张剑飞

2010年10月27日

在市社科联第五次代表大会上的讲话

中共长沙市委副书记、常务副市长　谢建辉

各位代表、同志们：

长沙市社科联第五次代表大会今天隆重开幕了。在此，我谨代表市委市政府向大会的召开表示热烈的祝贺！向与会代表并通过你们向全市哲学社会科学工作者致以亲切的问候！下面，我就进一步加强我市哲学社会科学工作讲三点意见。

一、不断增强繁荣发展哲学社会科学的使命意识

哲学社会科学是认识世界、改造世界的重要工具，是推动历史发展和社会进步的重要力量。胡锦涛总书记强调指出，要从党和国家事业发展全局的战略高度，把繁荣发展哲学社会科学作为一项重大而紧迫的战略任务切实抓紧抓好，推动我国哲学社会科学有一个新的更大的发展。这一重要指示，既为哲学社会科学工作指明了前进方向，也对广大哲学社会科学工作者提出了更高的要求。

2004年召开第四次代表大会以来，市社科联在市委市政府的正确领导下，团结带领全市广大社会科学工作者，坚持正确的政治方向，大胆探索，扎实工作，认真开展学术研讨、课题研究、社科评奖、科学普及和队伍建设，推出了一批有深度、有分量、有影响的优秀成果，涌现出一批理论功底扎实、富有创新精神的学科带头人和科研骨干，连续多年被评为全国大中城市社科联系统先进单位、湖南省社科联“四讲一创”先进单位，市社科院获评全国优秀社科院，社会科学工作走在了全省的前列。这些成绩的取得，凝聚着全市哲学社会科学工作者的智慧和力量。在此，我代表市委市政府对你们付出的辛勤劳动表示衷心的感谢！

在看到成绩的同时，我们也要充分认识到，由于改革开放的不断深化，经济体制、社会结构和利益格局发生了深刻变化，经济社会乃至政治领域中的一些深层次矛盾和问题日益显现，这些重大的现实问题如果处理不好，必将会影响整个长沙的和谐社会建设和经济社会发展大局。新矛盾、新问题迫切需要创新的理论来指导，我市的理论研究，特别是创新性的哲学社会科学成果相对缺乏，经济社会迅速发展与社会科学理论研究相对滞后之间的矛盾还比较突出。因此，我们哲学社会科学工作者要进一步增强使命感和责任感，始终站在全市经济社会发展的最前沿，以战略的眼光、理性的思考、专业的学识，对事关长沙经济社会发展的一系列重大课题进行深入研究，努力破解发展过程中遇到的重大理论和实践问题。

二、充分发挥哲学社会科学指导实践的重要作用

研究和解决重大理论和实践问题，应该成为哲学社会科学的主攻方向。社科联作为党委领导下的群众团体，要主动顺应形势发展的需要，发扬求真务实的作风，不断提高我市社科工作水平和工作成效。

第一，要深入研究现阶段经济社会发展中的突出问题。当前，我市正处于转变经济发展方式、提高城市国际化水平、加快新型工业化进程、推进城乡一体化发展的关键时期，既蕴含着重大机遇，也面临着巨大挑战，许多重大的理论和现实问题亟须我们探索和解决。比如长沙作为省会城市应如何充分发挥首位效应的问题；在中部崛起战略中如何实现赶超崛起、率先发展的问题；在“两型社会”建设中如何实现率先突破的问题以及如何转变经济发展方式，推动战略性新兴产业发展的问题等等。这些问题为广大哲学社会科学工作者施展才华提供了广阔舞台，为我市哲学社会科学繁荣发展创造了难得的机遇

第二，要高度重视哲学社会科学研究成果的转化应用。哲学社会科学生产的是精神产品，这种产品既包括基础理论研究成果，也包括应用研究和对策研究成果。社科工作一定要注重研究成果的转化和应用，不断拓展研究成果的信息发布途径和转化渠道，完善与党政机关、企业、社会之间的信息交流。市社科联作为全市社科学术团体的主管部门，既要向所属的学会、研究机构和专家学者出题目，交任务，更要重视吸收和利用哲学社会科学的研究成果来指导工作实践。全市各社科学会、研究机构和广大社科工作者要选好研究课题，使选题与时代要求合拍、与现实需求对路、与中心工作衔接，建立起高效的成果转化机制，使哲学社会科学研究成果更多地转化为党委政府的科学决策，转化为广大干部群众的社会实践，转化为推动经济社会又好又快、率先发展的强大动力。

第三，要努力推动社科理论研究与社会实践紧密结合。理论研究只有同丰富多彩的现实生活和人民群众的生动实践紧密结合起来，才具有强大的生命力和影响力，才能实现自身的价值。这就要求我们哲学社会科学工作者必须主动深入基层，深入群众，了解社情民意，推动人民群众最关心、最直接、最现实的利益问题的解决，让哲学社会科学的最新研究成果更好地惠及群众、造福人民。要高度

重视并大力开展哲学社会科学知识普及工作，通过专题讲座、义务咨询、举办知识展览等形式，大力宣传哲学社会科学基本知识和优秀成果。要充分发挥报刊、图书、广播、电视、互联网等大众传媒的主渠道作用，多运用群众熟悉的语言，多采用群众喜闻乐见的形式，拓宽社会科学的教育面、宣传面，让社会科学面向基层，真正走进百姓生活。

第四，要注重打造哲学社会科学有影响力的特色品牌。社科工作要扩大社会影响，赢得社会声誉，必须树立精品意识，走品牌道路。要进一步加强社科阵地建设，以办好《长沙社科》为抓手，打造理论宣传的品牌。坚持立足长沙、面向中部、放眼全国，研究、探讨和普及社会科学，反映市内外经济社会发展以及理论研究的新成果、新观点，使之成为我市对外展示社科学术水平的重要窗口和开展学术研讨与交流的重要平台。要按照“主题突出、形式多样、参与广泛”的原则，不断丰富内容和形式，把每年一度的社会科学普及周活动，办成群众喜闻乐见的自觉接受社会科学知识再教育的常设阵地。要善于从博大精深的传统文化、昂扬向上的现代文化和健康有益的外来文化中汲取营养和力量，积极推动学术观点创新、科研方法创新和学科体系建设，努力创造更多更好的哲学社会科学精品，积极推进长沙的学术繁荣。

三、全力营造哲学社会科学事业繁荣发展的良好环境

全市各级各部门要充分认识繁荣发展哲学社会科学的重要意义，根据哲学社会科学工作的特点和规律，制定政策，完善机制，为哲学社会科学事业的繁荣发展创造良好的条件。

一是创造宽松的社科工作环境。要根据全市经济社会发展的实际情况，逐步加大财政对哲学社会科学事业的投入，规划建设一批哲学社会科学基础设施，重点扶持一批哲学社会科学科研项目，努力改善我市哲学社会科学发展的基础条件。要密切同社科工作者的联系，主动听取他们对党委、政府工作的意见和建议，努力改善他们的学习、工作和生活条件，为他们潜心研究、多出成果创造良好条件。要认真贯彻“双百”方针，努力营造一个宽松的学术环境，鼓励学术研究和理论创新，注意区分和把握思想认识问题、学术问题和政治问题的界限，充分发挥他们的积极性、主动性和创造性。

二是打造过硬的社科人才队伍。人才是衡量哲学社会科学发展水平的重要标尺。目前长沙有4万多人的社会科学研究队伍，有50多个学会、研究会，有3所高等研究院校，有多所中央、省属驻长的各类高校、研究院所。要充分发挥我市人才资源丰富的优势，整合哲学社会科学人才资源，紧紧抓住培养人才、吸引人才、用好人才三个环节，形成优秀人才脱颖而出、人尽其才的良好机制。要坚持学科建设与队伍建设、课题研究与人才培养相结合，推动新老合作、以老带新，努力培养和造就一批年富力强、政治和业务素质良好、锐意进取的中青年社科理论骨干。要加强社科队伍的思想道德和学风建设，引导社科工作者树立正确的世界观、人生观和价值观，树立良好的职业精神和职业道德，坚持做人、做事、做学问相一致，自觉维护社科工作者的崇高形象。

三是建立开放的社科研究体系。哲学社会科学研究是一项社会系统工程，必须走联合开放的路子。各级社科组织要切实担负起联络、协调、指导各社科学术团体工作的重要职责，组织社科界各路大军，共谋哲学社会科学的繁荣发展。要充分发挥哲学社会科学规划和课题指南的导向作用，以骨干研究力量为主体，以重大研究课题招标为纽带，构建跨单位、跨行业、跨学科的联合协作机制。要推进社会科学不同学科之间、社会科学与自然科学之间的交叉渗透，鼓励多学科的联合攻关。要加强理论工作者与实际工作者之间的合作，整合党校、高校、政府部门和民间学会等社科资源，实现资源共享、优势互补，增强科研工作的活力。要加强对外交流，在与全国兄弟城市的比较中研究长沙，从比较中把握发展规律，保持我市经济社会发展的领先地位和优势。

四是构建完善的社科工作机制。要进一步改革和创新社会科学规划机制。课题规划要反映时代要求，凸显主攻方向，重视学科平衡，将市场规律和竞争机制引入项目规划工作，优胜劣汰，鼓励精品，对有重大创新价值和社会效益的项目进行重点扶持。要进一步改革和创新评奖评优激励机制。评选工作坚持公开性和公正性，并加大对先进单位和个人的表彰力度，充分发挥评优表彰工作对社科联和学会繁荣发展的促进作用。要进一步改革和创新咨询普及服务机制。把重大理论问题和实践问题、人民群众关心的热点难点问题，作为社科普及工作的切入点，组织理论工作者深入基层、面向群众，开展丰富多彩的科普活动。要进一步改革和创新人才培养使用机制。对社会科学理论人才不仅要注重培养，而且要注重使用，打破选人用人中论资排辈的观念和做法，把那些有较高学术水平、有较强组织能力的优秀理论人才充实到社会科学界各级重要领导岗位上来，使之发挥更大作用。

各位代表、同志们，我们所处的时代，是一个深刻变革的时代，是哲学社会科学大有可为的时代。哲学社会科学正面临着新的时代课题，肩负着新的历史使命。衷心希望全市社科界和社科工作者在市委市政府的正确领导下，高举旗帜，解放思想，振奋精神，开拓进取，努力推进我市哲学社会科学事业大发展大繁荣，为推动长沙科学发展、和谐发展、率先发展作出新的更大的贡献！

努力提升社科工作服务发展服务决策服务大众的水平

中共长沙市委常委、中共市委宣传部部长　陈泽珲

各位代表、同志们：

长沙市社科联第五次代表大会，经过全体与会代表的共同努力，圆满完成各项议程，就要闭幕了。这对于推动我市哲学社会科学事业的繁荣和发展，必将产生重要影响。

市委对这次会议高度重视，市委常委会在会前听取了市社科联的工作汇报，润儿书记、剑飞市长分别发来贺信，建辉同志在开幕式上代表市委市政府作了重要讲话，充分肯定了市社科联过去的工作，并对今后的工作提出了明确要求。代表们认真听取和审议了文章同志代表第四届委员会所作的工作报告，审议和修改了章程，选举产生了新一届市社科联领导班子。在此，我代表市委、市委宣传部向新一届社科联委员会表示热烈的祝贺！向出席大会的全体代表和全市哲学社会科学工作者致以亲切的问候！

2004年第四次代表大会以来，市社科联在市委市政府的正确领导下，团结广大社科工作者求真务实、开拓创新，在组织课题研究、加强学会管理、开展学术交流、普及社科知识、建设工作平台、培养社科队伍等方面做了大量富有成效的工作，受到社科界和社会各界的肯定与支持。对此，市委市政府是满意的。希望你们以这次大会为新起点，紧跟时代步伐，服务发展大局，以新的姿态去探索新的实践、作出新的贡献。下面，我讲三点意见：

一、社科工作要用科学的思想来引领

哲学社会科学属于意识形态范畴，是价值观的重要基石，是软实力的核心内容。社科工作站在什么立场、坚持什么方向，至关重要。要坚持在科学思想的引领下，确保社科研究沿着正确的政治方向、理论方向和科研方向前进。

一是要始终坚持马克思主义的指导地位。马克思主义是我们立党立国的根本指导思想，也是哲学社会科学最核心的组成部分和最根本的理论基础。党的十七大以来，以胡锦涛同志为核心的党中央在准确把握世界发展趋势、认真总结我国发展经验、深入分析我国发展阶段性特征的基础上，提出了科学发展观、构建社会主义和谐社会、加强党的执政能力建设和先进性建设、建设创新型国家、建设社会主义新农村、树立社会主义荣辱观、建设社会主义核心价值体系、走和平发展道路等一系列重大战略思想。这是我们党与时俱进、不断创新所取得的重大理论成果。广大社科工作者要加强对这些创新理论的学习、研究和宣传，用马克思主义中国化最新成果武装头脑、指导实践，推动我市哲学社会科学事业又好又快发展。

二是要牢固树立省会大社科的广阔视野。社科联的突出特点是“联”，最大优势是“联”，根本潜力也是“联”。长沙作为省会城市，高校云集，人才荟萃，为社科工作提供了丰厚土壤。如何整合力量、突出重点、统筹协调，做到为我所用、为长沙所用，是繁荣发展哲学社会科学的重大课题。要强化整合利用省会资源的意识，把各类人才组织起来，把各种力量凝聚起来，加快构建社科人才高地。要坚持“不求所有，但求所用”的原则，尊重包容、互利双赢，采取兼职聘任合作交流、课题招标等形式整合资源，汇聚力量，构建大长沙、大社科、大协作的工作新格局。

三是要切实增强服务发展大局的责任意识。哲学社会科学只有着眼于发展大局、服务于发展大局，才能找到广阔舞台和用武之地。“十二五”期间，

长沙与全国各地一样，面临着如何转变发展方式、提升发展水平的时代重任，需要社科工作在宏观上、思路上提供支持。这对于社科工作来说，既是难得机遇，也是重大挑战。社科界要始终把握时代要求、结合长沙实际，充分发挥“思想库”和“智囊团”的作用，推出一批具有前瞻性、战略性、全局性的研究成果，为长沙经济社会又好又快率先发展的大局服务。

二、社科工作要用扎实的举措来推进

社科联是党委领导下的学术性社会团体，是党委、政府联系广大社科工作者的桥梁和纽带。市社科联新一届领导班子要高度统一思想，强化服务意识，不断提高服务质量和服务水平，确保社科工作更加有为有位、有声有色。

*一是为党委政府决策服好务。*服务改革发展大局，是哲学社会科学的生命线。哲学社会科学研究要着眼于马克思主义理论的运用，着眼于对实际问题的理性思考，站在时代的最前沿和研究的最前端，以我们正在做的事情为中心，深入开展调查研究和理论创新。要主动选题、破题，着重解决实际问题。尤其要针对新型工业化、城乡一体化、城市国际化、发展“两型”化等重大问题，不断开阔眼界、开阔思路、开阔胸襟，组织全方位、多角度、高层次的研究探讨，及时为市委市政府科学决策提供理论支撑和智力支持。

*二是为广大社科工作者服好务。*做好社科工作，离不开广大社科工作者的主动投入、积极作为和辛勤付出。社科联要采取各种形式，协调联络专家学者，为他们提供优质服务、解决实际问题，打造大显身手的舞台，提供施展才华的平台。要加强自身建设，打造学习型团队和服务型机关，以良好的工作作风和工作效率，全心全意为全市社科界专家学者服务，使社科联真正成为广大“社会科学工作者之家”。要积极推动县（区）社科联和高校社科联的组织建设，加强与各高校、党校和社科研究机构的协作，加快长沙社会科学专家库的建设步伐，为社科界发挥思想库作用搭建桥梁。要加强社科工作信息化建设，尽快完成长沙社科界网页建设工作，提高工作信息发布的速度和效率，办好《长沙社科》，使之在指导工作、交流工作中更好地发挥作用。

*三是为人民群众服好务。*推动科学理论走进人民大众，是社科联的一项重要职责。社科联要引导社科学术团体面向基层、面向大众，针对群众关心的热点难点问题，开展经常性的社科宣传和普及活动，宣传科学知识、科学方法、科学思想、科学精神，积极推动科学理论和社科知识进机关、进社区、进农村。要按照“三贴近”的要求，探索社科普及新形式、新途径，善于用老百姓欢迎、老百姓喜爱的载体和平台传播社科知识，努力增强科普工作的吸引力、感染力和影响力，着力提高全民的科学文化、思想道德素质，从而进一步提升服务社会的能力。

三、社科工作要用规范的制度来保障

机制对一项工作而言，有着“四两拨千斤”的作用。社科工作要善于建立机制、用好机制、创新机制，形成互动式氛围和网络化格局，为出成果、出人才提供有效保障。

*一是落实创新研究和成果转化机制。*社科研究成果是具有一定的学术价值、社会效益或经济效益且带有增值意义的知识产品。要始终坚持贴近实际、贴近决策、贴近学科前沿，通过报送领导机关、科普活动、咨询服务、有偿转让等多种形式，推动研究成果的转化。要积极探索社会科学优秀成果转化机制，搭建社科成果转化应用平台，使理论成果更好地应用于各级党委和政府决策，应用于长沙经济社会又好又快率先发展的伟大实践。

*二是完善经费投入和评价激励机制。*建立完善科学合理、运转高效的社会科学经费投入机制，加大政府对哲学社会科学的支持力度，确保哲学社会科学事业发展经费、研究经费、社科普及经费、奖励经费逐年增长。切实保障财政对社会科学研究机构的经费投入。社科联要精心组织社科成果评奖工作，逐步科学化、规范化、制度化。要继续完善评价激励制度和机制，使之更加规范、客观、公正。进一步完善长沙市哲学社会科学优秀人才和优秀成果奖励制度，建立和完善社会科学专家库、人才库、成果库，为哲学社会科学人才培养、选拔和管理使用创造条件。

*三是健全资源整合和对外交流机制。*市社科联要切实履行规划、组织、协调、管理、服务等重要职能，整合各方资源力量，团结带领全市广大哲学社会科学工作者投身社科研究。要通过组织学术活动、开展学术论坛、促进学术交流等多种形式，最大限度地把我市各类社科人才、各类社科社团及学会联合起来，推动我市哲学社会科学进一步繁荣发展。要树立国际视野和世界眼光，积极开展哲学社会科学的国内外交流与合作，充分利用国内外社科研究力量，不断提高我市哲学社会科学的发展水平。

同志们，我们正处在一个呼唤理论指导、崇尚理论创新的时代，哲学社会科学大有可为。让我们高举中国特色社会主义理论伟大旗帜，全面贯彻落实科学发展观，以高度的责任感和使命感，开拓进取，扎实工作，为服务发展、服务决策、服务大众作出新的更大贡献！

切实加强社科工作，充分发挥智库作用

——3月15日在长沙市社科联（社科院）考察调研时的讲话

中共湖南省委常委、长沙市委书记　陈润儿

同志们：

今天，我和树林副书记、小新部长、泽珲部长、水泉秘书长一起到长沙市社科联（社科院）来考察调研，看了你们的汇报材料，听了你们的工作汇报，对社科联（社科院）有了进一步了解，也深有感慨。我认为，市社科联（社科院）的工作主要有如下几个方面的特点：

一是人手虽少，但工作做了不少。刚才我看列举的这些工作都是很不容易的，都是要花精力花心血才能做得好的。这些年，市社科联（社科院）履行智库职责，服务率先发展，立足长沙，研究长沙，在课题研究、社科普及、人才培养、咨询服务、学会管理等方面做了很多工作，取得可喜成绩。特别是围绕中心，服务大局，做出了很多研究，取得了很多成果，这都是不容易的。

二是职能虽虚，但工作做得不虚。本来，从社科联（社科院）的工作定位来看，应该是虚的成分多，实的成分少，但我看你们的工作还是做得很实，大家踏踏实实、默默无闻地工作，为紧贴中心，服务大局，特别是围绕市委市政府提出的一些发展目标和中心工作开展了深入研究，充分发挥了智库作用，为党委、政府决策思想的推动和决策的实施发挥了非常重要的作用。

三是单位虽小，但工作影响不小。社科联（社科院）虽然工作人员不多，单位规模不大，但是在工作中，你们能够很好地把省会丰富的社科资源有效整合和充分运用，形成了一支庞大的社会科学研究队伍，较好地发挥了“联”的优势和“研”的特点，桥梁纽带作用发挥得很好。特别是积极组织和带领全市53个社科类学会，有规划、有部署、有分工、有重点地围绕我市经济社会发展中的一些前瞻性、战略性、大局性的问题来开展调查、研究和深入思考，不但推出了一批有分量的研究成果，而且让这些成果在实际工作当中都得到了很好的转化应用，在全省乃至全国产生了较大的影响。总之，对市社科联（社科院）的工作市委市政府是非常满意的，要给予充分肯定，大力表扬。

关于下一步的工作要怎么样做，刚才文章同志在汇报中提出，要在省会社科界率先将“又好又快、率先发展”学习好、研究透、宣传够，率先用“又好又快、率先发展”武装头脑、指导工作、推进发展。围绕中心、服务大局，履行智库职责，服务率先发展，抓好课题研究、资源整合、社科普及和学会管理等工作思路，我觉得很好。社科联（社科院）下一步工作目标很清晰、重点很突出、措施很实在、一些安排部署也很明确。下面，我就进一步加强社科联（社科院）工作，充分发挥智库作用讲三点意见。

一是要坚持科学发展，繁荣社科事业。哲学社会科学是帮助人们解决世界观、人生观、价值观，解决理论认识和科学思维，解决对社会发展、社会管理规律的认识和运用等问题的科学。社会科学作为综合国力的重要组成部分，是软实力的核心内容。社科联（社科院）作为哲学社会科学学术性的联合组织和社会科学专门研究机构，在推进社会科学繁荣发展中担负着光荣的使命，也面临着难得的机遇。广大哲学社会科学工作者，必须深入学习科学发展的思想，一定要善于运用马克思主义的立场、观点和方法来看待世界、分析事物、解决问题。马克思主义具有与时俱进的理论品质，马克思主义理论本身就是时代发展的产物，任何一种新的思想和理论，都只能是社会物质生活发展与时代发展的必然产物，从这个方面来讲，任何马克思主义的观点、学说、体系都是时代发展的产物。科学发展观是马克思主义基本原理同中国实际与时代发展相结合的产物，是立足社会主义初级阶段基本国情，总结我国发展实践，借鉴国外发展经验，适应新的发展要求提出的重大战略思想。既是与时俱进的科学发展理论，也是新时期新形势下我国经济社会发展的根本指导方针。所以，我们研究哲学社会科学，首先要深入学习、深刻领会和全面把握科学发展观的内涵、本质和要求。特别是要善于运用科学发展观的立场、观点和方法来指导我们的社会科学研究，从而始终保持正确的导向，继续唱响解放思想、坚持改革开放、推动科学发展、促进社会和谐的主旋律，着力改变不适应、不符合科学发展观的思想观念，着力解决影响和制约社科事业科学发展的体制机制，履行社会科学认识世界、传承文明、创新理论、咨政育人和服务社会的职责，推动省会长沙社会科学事业大发展大繁荣。

二是要善于整合资源，服务率先发展。省会城市，社科资源得天独厚，非常丰富。我们经常讲要增强省会意识，什么是省会意识？我觉得最基本或者最重要的有两条，一个是率先发展的意识，一个是资源整合的意识。资源整合的目的就是要努力实现长沙经济社会又好又快，率先发展。我们讲工业要搞大工业，统战要搞大统战，所以我们的社会科学也要有大社会科学。如何整合社科资源？我认为，就是要善于把长沙地域范围之内的社会科学资源充分整合好、利用好、发挥好。这方面市社科联（社科院）做得不错，但是我认为还有空间，还有潜力，还有必要。特别是要进一步加强与国内外、省内外社会科学研究单位、高等院校、党校、部队院校和党政机关等五路大军的沟通、联系、交流。要善于根据市委市政府提出的决策需求和决策要求，建立和完善联合开展科研攻关的有效机制。也就是说，市委市政府出题，提出研究任务，明确研究方向，市社科联（社科院）组织相关专家，组建精英团队，实行责任分工，共同研究,集体攻关，拿出高质量的研究成果，为市委市政府科学决策提供有效的咨询服务和智力支持。这样的话，就可以使我们的研究更深、更实、更有前瞻性，也更有针对性和可操作性，我们的哲学社会科学与经济社会的发展互相渗透就会更强，与市委市政府的工作大局结合就会更紧。此外，社科联（社科院）还要与市委政研室、市政府研究室等单位加强协调和配合。说实在的，研究室，包括市委政研室和政府研究室，现在很大程度上是为领导起草讲话、报告，对一些问题深入学习、思考、研究是有限的。怎样把社科研究成果运用好、发挥好，这就要求加强力量的整合，实现成果的转化。我觉得社科类学会的学科带头人，既可以是市委政研室、政府研究室聘请的研究员，也可以是社科联（社科院）聘请的研究员。市委政研室和社科联（社科院）共同确定重点课题和研究方向，请这些研究员去做文章。这对于丰富我们的知识、丰富我们的大脑、提升我们的思维水平很有好处，同时可以不断壮大我们的社科研究力量，推动社科研究成果真正得到转化应用。

三是要突出研究重点，发挥智库作用。胡锦涛总书记在党的十七大报告中明确指出：“繁荣发展哲学社会科学，推进学科体系、学术观点、科研方法创新，鼓励哲学社会科学界为党和人民事业发挥思想库作用，推动我国哲学社会科学优秀成果和优秀人才走向世界。”这对哲学社会科学界具有很强的现实针对性和长远的指导意义，为哲学社会科学的繁荣发展提供了强大的精神动力。党中央要求社科界当好党和人民事业的思想库，这个要求是很高的。思想库要出思想，要为党和政府的决策提供智力支持，就必须提高我们的政治素质、理论水平和研究能力，拿出经得起实践检验和人民满意的社科优秀成果。哲学社会科学是一项复杂的社会系统工程，涉及内容多，研究领域广，推动作用大。尤其是在全球化、信息化的浪潮中，推进“两型社会”建设、实现中部崛起的进程中，有很多时代课题和现实问题需要我们去研究、去探索、去破解。要充分发挥省会社会科学界的“智囊团”和“思想库”作用，紧紧围绕党委政府科学决策和提高人文社会科学素质的需求开展社科研究。要坚持用科学发展观的要求来统领，确保哲学社会科学研究的方向正确。要突出社科研究的重点，从市情着手，从市委市政府关心的、人民群众关注的难点热点问题入手，组织开展重大课题联合攻关，推出一批有价值、有分量的课题研究成果，为长沙经济社会“又好又快、率先发展”提出战略性、全局性、前瞻性的对策建议。当前，长沙急需研究的几个主要问题，比如说，加快转变经济发展方式，提高城市国际化水平，加快产业高端化进程，推进城乡一体化发展，探索发展“两型”路子，加快新型工业化进程，建设生态文明城市等问题，进行深入研究，的确很有必要。当然有些问题，下一步呢，市委、政府也会在这方面给你们多出题目，多交任务，由社科联（社科院）组织整合社科力量，把研究工作做好。

有追求才有激情，有激情才有创造。罗文章同志带领大家一起紧贴市委市政府工作中心，服务大局，每次怎么研究怎么服务都跟得很紧，贴得很实，包括市委市政府提出城乡一体化发展的战略决策，也马上跟上去了，积极组织专家研讨，及时提交研究报告，这方面主动工作，激情澎湃，积极作为，勤奋努力，这种精神值得肯定，值得表扬。事实证明，不在人手多，还在人手精，总是在一个单位有激情不容易，有的在一个岗位存在职务疲劳、岗位疲劳，你们始终充满激情不容易。社科联（社科院）的同志们总是这么有激情，这么有干劲，希望你们发扬光大。

（根据录音整理，题目为编者所加）

在全市社会科学工作会议上的讲话

中共长沙市市委常委、中共市委宣传部部长　陈泽珲

哲学社会科学是人们认识世界、改造世界的重要工具，是推动历史发展和社会进步的重要力量。市委市政府对这项工作高度重视，去年润儿书记专题调研了社科工作，作出了重要指示。在市社科联第五次代表大会上，润儿书记和剑飞市长又分别作了书面讲话，为我市社科事业的发展进一步指明了方向。今天的全市社会科学工作会议，既有总结表彰的内容，也有动员部署的任务，非常重要。在这里，我谨代表市委市政府，向获奖的单位和个人表示热烈的祝贺，向全市社会科学工作者致以崇高的敬意和诚挚的问候！下面，我再讲三层意思：

一、要看到社科事业的不断进步

2010年，我市广大社会科学工作者围绕市委市政府的决策部署，心无旁骛地开展研究，卓有成效地扎实工作，围绕经济社会又好又快、率先发展的大局，较好地履行了认识世界、传承文明、创新理论、咨政育人、服务社会的职责，在出成果、出人才、出氛围方面取得了新的进步。主要体现在“三有”：

一是研究成果有深度。全市广大社科工作者紧紧围绕长沙又好又快、率先发展的大局，深入调查和研究，凝聚智慧和力量，提出了许多具有前瞻性、战略性、可操作性的对策建议，出了不少新的、好的、有分量的研究成果。比如，《又好又快，率先发展——科学发展观在长沙的认知与实践》、《立足新起点，谋划新跨越——先进城市特色发展及长沙实施赶超战略对策研究》、《提升节能管理水平重在体制机制创新——关于长沙市节能降耗管理工作的调查报告》等，反映出一定的理论基础、研究功底和学术水平，为落实党委政府决策发挥了非常重要的作用。

二是人才培养有成效。2010年，我们遵循社科发展和人才成长规律，加大社科专家、优秀人才选

拔和高端人才培养引进力度，收到明显效果。比如开展了社科双评活动，推介和表彰了一批社科优秀人才，激发了全市广大社科工作者的积极性和创造性。通过多方面的努力，涌现出了一批理论功底扎实、富有创新精神的学科带头人和科研骨干，为社科事业储备了发展力量、增添了新鲜血液。

三是社科普及有创新。主要是三个多样化：普及形式多样化、宣传内容多样化、受众群体多样化。全市广大社科工作者和社科学术团体，利用自身学科的特点和优势，采取举办讲座、展览、专题报告会、培训班、编辑出版科普读物、开展科普咨询等多种形式，大力宣传科学精神、科学思想、科学知识和科学方法，社科工作的知晓率和影响力在逐步拓展。特别是"社科普及周"和"社科知识普及基层"活动，贴近实际，富有特色，社会反响不错。

二、要破解社科领域的重大课题

一个时代有一个时代的特点，一个阶段有一个阶段的课题。社科工作要真正体现时代性、把握规律性、体现创造性，必须着眼于发展方式转变、社会格局转型的趋势，在作命题、抓课题、解难题上下功夫，推动社会事业科学发展。

1. 注意整体把握。科学包括自然科学和社会科学，二者犹如车之两轮，鸟之两翼，同样重要。在推进"十二五"发展、全面建设小康社会的伟大实践中，能不能对全局性、战略性、前瞻性的重大课题作出科学的理论回答，是时代赋予社科工作者的重要使命。因此，我们开展社科工作一定要有宏观意识和全局思考，始终坚持马克思主义的指导地位，坚持为人民服务、为社会主义服务的方向，坚持解放思想、实事求是、与时俱进，着眼于新的实践，着眼于回答现实问题，不断推出紧跟时代步伐、面向生动实践、具有较高学术水平和应用价值的成果。具体来说，社科工作要突出"四结合、四为主"，即应用决策研究与基础理论研究相结合，以应用决策研究为主；现实问题研究与历史问题研究相结合，以现实问题研究为主；经济问题研究与社科其他领域的研究相结合，以经济问题研究为主；地方中微观问题研究与全国宏观问题研究相结合，以中微观问题研究为主。

2. 找准自身定位。在社科工作为什么、干什么的问题上，要切实搞清楚，明确职责，明确目标，明确任务。我想，社科团体和社科工作者重点要向三个方面努力：一是要成为党委政府的智囊团。充分把握市委市政府工作的关注点、切入点和兴奋点，围绕出思路、出主意、出精品，精心策划选题，集中力量攻关，有针对性地开展社科研究，为科学决策提供理论支撑和智力支持。二是要成为科学理论的传播者。普及社科知识、服务社会大众、提升公民素质，是社科领域最具有基础性和常态化的工作。要始终坚持面向基层、面向大众，针对群众关心的热点难点问题，充分发挥报刊、图书、广播电视、互联网等大众媒体的作用，传播科学理论和科学常识，不断提高全民的科学文化素质、思想道德素质。三是要成为社会进步的助推器。实践创新离不开理论创新的引领和推动。尤其在当前，社会管理创新成为一个热点，如何破解和化解深层次矛盾和问题，需要用创新的理论来指导。社科工作者要发扬创新精神，顺应时代步伐，以宽广的理论视野、敏锐的历史眼光、较真的探索精神，大力推进社会管理创新中的理论创新。

3. 服务长沙发展。"十二五"期间，长沙与全国各地一样，面临着如何转变发展方式、提升发展水平的时代重任，很多问题是书本上没有现成答案、过去也不曾遇到过的，需要社科工作在宏观上、思路上提供支持。一是要提升思考的高度。我们做社科研究，思维层次和思维方式很重要。服务大局，一定要站在大局看问题、想问题、研究问题，把握长沙发展的制高点，探求长沙发展的新路径。比如市委提出"五化一率先"战略，既是目标，也是过程；既是思路，也是出路。城市国际化、城乡一体化、产业高端化、发展"两型"化、管理法治化中的每一化，都大有文章可做。社科工作就要研究国外的经验、研究长沙的实际、研究未来的趋势，站在市委市政府决策层和各级执行层的角度，回答好为什么要搞"五化一率先"、什么是"五化一率先"、怎样推进"五化一率先"等关键问题。这样，才能在方向上、战略上、宏观上给人以启迪。二是要加大研究的深度。任何问题，只有深钻进去，才能悟得真知。我们搞社科研究，不能满足于一知半解、浅尝辄止，而必须以打破沙锅问到底、不达目的不罢休的精神，把问题研究够。比如"两型"城市的建设，既是长沙的优势和特点，也是面临的考验和挑战，因为很多东西需要摸着石头过河。社科工作要抓住实践探索的契机，深入持久地进行理论探索，把"两型"的内涵、"两型"的模式、"两型"的路径等研究透，形成具有全国影响的学术成果。还比如住房、医疗、教育等很多民生保障问题，现在往往是议得很热、钻得不透，如果我们能在某个问题和某个方面下工夫，提出真知灼见，提出独到对策，为市委市政府的决策发挥作用，那也是很有开创性和标志性意义的。三是要拓展宣传的广度。从目前来看，哲学社会科学还下冷上热、时冷时热的问题比较突出，宣传、普及、传播的工作仍然任重道远。这不仅关系到研究成果的推广应用，也关系到社科工作的拓展提升。因此，哲学社会科学界要高度重视哲学社会科学普及工作，结合重大专题、重大事件，有计划地组织哲学

社会科学普及宣传活动，利用报刊、广播、电视等大众媒体通俗易懂地宣传哲学社会科学知识。尤其要针对青少年和未成年人加强哲学社会科学知识教育，编辑一些读物，组织一些活动，开展一些竞赛，用喜闻乐见的方式提高学生对哲学社会科学的认识，培养学生对哲学社会科学的兴趣。

三、要形成社科研究的有力保障

对哲学社会科学而言，内容比较虚、弹性比较大，保障措施跟不跟得上，直接关系到出成果、出精品、出人才。各级各部门要对社科工作看得更重、抓得更实一些，在强化保障措施上多想办法、多给支持。

1. 工作环境要更加宽松。 全市各级各部门要认真落实市委市政府《关于进一步繁荣发展哲学社会科学的意见》的精神，坚持党委统一领导、各部门分工负责的原则，成立哲学社会科学工作领导小组，加强对社科工作的宏观领导，统筹协调全市社科事业发展重大问题，把握哲学社会科学的发展规律，鼎力支持哲学社会科学事业的发展。要根据经济社会发展的实际，建立完善科学合理、运转高效的社会科学经费投入机制，加大对社科研究、社科普及、人才评选、学术研讨和社科评奖的经费投入，鼓励哲学社会科学机构通过合作研究、咨询服务、成果转让等途径，依法依规筹措科研经费。要认真贯彻“百花齐放、百家争鸣”的方针，积极倡导学术民主与话语平等，鼓励学术研究和理论创新，努力营造一种生动、活泼、民主、团结的学术氛围。要密切同社科工作者联系，尊重、理解、关心社科工作者，为他们提供服务、排忧解难，努力改善他们的学习、工作和生活条件，保障他们潜心研究、多出成果。

2. 队伍建设要切实加强。 繁荣发展社会科学事业，关键是人才。而人才存在于人民群众之中，未必有显著的标识，能不能善于发现、善于培育、善于使用，显得十分重要。我们要以新观念、新视角来认识人才，以新机制、新体制来识别和选拔人才，不能过于求全责备、论资排辈。要充分激发人才自我开发和用人单位自主开发人才的积极性，坚持引人才与引智力、引技术相结合，积极引进一批高端专业人才和高级科研人才。要切实抓好哲学社会科学人才队伍建设，着力培养一支政治坚定、素质优良、研究能力强的社科人才队伍，特别是造就一批理论功底扎实、勇于开拓创新的学科带头人，造就一批年富力强、政治和业务素质良好、锐意进取的青年理论骨干。要注意优化人才资源配置，建立既能体现哲学社会科学特点，又能发挥市场作用的开放、灵活的人才配置机制，鼓励人才合理流动，特别是把那些有较高学术水平、有较强组织能力的优秀理论人才充实到社会科学界各级领导岗位上来，充分发挥人才在经济社会发展中的基础性、战略性和决定性作用。

3. 各项机制要不断完善。 重点是三个环节：要创新社科规划机制。对未来几年的社科工作，要有一个成体系、成整体的规划，明确社会科学研究的指导思想、方针原则和主要任务。课题规划要反映时代要求，凸显主攻方向，重视学科平衡，将市场规律和竞争机制引入项目规划工作，重点支持重大现实和基础性研究项目。要完善评价激励机制。坚持客观公正、突出应用价值、注重理论创新、重奖精品的原则，建立完善的社科评价和激励机制，完善社科优秀人才、优秀成果的奖励制度，把奖励与充分调动哲学社会科学工作者的积极性、主动性和创造性结合起来，鼓励多出优秀成果、多出优秀人才。要健全合作交流机制。积极开展哲学社会科学的国内外交流与合作，加强与国内外科研机构、高等院校和党政部门、社会组织、企事业单位研究机构等部门的沟通、联系、交流，实现优势互补、互利多赢。

中共长沙市委　长沙市人民政府

关于进一步繁荣发展哲学社会科学的意见

【长发〔2010〕19号】

近年来，我市哲学社会科学事业蓬勃发展，为经济社会持续快速健康发展作出重要贡献。为大力繁荣发展哲学社会科学，切实发挥省会哲学社会科学界的“思想库”与“智囊团”作用，推动长沙经济社会又好又快、率先发展，结合我市实际，现提出如下意见。

一、正确把握繁荣发展哲学社会科学的总体要求

繁荣发展哲学社会科学的重大意义。哲学社会科学承载着认识世界、传承文明、创新理论、咨政育人、服务社会的职责，具有不可替代的作用。在新形势下，繁荣发展哲学社会科学，是加快提升决策思维水平、加快推动“两型社会”建设、加快推进和谐长沙建设、加快破解现实发展难题的需要。全市各级各部门要将思想统一到相关文件精神上来，进一步增强责任感和使命感，扎实做好繁荣发展哲学社会科学的各项工作。

繁荣发展哲学社会科学的指导思想。坚持以马克思主义、毛泽东思想、邓小平理论和“三个代表”重要思想统领哲学社会科学工作，认真贯彻落实科学发展观，用发展着的马克思主义指导哲学社会科学，坚持“二为”方向和“双百”方针，坚持解放思想，开拓创新，以我市改革与发展中的重大理论和实践问题为主攻方向，以全局性、应用性、前瞻性问题研究为重点，深入开展课题研究、学术交流和社科普及，努力加快哲学社会科学发展步伐，为推动长沙又好又快率先发展、实现全面建设小康社会的宏伟目标提供思想保证、精神动力、理论支撑和智力支持。

繁荣发展哲学社会科学的奋斗目标。力争通过10年的努力，使我市哲学社会科学学科体系比较健全，综合水平和整体实力在总体上达到全省领跑、中部领先的水平。形成一批具有长沙特色、处于学科前沿、在省内外乃至国内外有一定影响的一流学科和学术品牌；造就一支结构合理、学术造诣精湛的一流队伍和一批具有国内领先水平的学术名家；产生一批求实创新、在国际国内有较大影响的精品力作；创作一批对党委政府决策具有重大参考价值、对社会生活产生积极影响的应用对策研究成果和有长沙特色、区域优势的基础理论研究成果，把长沙建成以优势学科和特色学科为特点、国内一流的哲学社会科学研究基地。

二、突出哲学社会科学的研究重点

加强理论研究，服务长沙发展。社科研究要着眼于马克思主义理论的运用，着眼于对实际问题的理论思考，着眼于新的实践和新的发展。要整合原有优势基础理论研究资源，加大基础理论研究力度，开展深入的理论研究工作。着力推进学科体系、学术观点、科研方法创新，在推动实践的进程中不断推进理论创新。切实加强市场经济理论、现代化发展战略和公共管理等基础理论研究和学科建设，筛选和确定一批重点优势学科，建立研究基地。紧密结合市委重大战略部署，重点开展中长期战略性、前瞻性、对策性研究。当前一个时期要围绕加快转变发展方式、“两型社会”建设、新型工业化、城乡一体化等问题，开展全方位、多角度、高层次调查研究，尽快形成一批有深度、有分量的研究成果，提出一些有创意、有影响的工作思路，为长沙经济社会又好又快、率先发展提供理论依据和智力支持。

加强社科普及，服务社会大众。适应建设学习型社会和促进人的全面发展需要，大力宣传弘扬哲学社会科学，不断提升公民科学文化素质。按照“三贴近”的要求，探索社科普及新途径，不断扩大覆盖面和影响力。将社科普及融入宣传思想工作、精神文明建设和文明城市创建，提高广大干部群众的知晓率与认同度。每年都要开展哲学社会科学普及活动，组织社科专家学者深入农村、企业、社区，开展专题讲座、义务咨询和知识展览。加强社科普及教育场馆和基地建设，建立完善社科普及数据库和咨询网络，建设社科工作网站。将社科普及工作站统一纳入街道、社区、乡镇文化站的建设，经费和工作人员纳入统一安排。充分发挥报刊、图书、广播电视、互联网等大众媒介作用，采用群众喜闻乐见的形式，加强对哲学社会科学研究优秀成果的宣传与推介。组织编辑出版社科普及文库和通俗社科普及读物；把《长沙社科》办成长沙社科理论研究的前沿阵地、公开期刊；切实提高各学术团体会刊的质量。积极探索社科普及社会化、市场化的新路子。

加强组织协调，服务科学决策。利用课题研究、学术交流、咨询论证、项目资助、成果奖励等形式，充分调动和发挥广大哲学社会科学工作者的主动性和创造性，积极参与全市经济社会发展重大问题以及干部群众关心的热点难点问题的研究。各级党委政府及其部门要对哲学社会科学研究的方向给予必要的引导，注意把哲学社会科学优秀成果运用于各项决策中，运用于解决改革发展稳定的突出问题中。各级党委政府要建立重大决策专家咨询制度，加强长沙市专家咨询委员会建设，更加自觉地将社科优秀成果和对策建议运用于各项决策中。有关单位要结合工作实际，建立专业性决策咨询机制。重大公共决策在举行听证会前，应认真听取专家意见。各级党委政府要建立领导联系专家制度，经常向联系的专家沟通情况、布置任务、提出要求，多为他们办实事、办好事。

三、建立健全繁荣发展哲学社会科学的工作机制

建立健全哲学社会科学工作研究机制。整合开发省会哲学社会科学研究资源和研究力量，加强科研机构之间的沟通、联系和交流，建立健全社科管理部门、科研院所、社会组织、各级党校、高等院校，以及党政部门、企事业单位研究机构整体联动、资源共享、优势互补、合作共赢的工作体系。党委政府研究机构要侧重于应用对策研究，积极推动重点研究领域建设，为党委政府科学决策提供前期论证和理论依据，切实发挥服务决策的"智囊团"、"人才库"作用。市委党校（行政学院）要充分发挥马克思主义理论研究的优势，加强党的建设和全市经济社会发展现实问题研究，真正把党校（行政学院）建设成为干部教育阵地、能力提升课堂、决策咨询智库、党性锻炼熔炉和理论研究基地。社科联要充分发挥桥梁纽带、组织协调、咨询服务、宣传普及等作用，积极履行管理、指导和服务社科类学会、协会、研究会的职能。社科院要紧紧围绕党委政府的中心工作和全市经济社会发展中的重大理论与实践问题开展深入研究，推出有分量的研究成果。社科规划办要根据党委政府提出的决策需求，制定全市社会科学发展规划，确定社科研究选题指南，做好课题立项、申报、评审和鉴定，加强课题规划与管理工作。各高等院校、科研院所和部队院校要充分发挥学科相对齐全和基础理论研究力量雄厚的优势，侧重基础理论研究，加强应用对策研究。各社科类学术团体和社会组织要根据自身学科优势和服务对象，有针对性地开展课题研究、社科普及和学术研讨。

建立健全哲学社会科学经费投入机制。建立完善科学合理、运转高效的社会科学经费投入机制，加大政府对哲学社会科学的支持力度，确保哲学社会科学事业发展经费、研究经费、社科普及经费、奖励经费逐年增长。切实保障财政对市属高校、社科联、社科院、市委党校（行政学院）等哲学社会科学研究机构的科研经费投入。设立市哲学社会科学规划专项资金，用于指导、协调全市哲学社会科学事业的整体发展和社会科学课题规划与管理工作。各党政部门和企事业单位要根据自身实际，加大对社科研究、社科普及、人才评选、学术研讨和社科评奖的投入。鼓励哲学社会科学机构通过合作研究、咨询服务、成果转让等途径，依法依规筹措科研经费。上级对自然科学和文化事业的相关优惠政策适用于社会科学的，可予以参照执行。

建立健全哲学社会科学评价激励机制。坚持客观公正、突出应用价值、注重理论创新、重奖精品的原则，建立完善哲学社会科学评价、激励机制。评价哲学社会科学要注重理论创新，注重实际价值，重在成果转化，要把是否进入党委政府和企事业单位的决策及实际效果作为重要依据。进一步完善长沙市哲学社会科学优秀人才和优秀成果奖励制度，继续开展每年一次的长沙市社会科学优秀专家、优秀人才和优秀成果评奖，由市委、市人民政府表彰奖励，并逐步加大奖励力度。对长期从事哲学社会科学工作并作出突出贡献的社科工作者和杰出的中青年专家，由市委、市人民政府表彰奖励；对在社科普及工作中有突出贡献的集体和个人以及有突出贡献的社科先进学会和优秀骨干予以表彰奖励。

建立健全哲学社会科学成果转化机制。贴近实际、贴近决策、贴近学科前沿，通过报送领导机关、科普活动、咨询服务、有偿转让等多种形式，推动研究成果的转化。积极探索社科工作者为决策服务经常化、制度化的工作机制，进一步建立畅通的社科研究成果报送和反馈渠道，建立社科研究人员与党政机关、企业、社会之间的信息交流制度和社科研究成果的信息发布制度，构筑社科成果为领导决策、为社会服务的工作平台。建立社科部门和专家学者参与决策制度，制定促进科研成果转化应用办法，促进社科成果尽快转化为重要的政策和决策，转化为现实生产力。社科工作部门、科研院所和高等院校要加强与有关单位联系与合作，通过多种途径推动成果应用，提高转化率。鼓励支持哲学社会科学研究人员走向社会，开展咨询服务，推进哲学社会科学研究成果走向市场。

建立健全哲学社会科学交流合作机制。按照全市推进城市国际化的总体部署，努力提高长沙哲学社会科学的国际化水平。充分利用国内外社科研究力量，加强多层次的交流与合作，不断提高全市哲学社会科学发展的总体水平。鼓励与国家、省级学术机构联合建立社科研究基地和社会调查基地，开展系列学术活动。鼓励以项目为纽带，聘请国内外专家参与重大问题研究，提高研究水平和档次。鼓励

与国内外相关机构合作开展重大问题、前沿问题的学术研讨。积极开展长株潭、中部地区及全国省会城市间的学术交流与合作。积极促进湘籍专家通过各种形式支持和参与长沙社科事业建设。

四、切实改善繁荣发展哲学社会科学的保障条件

切实加强对哲学社会科学工作的领导。要高度重视哲学社会科学工作，把繁荣发展哲学社会科学摆上重要议事日程，形成党委统一领导、各部门分工负责的工作机制。成立长沙市哲学社会科学工作领导小组，统筹协调全市社科事业发展重大问题，具体指导全市社科发展规划的研究制定等重大工作。领导小组由市委副书记任组长，市委宣传部长和市人民政府分管副市长任副组长，市纪委、市委办公厅、市委组织部、市委宣传部、市委党校（行政学院）、市委政研室、市政府办公厅、市编委办、市发改委、市财政局、市教育局、市科技局、市民政局、市人力资源和社会保障局、市政府研究室、市文化广电新闻出版局、长沙学院、市社科联、市社科院等单位负责人为成员，下设办公室，与市社科联合署办公。市委常委会议和市人民政府常务会议每年至少听取一次社科工作汇报，研究解决哲学社会科学领域存在的问题。市委宣传部要加强对全市哲学社会科学工作的指导。市委党校（行政学院）、市社科联、市社科院要进一步强化社科研究的整合、管理和组织协调的职能。

切实加强社科人才培养。立足长沙、面向全国、面向未来、统筹兼顾，制定全市哲学社会科学人才发展规划。认真贯彻落实人才工作的方针政策，把握培养人才、吸引人才、用好人才三个环节，形成优秀人才脱颖而出、人尽其才的良好机制。实施人才培养工程和高层次人才引进计划，努力形成一支年龄梯次、知识结构、学术层次合理优化的哲学社会科学专业研究队伍。积极探索学习型哲学社会科学队伍建设模式，采取培训调研、专题研讨、学习考察、挂职锻炼等方式，提高社科人才的思想理论水平和学术研究能力。积极引进高层次优秀社科人才，特别是在国内外有重大影响的知名专家学者和我市急需的拔尖人才。社科专家、优秀人才的选拔纳入全市优秀专家选拔管理范畴。进一步完善人才合理流动和有效集聚的机制，建立既能体现哲学社会科学特点，又能发挥市场作用的人才配置机制。通过培养和引进，到2020年，全市哲学社会科学研究和管理人才达1.5万人以上，其中高学历、高职称人才占三分之一以上。

切实加强领导班子建设。坚持党管干部、党管人才的原则，大力加强社科管理和研究机构的领导班子建设，配齐配强哲学社会科学研究单位的领导班子。注意发现和培养忠诚于马克思主义、政治素质和理论素质较高的中青年干部，把马克思主义理论素质高、坚定走社会主义道路、熟悉哲学社会科学工作的人才选拔到领导岗位上来，把德才兼备、有组织管理能力和开拓创新精神的专家学者充实到领导班子队伍中来，加大哲学社会科学工作干部交流与使用力度。

切实加强社科组织建设。根据形势发展需要，不断壮大充实社科机关队伍和社科研究力量。坚持改革创新，进一步做大做强市社科院。加强基层社科联建设，完善组织网络，努力搭好工作平台，提高工作水平。区县（市）成立社科联，安排专人和相应工作经费。市委党校（行政学院）和有条件的高等院校、科研院所和企事业单位均可设立社科联组织。紧扣政治指导、组织协调和学术管理三个环节，依法加强对社科学术团体的科学化、规范化、制度化管理，促进各学会、协会、研究会健康发展。积极发展新兴学科、交叉边缘学科相关的学术团体。

切实加强社科环境营造。坚持多措并举，着力营造求真务实、生动活泼的哲学社会科学学术环境。坚持“双百”方针，鼓励大胆探索，推动理论创新和学术繁荣。加大宣传、教育和引导力度，推动全社会关心、支持和参与哲学社会科学工作。尊重哲学社会科学人才，落实党的人才政策，密切与哲学社会科学界的联系，切实关心哲学社会科学工作者的学习、工作和生活，为他们多办实事、排忧解难。

各区县(市)及相关单位要根据以上意见，结合实际研究制定贯彻落实措施，把进一步繁荣发展长沙哲学社会科学事业的要求落到实处。

中共长沙市委办公厅　长沙市人民政府办公厅

关于表彰长沙市第八届社会科学优秀人才和第十二届社会科学优秀成果的通报

【长办发[2011] 4号】

近年来，全市社会科学工作者高举中国特色社会主义伟大旗帜，积极实践“三个代表”重要思想，以科学发展观为指导，以战略的眼光、理性的思考、专业的学识，担负起认识世界、传承文明、创新理论、咨政育人、服务社会的主要职责，殚精竭虑、心无旁骛地研究，踏踏实实、卓有成效地工作，立足长沙、研究长沙，宣传长沙、服务长沙，取得了丰硕成果，赢得了广泛赞誉，为推动科学决策、民主决策，为促进又好又快率先发展提供了思想保证、精神动力和智力支持。为了充分调动和发挥社科工作者的积极性和创造性，总结经验、推介典型、激励先进，中共长沙市委办公厅、长沙市人民政府办公厅决定，授予谷建春、王建华、张红专3名同志“长沙市社会科学优秀人才”称号，对以下65项社会科学优秀成果进行表彰：

一等奖（9项）：《中小学综合实践活动课程系统构建与实施》（著作，王建华，长沙市教育学会）；《略论长株潭城市群“两型社会”建设中的信息资源共建共享问题》（论文，尹锋、彭展曦，长沙学院）；《“两型社会”建设中的检察功能》（论文，陈绍纯，长沙市检察学会）；《长沙市扩大创业就业、建设“创业之都”研究》（论文，贺华，长沙商贸旅游职业技术学院）；《物流流程再造：集成化模式与应用》（著作，邹安全，长沙学院）；《高职院校教师弹性管理研究》（著作，崔德明，长沙商贸旅游职业技术学院）；《从全球金融危机视角看我国体制的双重优劣势》（论文，李跃，长沙市委党校）；《终极产权性质、第一大股东对盈余质量的影响研究》（论文，喻凯、徐琴，长沙市会计学会）；《农村家电市场的重新审视及扩大内需的对策》（论文，周栋良，长沙商贸旅游职业技术学院）。

二等奖（22项）：《大宋状元易祓传》（著作，易凤葵，长沙市秘书学会）；《“两型社会”建设与长沙职业教育发展的思考》（论文，刘红专，长沙商贸旅游职业技术学院）；《以科学发展促科学跨越——“一化三基”在长沙》（论文，谭砺，长沙市直属机关党的建设研究会）；《校长的力量》（著作，肖万祥，长沙市教育学会），《美国新保守派的崛起》（论文，吴晓春，长沙学院）；《企业法主体概念之选择论纲——从国有企业到公产企业的概念选择之思考》（著作，孙长坪，长沙市法学会）；《赴上海、苏州学习考察报告》（论文，杨兴龙，长沙市商业经济学会）；《着力构建体现科学发展观要求的基层党建工作考评机制——基于长沙市的调查与思考》（论文，周云华、毛政相、徐少兵，长沙市委党校）；《长沙市公共文化服务体系建设研究》（论文，张涛，长沙市群众文化学会）；《政府文秘工作理论与实践》（著作，卢兴映，长沙市秘书学会）；《国家与社会：清代城市管理机构与法律制度变迁研究》（著作，周执前，长沙学院）；《增强党员自豪感：加强党的先进性建设的重大课题——对五年来党员自豪感情况的对比调查与分析》（论文，毛政相，长沙市委党校）；《发挥国有资本的战略作用，促进我市经济健康平稳发展》（论文，郭力夫，长沙市国有资产监督管理委员会）；《社会保障伦理：一个亟待研究的领域》（论文，李建华、张效锋，长沙市劳动学会）；《民国旅业回眸：中国旅行社研究》（著作，易伟新，长沙学院）；《长沙老字号的现状及发展对策》（论文，陆纪汉，长沙市商业经济学会）；《湖湘文化与电视湘军的繁兴》（论文，张吕，长沙学院）；《中学课堂有效教学的20条建议》（著作，冯辉梅、肖万祥，长沙市教育学会）；《企业知识存量增长与技术核心能力提升的作用分析》（论文，曹兴、郭志玲，长沙市商业经济学会）；《税务会计调整核算若干问题研究》（论文，符桂珍、邓中华，长沙市会计学会）；《长沙市城乡一体化评价指标体系研究》（论文，李丽纯，长沙市委党校）；《中国市场一体化与区域经济增长互动：1995—2007》（论文，柯善咨、郭素梅，长沙市秘书学会）。

三等奖（34项）：《高考心理导航》（著作，燕良轼，长沙市心理学会）；《论刑事诉讼法中追缴的性质》（论文，刘建，长沙市检察学会）；《工程项目成本的内部控制流程研究与应用》（论文，周仁仪、周喜、龙桂元、周雅萍，长沙市会计学会）；《地方党政领导班子和领导干部绩效考评的现状分析——基于长沙市的问卷调查》（论文，李超显、王荣辉、刘飞跃，长沙市委党校）；《新农村建设中农业科技创新面临的问题与对策》（论文，杨中柱，望城县委宣传部）；《中小学德育工作策略研究》（论文，龙迪辉，长沙市教育学会）；《弘扬长征精神，推进党的先进性建设》（论文，何六生，长沙市委党史研究室）；《构建和谐家庭与防治家庭暴力机制论》（著作，卢岳华，长沙市委党校）；《试论政府公信力的适切评价标准》（论文，杨羽萱，长沙市直属机关党的建设研究会）；《洞庭湖区文明的起源》（著作，杨青，长沙市历史学会）；《湖南FDI与进出口贸易关系的实证研究》（论文，刘凌瑜，长沙市委党校）；《高职院校大学生素质拓展工作的现状与对策》（论文，左利利，长沙商贸旅游职业技术学院）；《楚式铜镜及其思想文化初论》（论文，邱东联、潘钰，长沙市群众文化学会）；《对推动专业技术型领导干部科学成长的探讨——基于长沙市专业技术型领导干部成长规律的调研思考》（论文，李晓军，浏阳市委党校）；《餐饮、住宿、娱乐等服务行业农民工参加工伤保险的探索》（论文，钟巍，长沙市劳动学会）；《“公推直选”：发展基层党内民主的新模式——对长沙市“公推直选”基层党组织成员试点工作的调查与思考》（论文，徐少兵、周云华、毛政相，长沙市委党校）；《用科学发展观的理念在服务中实施酒类监管》（论文，尚毅，长沙市商业经济学会）；《当代大学生价值观教育研究》（论文，周小李，长沙市和文化研究会）；《“反智论”在中国现当代文学中的表现》（论文，曹学聪，长沙市警察协会）；《校园网络文化对大学生影响的调研报告》（论文，程赛，拓维信息系统股份有限公司）；《对国家一级博物馆运行评估的几点认识》（论文，孙中华，刘少奇同志纪念馆）；《论提高一元化指导思想引领多样化思想文化的有效性》（论文，姚庆武，长沙市委党校）；《提质改造长株潭城市群农贸市场的对策探讨》（论文，尹元元，长沙市商业经济学会）；《新企业会计准则与现行所得税税法的差异研究》（论文，贺雪辉、熊常浩、王葱，长沙市会计学会）；《长株潭城市群政策体系的三维支撑模式》（论文，余敏，长沙市委党校）；《重温〈论共产党员的修养〉》（论文，罗雄，刘少奇故里管理局）；《写作方法与技巧》（著作，王凯旋，长沙职业技术学院 ）；《我国公益性信息服务的知识产权政策问题》（论文，陈传夫、盛钊，长沙市信息协会）；《长沙市公共图书馆为公共文化服务的现状与思考》（论文，李怡梅，长沙市图书馆）；《劳动保障监察概论》（著作，胡登峰，长沙市劳动学会）；《长沙市博物馆藏晚清湘军将领书法综论》（论文，陈立果、魏明，长沙市群众文化学会）；《现代新儒学对和谐的阐述》（论文，李园李，长沙市委党校）；《建设新农村 服务高新区——长沙高新区真人桥村新农村建设的调查与思考》（论文，黄伟强，长沙市农村经济经营管理局）；《优化供应链管理，打造低碳物流运营模式》（论文，吴畏，长沙市商业经济学会）。

希望受表彰的同志发扬成绩，再接再厉，再作贡献。全市广大党员干部和社科工作者，要学先进、赶先进，进一步解放思想，坚定信念，与时俱进，开拓创新，坚持理论联系实际，为促进社会科学事业的繁荣发展，推进全市四个文明建设作出新的贡献。

03 社科人物

HUNAN ACADEMY OF SOCIAL SCIENCES YEARBOOK

长沙市社科联第五届委员会名誉主席、顾问、主席、专兼职副主席、正副秘书长名录

一、名誉主席

谢建辉（中共长沙市委副书记、常务副市长）
陈泽珲(中共长沙市委常委、宣传部长)
何寄华(长沙市人民政府副市长)

二、顾问

徐晨光、胡旭晟、王耀中、贺培育、刘国华、曹少华、刘秋成、李建华、刘景旺、龙钢跃、曾　雄、胡子敬、张智勇、奉清清、戴树源

三、主席

贺代贵

四、专兼职副主席

专职副主席：邓建伟、谭风其

兼职副主席：朱　翔、李建国、李晓宏、杨兴龙、肖良定、芮英姿、周　辉、周岳云、屈林岩、罗文章、胡石明、唐志远、夏建平、梁　仲、蒋集政、谢文辉、谭应球

五、正、副秘书长

秘　书　长：王晓霞
专职副秘书长：吴调和
兼职副秘书长：刘建海、范建斌、黄英富、游　园、胡浩文

长沙市第八届社科优秀人才简介

谷建春

【简介】长沙学院基础学院党总支书记，湖南省科研管理工作者协会常务理事、湖南省高等教育学会会员。主要研究方向为高等教育理论及通识教育，主持完成全国教育科学“十五”规划重点课题1项，主持省级、市级课题6项。

【感言】进一步深化对重大理论与现实问题的研究，追踪高等教育学科发展前沿，弘扬理论创新精神，为教育兴市、文化强市奋发努力、扎实工作，努力做到有所作为、有所贡献。

王建华

【简介】湖南省特级教师。享受国务院特殊津贴专家，现任长沙市教育局副局长。《浅谈年轻新校长领导工作中的“五要”》在全市教育管理论文评比中获一等奖；《教育创新期待教师创新》在全省教研论文评比中获一等奖。

【感言】我一直认为：教育一定要注重教学科研。这项殊荣将鞭策和激励我在教育科研上继续前行，为推动全市教学改革和教育科研发展作出新的贡献。

张红专

【简介】长沙商贸旅游职业技术学院党委副书记、常务副院长。从事职业教育教学科研工作31年，主持省级、国家级各类社科研究课题8项，出版专著2部，国家规划教材2部，公开发表学术论文30余篇，获省级教学成果奖2项，主持省级精品课程、省级教学团队各1个。

【感言】我热爱职教事业，它是与经济社会关联最密切、服务最贴近、贡献最直接的教育；我坚守职教事业，它是值得探索、创新、奉献的事业。

长沙市第八届社科先进工作者简介

陆纪汉

【简介】长沙市商业经济学会常务副会长，撰写的论文获市级以上奖励13篇；作为课题负责人之一，主持完成的《加快推进长沙连锁经营的研究》、《长沙建设现代化商贸中心的战略研究》分别获社科优秀成果一等奖和中长期发展规划课题一等奖。

【感言】流通产业已成为国民经济的基础产业。扩大内需，促进消费，推进经济发展方式转变，实现长沙和谐健康发展，流通产业任重道远。作为流通工作者，当不辱使命，敬业尽责！

李夫生

【简介】现为中国比较文学学会（CCLA）会员；中国中外文艺理论学会会员。出版主要著作：《中西文论比较与批评》、《现代中国文论中的马克思主义话语》、《三千年人物智慧故事·元明篇》、《敢为人先——辛亥风云中长沙先烈的精神品格》。

【感言】学问非运作，要坐冷板凳，需有平常心；研究无捷径，得扎根基础，须讲求致用。

刘建军

【简介】长沙市雨花区人民法院党组书记、院长，长沙市雨花区委政法委副书记。主编《诉讼法理论与实践探索》、《诉讼法制度改革新探索》等多部著作，发表《人民司法民事审判60周年的回顾与前瞻》、《构建司法互信关系 提升人民司法公信力》等论文多篇。

【感言】荣获这一殊荣，要衷心感谢各位领导、同仁对我的信任。我将把这份感恩化作行动，将自己的智慧与力量奉献给人民司法事业，勤奋敬业，激情逐梦，用心担当，努力做到更好！

易伟新

【简介】长沙学院旅游管理系副教授。主持了4项省级课题，其中3项已经结题。出版专著《民国旅业回眸：中国旅行社研究》，该书获得2010年湖南省社会科学基金成果立项和长沙市第十二届优秀社科成果二等奖。

【感言】这既是对我以往努力的一种肯定，也是对我以后科研工作的一种鞭策。感谢多年来一直支持我的领导、老师、朋友和家人，没有你们的帮助就没有我今天的成绩。我会继续努力争取更大的进步！

胡建红

【简介】长沙晚报编委，主任记者。从事新闻工作15年，共采写刊发新闻作品300多万字，发表学术论文20多篇，编著新闻专著和新闻作品集3部，获各类新闻作品奖和新闻论文奖30多次，并多次获得长沙宣传思想工作先进个人等荣誉称号。

【感言】新闻舆论是意识形态的前沿阵地，新闻记者是现代社会的公共大脑。新闻是没有终点的旅程，不懈地学习、不停地思考、不断地奔跑，这是一个优秀的新闻工作者应一直保持的姿态。

04 重要成果

HUNAN ACADEMY OF SOCIAL SCIENCES YEARBOOK

又好又快 率先发展
——科学发展观在长沙的认知与实践

长沙社科院课题组

2010年是新世纪第二个10年的开始之年，也是我国转变经济发展方式的关键之年。2010年3月9日，长沙市委发出了《关于开展“深入查找发展差距、加快转变发展方式”调研和讨论活动的通知》，要求全市各级各单位对照科学发展的要求找差距，对照先进城市的水平找差距，对照人民群众的期待找差距，以更好地推动全市经济社会又好又快、率先发展。为迅速贯彻落实市委的指示精神，把活动进一步引向深入，取得实效，长沙社会科学院特地就长沙的相关情况进行了调研，形成了长沙在科学发展观认知与实践的调研报告。

2006年11月召开的湖南省第九次党代会，发出了“加快富民强省”的动员令。长沙作为省会城市，响亮提出“又好又快、率先发展”的重大战略目标，要求长沙经济社会发展“湖南率先、中部领先、全国争先”。

本文认为“又好又快，率先发展”是科学发展观指导下执政理念的一次全面升华，是新形势下推进“两型社会”建设、实现中部崛起的战略定位，集中体现了科学发展、和谐发展、率先发展的客观要求，它凝聚了对时代要求的科学认知、凝聚了对长沙市情的科学把握、 凝聚了对科学发展观的科学运用。

“又好又快，率先发展”是科学发展观指导下发展实践的一场综合变革，是新形势下推进经济、社会、文化、政治、生态全面发展的模式创新，集中诠释了科学发展、和谐发展、率先发展的内在价值。发展模式的变革，坚持以“两型社会”建设为总揽，敢于先行先试，着力探索科学发展的全新路径；发展战略的变革，坚持以新型工业化为主导，实施项目带动，着力提升科学发展的产业优势；发展方式的变革，坚持以科学技术为支撑，促进成果转化，着力增强科学发展的持续动力；发展品质的变革，坚持以新型城市化为重点，增强城市承载功能，着力打造科学发展的集聚洼地；发展布局的变革，坚持以城乡一体化发展为目标，推进城乡统筹，着力形成科学发展的互动格局；发展取向的变革，坚持以改善民生为根本，重点倾斜民生，着力激发科学发展的创造活力；发展动力的变革，坚持以文化强市为抓手，壮大文化产业，着力培育科学发展的软实力；发展效能的变革，坚持以制度建设为保障，提升行政效率，着力优化科学发展的人文环境。

“又好又快、率先发展”是科学发展观指导下争先进位的一次跨越发展，是新形势下发展质量、结构、效益的深刻嬗变，集中展示了科学发展、和谐发展、率先发展的现实成果。长沙经济社会发展产生深刻而巨大的变化，在中部地区实现率先崛起。“又好又快、率先发展”，催生了经济实力不断增强，经济质量快速提升，经济结构不断优化，居民消费持续扩大，发展模式显著变化，宜居城市快速崛起，幸福指数明显提升。坚持与时俱进，不断解放思想，创新理念；坚持改革创新，不断优化机制，激发活力；坚持以人为本，不断改善民生，为民谋利；坚持科学管理，不断优化服务，提升效率；坚持民主决策，不断完善制度，增强领导能力；坚持和谐发展，不断健全体系，确保社会稳定。

立足新起点 谋划新跨越
——先进城市特色发展及长沙实施赶超战略对策研究

长沙社科院课题组

2006年11月召开的湖南省第九次党代会发出了“加快富民强省”的动员令。长沙一改长期以来地处中部、位居中游的节奏，不断地赶超、跨越，持续地加速、提质，经济社会发展实现了“又好又快、率先发展”。

面对发展的良好态势，始于居安思危的忧患意识，源于革新求变的理性思考，发于高瞻远瞩的战略视野，市委市政府决定开展“深入查找发展差距、加快转变发展方式”集中调研与讨论活动，清醒头脑以戒骄，清楚使命以戒浮，清晰思路以戒躁。长沙社会科学院积极主动参与，选取广州、杭州、武汉、成都、沈阳、南京（以上六个城市均为副省级城市）等全国先进省会城市为对象，深入研究先进城市的发展特色，剖析先进城市持续发展的普遍经验与基本规律，研究长沙如何立足新起点、谋划新思路、实现新跨越任务对策。

找差距：对比先进城市，经济发展差距背后折射出机遇意识、发展方式、产业结构、创业文化、发展环境的现实差距。对比长沙与广州、杭州、武汉、成都、沈阳、南京等先进城市的发展，在经济总量、城市化水平、地方财政收入、城市社会固定资产投资总额、城市社会消费品零售总额等方面仍然存在着显而易见的差距。历史机遇把握的程度决定了发展的速度；发展方式转变的水平决定了发展的水平；特色产业发展的实力影响了发展的活力；创业文化积淀的优势引领了发展的趋势；要素环境聚合的洼地造就了发展的高地。

找规律：剖析先进城市，经济发展优势集中体现了科学定位、挖掘潜质、培育优势、抢占前沿、开放带动的特色发展。先进城市的发展有着共同轨迹。科学谋划，精准定位，注重彰显城市特色；立足市情，因地制宜，着力挖掘资源潜力；精心扶持，扩大优势，做大做强支柱产业；瞄准高端，转型升级，始终抢占发展前沿；拓展视野，扩大开放，持续推动改革创新。

找对策：赶超先进城市，经济发展跨越迫切要求在特色定位、优势产业、品质城市、资源聚集、持续动力的超前谋划。新起点上的新跨越，必须要有科学的理论作为指导。彼之所长，我之所用。我们要充分借鉴先进城市的经验，超前谋划，找准站位，科学定位，明确超的途径，确定赶的路子，大胆创新、系统推进，实现更高质量、更快速度的跨越发展。要明晰跨越发展的模式创新，实现发展“两型”化，适应“又好又快、率先发展”的新要求；要促进跨越发展的方式转变，实现产业高端化，培育“又好又快、率先发展”的新优势；要提升跨越发展的城市品质，实现城市国际化，搭建“又好又快、率先发展”的新平台；要优化跨越发展的资源配置，实现要素集聚化，形成“又好又快、率先发展”的新格局；要增强跨越发展的持续动力，实现发展永续化，创造“又好又快、率先发展”的新境界。

长沙市“十二五”文化发展规划

长沙社科院课题组

为贯彻落实党的十七大和省委省政府关于加快建设文化强省的一系列精神，积极推进国际文化名城建设，全面提升我市文化发展的普惠化、均衡化、市场化、品牌化、国际化水平，特制定本规划。

形势分析。文化发展正处在战略机遇期；长沙已具备文化大发展大繁荣的基础条件：具有深厚底蕴、富有创新精神、拥有现实基础；实现长沙文化发展新跨越，需要突破各种制约：理念制约、体制制约、政策制约。

发展目标和基本原则。深化文化体制改革，大力繁荣文化事业，不断做强文化产业，全面提升文化对经济社会发展的牵引力、带动力、辐射力，主要文化指标在全国领先、文化综合实力和国际竞争力居全国省会城市前列，形成具有湖湘精神、湖湘特色、湖湘风情的城市文化气质，把长沙初步建设为国际文化创意高地、国际文化旅游胜地、国际文化交流基地、国际文化娱乐天地。

基本原则：坚持人本理念、树立国际视野、注重全面发力、突出开放创新。

主要任务：不断提升长沙文化形象：培育长沙人文精神、推进理论研究创新、构建现代传播体系、繁荣文学艺术事业、提升全民文化素养、建设文明和谐家园；保障群众基本文化权益：建设一批标志性文化设施、构建普惠型公共文化服务体系、增强公共文化产品和服务供给能力、强化历史文化遗产保护和开发利用；促进文化产业聚集发展：延伸产业发展链条、壮大文化市场主体、促进要素合理流动、推动文化消费升级、全面开展文化交流合作。

保障措施。组织保障：全市各级党委、政府要围绕建设国际文化名城的总体目标，把文化发展作为提升城市软实力、综合竞争力的主导战略，纳入经济社会发展总体规划；体制保障：深化文化行政管理体制改革，继续推进政事分开、政企分开、政资分开、政府与市场中介组织分开，加快转变政府职能，推动文化行政管理部门由办文化为主向管文化为主转变、由管微观向管宏观转变、由主要面向直属单位向面向全社会转变；人才保障：实施文化发展引智工程，创新引进高层次文化人才特殊政策，在户籍、住房、职称、薪酬待遇、家属随迁等方面给予倾斜；政策保障：修订完善现有的文化建设相关政策法规；投入保障：建立健全文化事业发展财政保障机制，各级财政的文化事业经费投入要随着当地经济社会和财政发展逐步增加。

05 专项工作

HUNAN ACADEMY OF SOCIAL SCIENCES YEARBOOK

社科普及工作

社科普及工作

为认真贯彻落实中央和省委关于深入贯彻落实科学发展观、加快经济发展方式转变的重要部署，根据湘宣字[2010]06号文件精神，市社科联在全市开展以“加快转变发展方式、大力促进创业就业”为主题的社会科学普及宣传活动。在活动开展中，结合各自实际，加强领导，精心组织，突出主题，突出特色，服务中心，注重实际，开展形式多样的社会科学普及宣传活动，为我市加快经济发展方式转变，在新的更高起点实现又好又快率先发展作出积极贡献。

一、共同举办湖南省社科普及宣传活动启动式和宣传周

5月11日，与省委宣传部、省社科联共同举办社科普及宣传活动启动式。省委常委、宣传部长路建平等省、市领导出席开幕式，为湖南省社会科学普及宣传活动标识揭幕，宣布“2010年湖南省社科普及宣传活动”开幕，为活动主办单位代表授旗，省、市领导和社会各界人员参观社科普及展览。社科普及宣传周由各学会根据各自特点布置展台、发放资料、开展咨询活动。

二、开展征集社科普及报告会选题和主讲人活动

3月上旬，为使我市社科普及宣传活动有影响，有特色，有实效，市社科联在全市开展主题为“加快转变发展方式，大力促进创业就业”2010年长沙市社科普及报告会选题和主讲人征集活动。对征集结果进行评选，聘请部分主讲人深入学校、社区、企业、农村等基层单位开展社科普及报告或讲座。

三、召开社科专家主题座谈会

3月，组织省会社科专家开展“找差距、转方式、调结构”主题座谈会，于3月29日在《长沙晚报》刊载部分专家学者发言摘要。

四、制作社科知识普及宣传展板

5月上旬，在全市社科类学会、协会、研究会开展制作社科知识宣传普及展板活动，挑选60个展板到烈士公园、省博物馆、社区等公共场所展出。

五、举办学会培训班

5月27日，市社科联组织全市社科类学会、协会、研究会秘书长专干培训班。围绕“学会业务工作与社科普及宣传”的主题，邀请专家主讲，进行辅导，提高学会发展能力。

株洲市
社会科学院

01 全院概况

HUNAN ACADEMY OF SOCIAL SCIENCES YEARBOOK

株洲市社科联（社科院）概况

各级领导高度重视株洲市社科联（社科院）工作

株洲市社科联（社科院）30年工作回顾

株洲市社科联（社科院）概况

株洲市社会科学院

株洲市社会科学界联合会（简称社科联）成立于1980年1月，株洲市社会科学研究所（简称社科所）成立于1989年10月。两个机构合署办公。1989年9月，中共株洲市委批文同意市社科联参照市科协、文联等群众团体的级别独立建制。2010年5月，株洲市社会科学研究所经市编办批复同意更名为株洲市社会科学院（简称社科院）。

株洲市社会科学界联合会，是中共株洲市委领导下的群众性学术团体，是社会科学各学会、协会、研究会的联合组织，是党和政府联系广大社会科学工作者的桥梁和纽带，是党和政府发展社会科学事业，推动社会主义现代化建设的助手。株洲市社科联为正县级机构，归口市委宣传部管理。目前，市社科联（社科院）机关在职干部6名，其中主席1名，专职副主席2名，其他干部3名，内设办公室（加挂研究室牌子）、学会管理科等两个科室。

株洲市社科联（社科院）的主要职责有七项：1.贯彻执行党和政府有关发展社会科学事业的方针、政策，制定我市社会科学事业发展的规划和计划，并组织实施。2.指导、协调所属各学会、协会、研究会工作；指导并组织全市社会科学工作者开展学术研究、科学普及、人才培养和咨询服务等活动。3.组织我市社会科学工作者与国内外学者、学术团体开展学术交流活动。4.审查新组建的社会科学学会、协会、研究会。5.了解和反映社会科学工作者的意见、要求，维护其合法权益。6.提出全市社会科学研究课题规划，并组织课题招标及成果评奖。7.完成市委及市委宣传部交给的其他工作。

潮平两岸阔，风正一帆悬。2010年，株洲市社科联（社科院）在科学研判内外形势的基础上，确立株洲社科工作总体要求是：立足社科界，面向全社会；立足株洲市，面向全省乃至全国。主要目标是：用5年左右时间，推出一批有社会影响力和实践价值的理论精品和学术力作，建成在全国有一定影响的哲学社会科学理论研究基地，培养一批在全国有一定知名度的哲学社会科学专家，力争把株洲社会科学界打造成为“全省的领跑者，全国的领先者”。如今，株洲社科界正鼓足干劲，凝心聚力，全力实施 “3332”工作思路，即抓住创办《株洲社会科学》、成立社科专业研究所、壮大社科专家队伍三个重点，实现学会管理、科研层次、决策咨询服务三方面的突破，做好市级课题立项、社科科普宣传、机关和队伍建设三个常规工作，迅速形成社科联机关内部的凝聚力以及学会和社科界对社科联的向心力两种强大力量。

株洲社科之路定将越走越宽，株洲社科界的明天定将璀璨夺目！

各级领导高度重视
株洲市社科联（社科院）工作

株洲市社科联（院）自成立以来，就一直得到了各级领导的高度重视，特别是近年来，各级领导对社科联（院）工作的关注度更高。

全国政协副主席、中国文联主席孙家正（右二），中宣部原副部长、时任中国文联党组书记胡振民（左二），省政协副主席、省文联主席谭仲池（右一）听取株洲市社科联（院）主席周文杰工作汇报后，与周文杰亲切合影。

中共湖南省委原书记熊清泉多次听取周文杰主席关于《株洲社会科学》办刊情况的工作汇报，并为《株洲社会科学》题词。

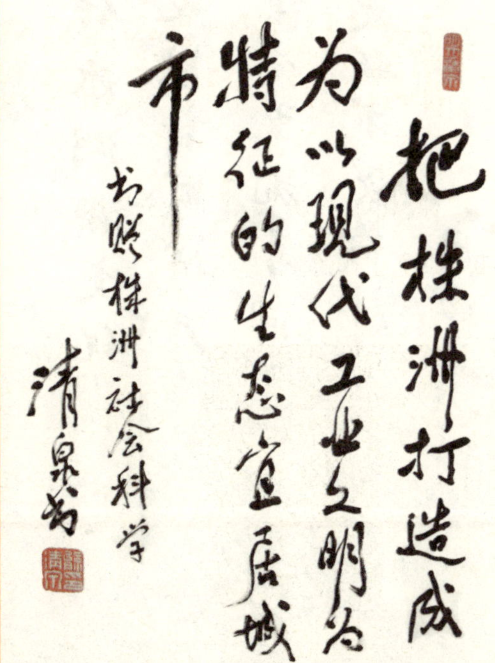

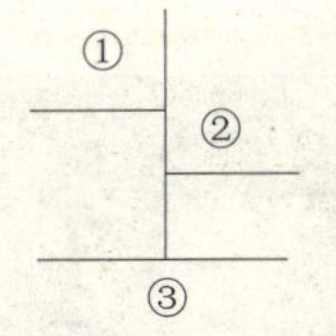

① 熊清泉老书记在审阅《株洲社会科学》。

② 熊清泉老书记为《株洲社会科学》的题词。

③ 熊清泉老书记在《湖南日报》社社长覃晓光，市委书记陈君文，市长王群，市委常委、宣传部长张雄，市社科联（院）主席周文杰等陪同下视察株洲社科联（院）承办的“党旗飘扬”书画展。

赠《株洲社会科学》

传承湖湘文化，
反映新城心声。
坚定主流导向，
发扬求实精神。

周伯华 二〇一〇年七月

書聲朗朗 然必斯文
文質彬彬 然後君子

文杰主席新年好

蒋建国

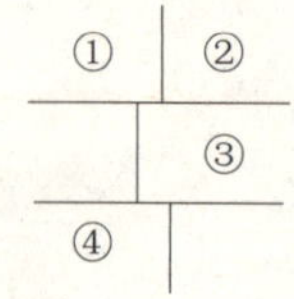

① 湖南省人民政府原省长、国家工商总局党组书记、局长周伯华收到《株洲社会科学》后，给周文杰主席写来亲笔信，并为《株洲社会科学》题词。

② 原省委常委、宣传部部长，国家新闻出版总署党组副书记、副署长蒋建国收到《株洲社会科学》后，对刊物给予高度评价，这是给周文杰主席的新年祝辞。

③ 中国作协副主席、山西省副省长张平听取周文杰主席的有关工作汇报后与周文杰主席亲切合影。

④ 湖南省人大常委会副主任肖雅瑜亲切听取周文杰主席有关工作汇报。

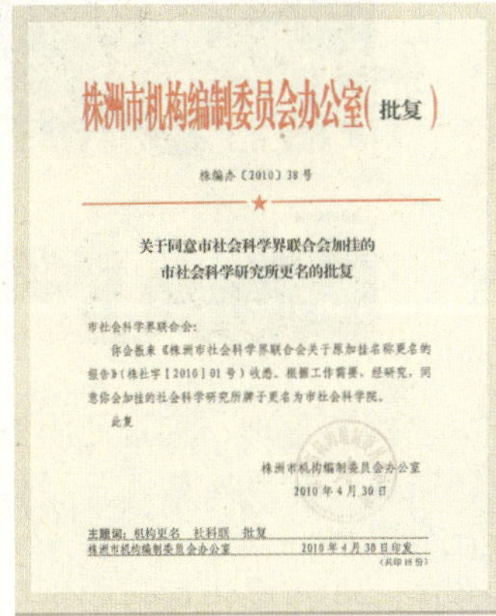

株洲市机构编制委员会办公室（批复）

株编办〔2010〕38号

关于同意市社会科学界联合会加挂的
市社会科学研究所更名的批复

市社会科学界联合会：

你会报来《株洲市社会科学界联合会关于原加挂名称更名的报告》（株社字〔2010〕01号）收悉。根据工作需要，经研究，同意你会加挂的社会科学研究所牌子更名为市社会科学院。

此复

株洲市机构编制委员会办公室
2010年4月30日

主题词：机构更名　社科联　批复

株洲市机构编制委员会办公室　　2010年4月30日印发

（共印18份）

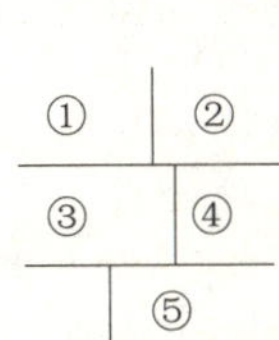

① 市委书记陈君文、市委副书记阳卫国出席《株洲社会科学》首发式，并给读者代表赠送《株洲社会科学》创刊号。

② 市委常委、宣传部长张雄亲切听取周文杰主席有关工作汇报。

③ 省社科联党组书记、副主席周发源，副主席黄建华、缪亮，巡视员刘宏等率领省社科联机关全体干部到株洲考察。

④ 株洲市编办关于同意株洲市社会科学界联合会加挂的市社会科学研究所更名为市社会科学院的批复。

⑤ 省社科院副院长罗波阳、省社科联副主席缪亮、市人大副主任鲁立彬、副市长张国浩等出席我省第一个市级社科专业研究所——株洲市园区与县域经济研究所成立会议，与研究所全体成员合影。

株洲市社科联（社科院）30年工作回顾

“规范管理，促进社团发展；服务大局，进行课题研究；注重实效，开展科普宣传。”这是株洲市社科联自1980年成立以来一直坚持的发展方向。30年来，在市委市政府的正确领导和省社科联、省社科院的精心指导下，市社科联团结、组织全市社科界和广大社科工作者，深入开展形式多样的社科宣传、普及、研究活动，在充分彰显“思想库”和“智囊团”作用的同时，也使自身建设得到长足发展，各项工作一直走在全省同行前列。

一、立足规范管理，社科力量不断发展壮大

“众人拾柴火焰高，团结起来力量大。”要充分体现和发挥社会科学“认识世界、传承文明、创新理论、咨政育人、服务社会”的重要功能，单凭社科联自身力量远远不够。因此，如何把全市社科界、社会科学工作者聚集起来，建立起众多的优秀团队，就成为夯实社科理论研究基础的一个重要课题。株洲市社会科学界联合会成立之时，全市仅有哲学、政治经济学、科学社会主义三个市级学会，且挂靠在中共株洲市委宣传部理论科。1989年9月，中共株洲市委批文同意市社科联参照市科协、文联等群众团体的级别独立建制。市社科联从整合各种资源，致力构建结构合理、门类齐全、水平较高的科研工作网络入手，以科研管理工作者协会为纽带，以县区、市直部门、企事业单位为结合点，充分调动和利用社会资源，着力打造勇于创新的科研团队。以高校科研机构重要学科为依托，引导、吸收相关学会和社科工作者积极参与科研活动，多渠道、多层次推进优势学科建设。以重点课题研究为媒介，鼓励理论工作者和实际工作者深入企业、农村调查，培养和造就一批功底扎实的骨干队伍。株洲市社科联每年都召开学会工作年会，坚持一年一度评选“优秀学会”、“优秀学会工作者”。2010年11月，全市社科类学会秘书长会议上，讨论修改了《株洲市社科联学会管理办法》，进一步建立健全了学会年会和秘书长例会制度。目前，全市市级社科类学会、协会、研究会已发展到56个，涉及政治、经济、哲学、历史、法学等多个门类；拥有会员两万余人，渗透到工业、农业、商业、财政、税务、金融等各个领域，社会科学研究应用氛围越来越浓厚，效果也愈来愈明显。

株洲社科联在发展壮大社科学会、协会、研究会的同时，重点发展新生社科力量：利用社科院这块牌子，逐步成立社科专业院所，挂牌成立若干个科普基地和社科研究基地。2010年5月，社科联原加挂牌子社科研究所经市编办批复同意更名为社科院。2010年12月，第一个专业研究所“园区与县域经济研究所”正式成立，在全省乃至全国开创市级成立社科专业研究所先河。

二、立足服务大局，社科研究不断拓展提升

株洲市社科联致力于构建多层次的研究和对话平台，积极引导干部群众参与交流与沟通，社会科学触角伸向了方方面面，走进了公众日常生活，使社会科学与现实生活贴得更加紧密，使社会科学为市委市政府服务得更加有力。市社科联自成立以来，先后组织各种理论研讨、学术交流活动350多场次，成功举办了’92中国湖南（株洲）国际烟花节烟花

文化研讨会、’93中国湖南株洲神农文化节“炎帝文化学术研讨会”、 1997年中国和湖南区域经济发展学术报告会、1999年中国经济发展与社会进步高级研讨会、2000年西部开发与湖南（株洲）经济发展战略研讨会等大型研讨活动。近几年来，通过研讨会、报告会、报刊、网络、电视等多种形式、多条渠道与广大公众进行全方位、多层次的交流与沟通，在深化理论研究、宣传党的方针政策方面发挥了积极作用。

开展应用性、对策性研究，是社会科学服务于地方经济发展的重要手段。株洲市社科理论界牢牢把握这个原则，关注现实问题，突出地方特色，侧重经济社会发展中和基础理论中带有全局性、战略性、前瞻性的课题研究，侧重可转化为现实生产力的应用研究，积极为党委、政府建言献策。2000年开始，社会科学研究重点课题向社会公开招标立项，并适当资助课题研究经费。近几年，逐步建立了一支由社科专家和实际部门工作者组成的社科成果评审队伍。2008年，省委宣传部在《湖南宣传动态》第37期以《株洲市社科理论研究注重发挥思想库和智囊团作用》为题，介绍株洲社科理论研究的成功实践和经验体会。2009年，修改完善了《株洲市哲学社会科学优秀成果奖励办法》。2010年，制定印发了《株洲市社会科学研究课题管理办法》，渐趋形成了规范的立项机制、科学的评价机制、广泛的推介机制。据不完全统计，10多年来，全市社科界立项的各级社科课题580多项，完成社科研究成果专著800多项，获省部级以上优秀成果200多项，出版社科类成果专著50多部，其中社科联机关组织编辑出版的《哲学和社会主义理论专题讲座》、《企业社会学导论》、《烟花与文化》、《“两新”理论研讨成果集》等专著，获得有关方面的好评。

为了推动社科理论成果转化，尽力把研究效用转化为经济效益、管理效益和社会效益，市社科联通过评比推出了一批优秀成果，通过结集出版展示了一批优秀成果，通过产学研有机结合运用了一批优秀成果。从1991年起，市社科联共组织十届全市性哲学社会科学优秀成果评奖活动。并通过各种渠道争取资金，逐步增加对优秀哲学社会科学成果的奖励力度。1996年，株洲市财政拨款20万元建立“株洲市社会科学奖励基金”，这在全省地市社科界属于首创。近几年，市社科联将研究成果汇编成集，先后出版了《构建和谐株洲对策研究》2005年、2006年、2007年、2008年四部专集，为市委理论学习中心组和有关部门提供了颇有价值的参考资料。湖南工业大学承担的课题《株洲市城市商业网点布局规划》、市委宣传部负责的课题《株洲市文化提升战略对策研究》、市委党校主持的课题《株洲产业集群发展对策研究》等一批成果，被市委市政府和相关部门采用，为全市各级领导决策提供了有力支持。

三、立足造福社会，科普宣传不断创新延伸

关注民生，服务群众，不断提高全民人文素养，是社会科学不竭的源泉和动力。株洲市社科联通过举办形式多样的“市民大课堂”活动，诚邀国内著名学者和“名家名嘴”来株讲学，组织举办“股票知识”讲座和“企业股份制改造”咨询活动，精心组织“毛泽东思想及其发展学术报告会”、“纪念抗日战争胜利50周年学术报告会”等大型专题报告会和座谈会，在市民中产生了较大的影响。市社科联还通过与广州市、厦门市、海口市、乐山市等地社科联联合举办各类培训班，组织社会科学工作者赴外地考察，进一步开阔了社科工作者的视野。为了拓展智力培训，市社科联组织举办“市场营销自考辅导班”、“社科类职称英语考试辅导班”、“中南工大管理工程（涉外经济方向）硕士课程班”等短期培训，共为有关方面培训各类人才近5万人次。

近几年来，株洲市社科联以“纪念红军长征胜利60周年”、“纪念改革开放30周年”、“纪念建党90周年”等为主题，先后举办学术演讲报告会、专题学术讲座、专题座谈会300多场次。全国著名经济专家吴家骏、李贤沛，以及美籍华人肖镜如、徐育珠等知名人士来株洲讲学，介绍改革理论与经济发展信息，为全市理论界和实业界开阔视野、打开思路、澄清模糊认识和解决实际问题，起了积极作用。

开展科普宣传咨询活动，是社科界送给人民群众的 “文化盛宴”。2000年举办的“株洲市首届社会科学科普下乡活动”，吸引了全市社科类20多个学会、协会、研究会的理论工作者和实际工作者积极参与，市委领导及上级部门对这项全省首创活动给予了高度评价。2002年，组织开展了“走进市民、服务社会”广场科普咨询活动。至今，株洲社科界先后开展了“反对迷信、崇尚科学”，“知耻知荣、和谐发展”，“拼搏创业、促进崛起”，“节约资源、环境友好、跨越发展”，“加快转变发展方式、大力促进创业就业”等10多次主题科普宣传活动，并积极参加了省、市历年组织的“五下乡”活动。2010年5月，株洲市社科联成功创办《株洲社会科学》，开辟了新的科普宣传平台。国家工商总局局长周伯华给本刊主编周文杰写来亲笔信，省委常委、长沙市委书记陈润儿专门委托秘书打来电话，对《株洲社会科学》给予肯定和高度评价。丰富多样的科普活动和宣传载体，充分发挥了其弘扬科学精神，传播科学知识，倡导科学生活的功能和作用，为提高公民修养，促进社会和谐，作出了积极贡献。

02 特载

HUNAN ACADEMY OF SOCIAL SCIENCES YEARBOOK

依于仁　志于道

——代《株洲社会科学》创刊词

中共株洲市委书记 陈君文

株洲是一座值得研究的城市。无论是深厚的文化根基，还是当前风生水起的经济社会发展态势，都有规律可探、可循、可推、可宣。从“民本、仁爱、奋斗、献身”的炎帝文化精髓和人文精神，到“包容、开放、创业、争先”的城市品质和优良传统；从长株潭融城和“两型社会”试验区的铿锵步伐，到从工业重镇向宜居新城的美丽转身，到“保二争一，科学跨越”的大集结……无不潜藏着一个个特有的“株洲现象”，都值得我们去探寻研究和发扬光大。

《株洲社会科学》就是这样一个探究“株洲现象”的综合性刊物，是打好城市提质、园区攻坚、旅游升温“三大战役”的瞭望台。她的创刊与问世，势必成为株洲思想解放的先声，发扬光大株洲文化的先驱，推动株洲科学发展的先导。

“知屋漏者在宇下，知政失者在草野。”肩负光大株洲历史文化使命和推动株洲科学发展的时代责任。《株洲社会科学》将根植株洲这片广袤的沃土，充分利用各种智力资源，广泛聚集各种社会力量，从而真正成为“领导决策的参考，理论研究的阵地，社会交流的平台，对外宣传的窗口”。

文杰主编告诉我，作为株洲人文社会科学的第一刊，《株洲社会科学》将把“思想性、艺术性，可读性、可研性”作为办刊的目标，力求全面覆盖、全民阅读。看了创刊号，我深信《株洲社会科学》完全能实现既定的宏图。

祝愿《株洲社会科学》这朵奇葩绽放得璀璨夺目，期望株洲的广大社科工作者为推进株洲“三大战役”和实现“保二争一、科学跨越”战略目标贡献新的更大的力量。

凝心聚力　开拓创新
充分发挥社科联“思想库”和“智库”功能作用

——在株洲市社科工作会议上的讲话

中共株洲市委副书记　阳卫国

哲学社会科学是认识世界、改造世界的重要工具，是推动历史发展和社会进步的重要力量。作为社科工作者，要在深化对世情、国情、省情和市情的认识中，进一步增强责任感和使命感。社科联要继续解放思想，不断探索创新，多出精品力作，多出优秀人才，切实发挥哲学社会科学界“思想库”与“智库”作用。

一、要在深化认识中振奋精神，更加增强社科工作信心

首先，各级领导对社科工作越来越重视，社科地位日益重要。胡锦涛总书记强调，要从党和国家事业发展全局的战略高度，把繁荣发展哲学社会科学作为一项重大而紧迫的战略任务切实抓紧抓好，推动我国哲学社会科学有一个新的更大发展。这一重要指示，为哲学社会科学工作指明了前进方向。当前，湖南正处于推进科学发展、加速“四化两型”建设的关键时期，省委书记周强同志在省委宣传部调研时强调：“要充分发挥我省理论工作有人才、有基础的优势，把科学发展观的宣传实践引向深入，围绕中心，扎实工作，为推动湖南科学发展、富民强省作出新的更大的贡献。”这是省委对社科界提出的新要求。市委书记陈君文欣然为《株洲社会科学》作创刊词，他在创刊词中指出，《株洲社会科学》的创刊和问世，“势必成为株洲思想解放的先声，发扬光大株洲文化的先驱，推动株洲科学发展的先导”。这充分体现了市委对社科界的高度肯定和殷切期望。

其次，株洲发展形势越来越看好，社科任务日趋艰巨。近几年，株洲经济社会发展风生水起，拥有全国优秀旅游城市、国家园林城市、国家卫生城市、国家交通模范城市等“金字招牌”，创造了许多“株洲经验”和“株洲模式”。这些都有待社科界从理论上加以总结、提升和推广。“十二五”时期，是我市全面建设小康社会的关键时期，是加快转变方式、全面推进“两型社会”建设的攻坚时期。在保增速、保提质、保民生、促转型的工作中，迫切需要哲学社会科学工作者认真研究回答干部群众关心的热点难点问题，多做统一思想，凝聚力量的工作；全面贯彻落实科学发展观，促进经济社会又好又快发展，迫切需要哲学社会科学工作者推出

更多理论成果，推动用科学发展观武装头脑，指导实践。

再次，社科内生动力越来越充足，社科基础日臻夯实。2010年，株洲社科事业的发展可圈可点、催人奋进。成功创办《株洲社会科学》，搭建了株洲社科自己的宣传平台。在全省乃至全国开创市级成立专业社科研究所先河，创建了株洲社科自己的研究基地。株洲社科联在全省市州社科联年度考核中排名第二，被评为2010年度全省社科系统先进单位，圆满实现了市委提出的“保二争一”目标。可以这么说，过去的一年，株洲社科工作的基础得到了进一步夯实，社会影响得到了进一步扩大。只要我们今后致力利用好和建设好这些宣传平台、研究基地，社科发展良好态势必将得到巩固和扩大，株洲社科发展之路必将越走越宽。

二、要在坚持创新中实现突破，更加彰显社科工作职能

哲学社会科学承载着认识世界、传承文明、创新理论、咨政育人、服务社会的职能。广大哲学社会科学工作者要以服务大局为己任，把党委政府的思考、社会各界的关注和人民群众的需求作为第一信号、第一选择，深入开展研究，当好智囊高参。

一要创新理论研究，推动株洲又好又快发展。2011年是中国共产党成立90周年和株洲建市60周年。全市哲学社会科学工作者要紧紧围绕纪念中国共产党成立90周年和株洲建市60周年，深入开展理论宣传和理论研究，总结60年来我市取得的重大发展成就和宝贵经验，用理论研究的成果宣传株洲精神、鼓舞株洲士气、指导株洲工作。同时，要紧密结合市委重大战略部署，重点开展中长期战略性、前瞻性、对策性研究。当前一个时期要着重围绕打好“三大战役”（城市提质战、园区攻坚战、旅游升温战）和建设“四个株洲”（智慧株洲、实力株洲、绿色株洲、幸福株洲）等重大课题，开展全方位、多角度、高层次调查研究，尽快形成一批有深度、有分量的研究成果，提出一些有创意、有影响的工作思路，为株洲经济社会又好又快发展提供理论依据和智力支持。

二要创新科普宣传，扩大社科覆盖面影响力。开展社科知识宣传普及是社科界的一项重要职责，也是适应建设学习型社会和人的全面发展的需要。社科界要按照“三贴近”的要求，探索社科普及新途径，将社科普及融入宣传思想工作、精神文明建设和文明城市创建，面向基层、面向大众，开展经常性的社科宣传和普及活动，积极推动科学理论和社科知识进机关、进社区、进学校，不断提高广大干部群众的理论素质和人文素养。

三要创新管理方式，发挥社科联桥梁纽带作用。市社科联作为市委领导下的学术性团体，肩负着组织协调全市社会科学学会、研究会、协会的重要职能，是联系全市社科界的桥梁和纽带。在新的形势和任务面前，市社科联要进一步履行好“组织、指导、管理和服务”的职责。要加强社科界同党委、政府的沟通和联系，把党委、政府的要求传达给广大社科工作者，同时及时反映社科工作者的科研成果和建议要求。要加强对社科类研究机构和学术活动的管理和指导，做到守土有责，不给错误思想提供传播的场所与阵地。要增强服务意识，努力营造活跃、宽松、包容的学术氛围，把社科联打造成促进合作交流、共同发展的平台，广大社会科学工作者的“温馨之家”，优秀人才的“孵化基地”。

三、要在加强领导中整合力量，更加提升社科工作水平

一要强化组织领导。各级党委要把哲学社会科学工作摆上重要位置，经常就经济社会发展的重大问题听取哲学社会科学专家的意见，在定政策、作决策时重视运用哲学社会科学的成果。各级党委宣传部门要切实担负起党领导意识形态的职能作用，加强对哲学社会科学宣传阵地和学术活动的管理，坚持党在哲学社会科学领域的各项基本政策，鼓励探索，激励创新，推动创造，努力营造和谐宽松、生动活泼、求真务实的舆论宣传和学术研究环境。

二要健全研究机制。在资源整合上，要突出“研”的优势和“联”的特点，吸引社科工作者加入到株洲经济社会发展重大研究中来。市社科联、市社科院要牵头，成立相应的组织协调机构，以招标课题、委托课题、合作研究课题等形式，整合、吸纳高等院校和科研机构的研究力量。鼓励科研部门与实际部门、企业、学校等联办研究机构，实现跨学科、跨单位的联合攻关。在工作激励上，要鼓励对现实问题、难点问题的研究，对进入决策视野并取得显著成效的社科成果，要给予重奖。在成果评估上，要进一步规范社科优秀人才和优秀成果评选活动，为优秀人才脱颖而出、施展才华创造有利的制度环境。

三要抓好队伍建设。事业的发展，离不开人才的支撑。而人的主动性、创造性的发挥，一方面靠主观能动，一方面靠外力推动。在社科事业发展的进程中，要坚定不移地实施人才战略。各级党委、政府要强化组织保障和待遇保障，密切同哲学社会科学工作者的联系，关心哲学社会科学工作者的学习、工作和生活，让有突出贡献的社科专家有地位、有舞台、有机会，充分调动他们的积极性、主动性、创造性。要按照政治强、业务精、作风正的要求，努力造就一批理论水平高、学术影响大的社科专家。要通过打造平台、营造环境，培养更多的立足株洲发展、解决实际问题、勇于开拓创新的青年社科骨干。

立足株洲实际　助推全省发展

——在株洲市园区与县域经济研究所挂牌仪式上的讲话

湖南省社会科学院副院长　罗波阳

很高兴能参加株洲市园区与县域经济研究所的成立、挂牌仪式。首先，我代表省社科院、长株潭城市群研究会向我省的第一个市级社科专业研究所的成立表示热烈的祝贺！同时，感谢大家对我的信任，让我担任研究所的名誉所长。我希望与研究所的同志一块，尽快把工作开展起来，不负众望。

园区是推进新型工业化，发展工业经济的重要载体和平台，在推进新型工业化进程中扮演着重要的角色。县域作为一个功能比较完备的层级，在经济社会发展中，承担着承上启下的重要作用。据统计，工业增加值有将近60%，县域经济产生的增加值、全社会GDP的六七成，都来自园区经济。总之，县域经济、园区经济在国家的发展中有着重要的作用。

在“十二五”开局之年，在全省上下深入推进“四化两型”建设过程中，株洲市社科联（社科院）按照科研部门与实际部门相结合的原则，在全省地方社科界率先成立这样参与范围广，层次较高的研究所，专门研究园区经济与县域经济，很有价值，很有意义。

株洲作为一个新兴工业城市，是一个发展势头强劲的城市。在近几年中，株洲利用得天独厚的区位条件、丰富的人力资源优势和良好的产业基础，抓住国家促进中部崛起、长株潭“两型社会”建设综合配套改革试验区及享受东北老工业基地振兴政策等许多历史性重大机遇，在园区与县域经济方面取得了很多很好的成绩和经验。如何总结这些经验，指导产业继续发展，做大做强县域经济，有很多问题值得研究。如何从株洲这片充满活力的沃土中找到园区经济与县域经济的规律，用于促进株洲加快发展，促进株洲的“两型社会”建设。金山银山与绿水青山交相辉映应该是我们研究所真正要解决的问题，也是我们的责任之所在。希望研究所的同志共同努力，搞好研究。

最后，预祝株洲市园区与县域经济研究所在株洲市委市政府的高度重视下，在有关部门的大力支持下，在株洲市社科联、社科院的正确领导下取得成果丰硕！为株洲的“四化两型”建设贡献出新的力量。

株洲市的经验
对全省社科联的发展具有借鉴意义

湖南省社科联党组成员、副主席 缪亮

株洲市社科联在理论研究、学术交流、社团建设、社科普及、成果评奖等各方面都取得了新经验、新进展、新成效。特别是近年来，在活动开展、刊物质量等方面更是走在全省乃至全国的前列。株洲市社科联所取得的成效和经验对全省社科联的发展具有借鉴意义。

当前，加快转变经济发展方式、推进“四化两型”建设是全省工作大局，株洲作为“两型社会”建设的实验区，肩负着率先发展和引领示范的历史使命。新形势、新任务为我们开创社会科学工作新局面提供了理论指导、政策支持和发展动力，同时也向我们提出了更高标准和要求。

一是要深入学习贯彻中央、省委省政府、市委市政府有关会议精神，为“十二五”时期的改革发展提供强有力的理论支持和精神动力。

二是要积极为地方经济社会发展大局服务，着力发挥“思想库”的作用。社会科学的重要使命和价值，在于为经济和社会发展提供理论依据和智力支持。我们要自觉服务于经济社会发展大局，大力开展应用对策研究和决策咨询研究，深化对重大理论和实际问题研究，推动更多的研究成果进入党委、政府决策，为党和政府决策提供有价值的建议和对策，贡献更多有远见、有创见的成果和思想智慧，切实发挥社科联“思想库”、“智囊团”的作用。

三是要继续拓展和深化社会科学普及宣传，着力提升全市干部群众人文科学素养。社会科学工作者不仅肩负着开展理论研究的咨政职责，而且承担着普及和宣传社会主义核心价值体系、党的路线方针政策、社会科学知识，提高城市文明和市民素质的重任。

四是要认识和把握规律，推进社会科学以及社科联事业的创新发展。社科联作为党领导下的人民团体，在坚持服务决策、服务人民、服务社科界方向的前提下，不断推进由依靠社团向依托社科界、依托社会的“大社科”工作格局转变，不断改进完善业务工作拓展、深化体制机制改革；组织协调各方面力量、整合理论和社会资源，不断改进完善“思想库”建设、社科人才队伍建设，以及社团管理的体制机制，推进社科联形成以人为本、全面协调和可持续发展的工作局面。

在株洲市园区与县域经济研究所挂牌仪式上的讲话

株洲市人民政府副市长 张国浩

今天，我们在湖南铁路科技职业技术学院举行株洲市园区与县域经济研究所成立、授牌仪式，标志着我省第一个市级社科专业研究所正式诞生了。这是株洲的一件盛事，也是湖南社科界的一件喜事。首先，我代表株洲市人民政府，对省社科联、省社科院各位领导、专家的到来表示热烈地欢迎，对市园区与县域经济研究所的成立表示衷心的祝贺！

株洲市成立园区与县域经济研究所，既切合株洲的实际，具有很强的现实意义；又顺应时代的发展，具有深远的战略眼光。株洲市现有9个县市区、13个工业园区。我市县域面积大，承载人口多，推进新型工业化、建设“两型社会”的难点和着力点就在于县域经济的发展。市委十届九次全会提出打好“三大战役”，园区攻坚战就是其中重中之重的一场战役。在当前转方式、调结构的大背景下，要真正把县域经济发展作为推进新型工业化、建设“两型社会”的主战场，要真正让园区成为推动经济发展的重要增长极，就必须高度重视顶层设计，就必须着力培养智慧型人才。园区与县域经济研究所作为经济社会发展战略决策咨询的社科机构，一方面可以发挥自身优势，为株洲园区与县域经济发展提供前瞻性、战略性的决策服务和进行重大问题的长期跟踪研究；另一方面，可以对接中央、省社科机构，邀请省内乃至国内知名专家为株洲园区与县域经济发展出谋划策。

我希望，株洲园区与县域经济研究所成立之后，力求在三个方面有所突破：一是在理论上要有新成果。研究所不少专家是湖南经济学研究领域的专家，长期致力于园区与县域经济的研究。成立这么一个研究所，目的就是通过整合人才资源，激发科研活力，从而凝聚理论研究和实践研究中的最新成果。二是在发展上要有新跨越。理论的源泉在于实践，理论只有同实践结合并且用于指导实践，才能转化为强大的生产力。研究所有许多成员既有很深的理论造诣，又有丰富的实践经验。推进园区与县域经济跨越发展，是成立园区与县域经济研究所的根本宗旨。三是合作上要有新平台。县域与园区经济所“七个一”的年度工作目标很科学，也很实在。要充分利用各种平台搭建，使学者们的理论成果更快地进入决策，最有效地转化为应用成果。

各位领导、各位专家、同志们，今天的成立、授牌仪式，仅仅是社科专业研究所与县市区合作的开端，今后有许多工作需要去研究和落实。无论是理论工作者，还是实践工作者，都大有作为。希望社科专业研究所切实加强与县市区的长期交流与深度合作，多出精品力作，多谋发展之策，为打好“三大战役”，推进株洲科学发展更好地发挥“思想库”和“智库”作用。

最后，祝愿株洲园区与县域研究所的明天更加美好，祝愿株洲园区与县域经济的发展又好又快！

在市社科联五届三次全委（扩大）会议上的工作报告

株洲市社科联（社科院）主席　周文杰

尊敬的各位领导、同志们：

今天，我们在这里召开市社科联五届三次全会（扩大）会议，主要任务就是总结2010年工作，安排2011年工作。省市领导对这次会议非常重视，省社科联党组成员、副主席缪亮，市人大副主任鲁立彬，市政府副市长张国浩等领导亲临会场。等下，缪主席、张市长还将作重要讲话，请大家认真贯彻落实。下面，我谨代表市社科联向大会作报告工作，请予审议。

一、2010年工作基本情况

2010年，株洲市社科联在上级主管部门的精心指导和市委市政府的正确领导下，在全体委员的共同努力和全市社科工作者的大力支持下，自身建设、学会管理、课题研究、平台搭建等各个方面都取得了长足的发展和可喜的业绩。株洲市社科联在2010年度全省14个市州社科联综合考评中名列第二（长沙第一），被评为2010年度全省社科系统先进单位，并与长沙一并在全省社科联工作会议上作典型发言。

回顾一年以来的工作，市社科联主要抓了四个方面的工作，在四个方面取得了显著的成效：

1.抓基础强保障，自身建设有了新变化。

2010年，市社科联在自身建设“硬件”方面得到了进一步加强，“软件”方面得到了进一步提升。一是社科力量不断加强。在市社科联五届二次常委会议上，基于领导干部队伍变动的实际情况和社科工作新时期发展的需要，及时调整和充实了社科联常委队伍，等下还将对13位新增社科联五届常委进行选举。在这次社科联常委调整中，把具有一定理论造诣、对社科工作热情高的具有影响力的企业家、行政事业单位的主要领导吸收到社科联队伍中来，极大增强了社科工作活力和社会渗透力。二是办公条件不断改善。2010年，社科联机关办公室和办公设施焕然一新，新增了一间办公室和一间档案室。同时，争取到了两部公车的指标购置了一台新车。

2.抓活动强影响，学会管理有了新提升。

为了适应形势发展的新需要和满足人民群众的新期待，2010年，新审批成立了经济发展研究会、心理学会。目前，全市社科类学会、协会、研究会发展到56个。通过开展不同形式的服务活动和交流活动，推进了社团活动正常开展和学会管理规范发展。一是搞好活动扩大学会影响力。2010年，在开展科普宣传和理论研讨方面，重点组织参加了四项活动：第一项活动是积极参加市委市政府组织的 “五下乡”活动。第二项活动是积极参加2010年湖南省社会科学普及宣传月活动启动式及宣传活动周。我市送展的两个整版，集中展示了株洲转变经济发展方式，促进创业就业的辉煌成就。第三项活动是以贯彻落实省委省政府关于“转方式、促‘两型’”的决定为契机，邀请中国管理科学研究院高级研究员、美国西海岸大学工商管理博士班导师刘炽隽教授来株作了题为“加快转变经济发展方式——区域经济与产业发展模式创新”的专题讲座。第四项活动是组织召开“火车头精神”座谈会。《株洲日报》在头版进行了报道，还辟专版大篇幅刊登与会者发言。株洲电视台、株洲新闻网等主流媒体也进行了报道。这些重大活动，都得到了全市社科类学会、协会、研究会的鼎力支持和积极参与，极大地提升了社科工作的影响力。二是完善制度增强学会约束力。在全市社科类学会秘书长会议上，大家交流和探讨了做好学会工作的一些启示和体会，对《株洲市社科联学会管理办法（讨论稿）》进行了热烈地讨论。通过走访和调研，发现许多学会、协会、研究会的工作卓有成效，很多好经验、好做法值得推广。今后，将继续完善相关制度，进一步增强学会工作约束力。

3.抓课题强机制，理论研究有了新气象。

制定印发了《株洲市社会科学研究课题管理办法》，加强立项课题管理，确保提高课题结题率和结题优良率。2010年，课题研究出现了几个喜人的变化：县市区要求做课题的积极性很高，大中院校年轻教师立项课题较多，而且市社科联带头向省社科联申报了2项社科课题。尤为让社科工作者倍感鼓舞和振奋的是，2010年举行的株洲市第九届哲学社会科学优秀成果颁奖大会，是历届与会领导规格最高、颁发奖金额度最大的一次。市委书记陈君文，市委副书记、宣传部部长阳卫国，市人大常委会副主任鲁立彬等领导参加会议并对获奖者进行颁奖。《国有企业经营者最优报酬奖励机制研究》、《世说新语艺术研究》、《虚拟与现实——数字化时代人的生存方式》等53项优秀社科成果作者获得表彰奖励，在阳书记的直接倡议和亲自关照下，一等奖奖金由过去每项3000元提高到每项1万元。

4.抓载体强实力，社科工作有了新平台。

2010年，坚持大胆创新，与时俱进，积极开辟社科工作新平台，社科资源得到更加有效地整合。一是创办《株洲社会科学》。历经一年多的努力，《株洲社会科学》于2010年5月正式创刊。省人大常委会副主任肖雅瑜，省政协副主席、省文联主席谭仲池，中国作协副主席谭谈，省社科联党组书记、副主席周发源，省社科院党组书记、院长朱有志，市委书记陈君文，市委副书记、市长王群，市人大常委会主任姜玉泉，市政协主席刘岁文受邀担任该刊顾问，市委副书记、宣传部长阳卫国，副市长张国浩任编委会主任。目前，《株洲社会科学》已出刊四期。社会各界对《株洲社会科学》好评如潮。国家工商行政总局局长周伯华、国家新闻出版总署党组副书记、副署长蒋建国给本刊主编写来亲笔信，省委常委、长沙市委书记陈润儿专门委托秘书打来电话，对《株洲社会科学》给予充分肯定和高度评介。二是成立社科专业研究所。2010年5月，社科联原加挂牌子社科研究所经市编办批复同意更名为社科院。为此，根据国家和省社科院机构设置和工作职能情况，在全省乃至全国率先开创成立社科专业研究所的先河。经过半年多细致、周密的工作，形成了一整套规格高、职能明、影响大的专业研究所设置计划。第一个专业研究所“园区与县域经济研究所”已发文成立，今天还将举行授牌仪式，这是我省第一个市级社科专业研究所。

二、2011年工作基本思路

2011年是建党90周年、建市60周年的喜庆之年，是“十二五”发展的开局之年，做好今年工作，机遇难得，意义重大。2011年，市社科联、社科院工作的指导思想和基本思路是：坚持以邓小平理论和“三个代表”重要思想为指导，深入贯彻落实科学发展观，认真学习贯彻十七届五中全会和市委十届十一次全会精神，按照“立足社科界，面向全社会；立足株洲市，面向全省乃至全国”的总体要求，紧紧盯住“全省的领跑者，全国的领先者”的工作目标，全面实施“3332”工作思路，即抓住三个重点（办好《株洲社会科学》，成立社科专业研究所和壮大社科专家队伍），实现三个突破(一是学会管理上有突破，二是科研层次上有突破，三是决策咨询服务上有突破），做好三个常规工作（一是做好市级课题立项，二是做好社科科普宣传，三是做好机关和队伍建设），形成两种强大力量（社科联机关内部的凝聚力以及学会和社科界对社科联的向心力），不断巩固扩大社科工作良好态势，为打好“三大战役”和建设“四个株洲”发挥“思想库”、“智库”作用。

具体来说，就是做好四大方面的工作：

1.以开展“三大活动”为契机，切实强化理论武装工作力度。

一是认真开展十七届五中全会精神学习、研究活动。把学习十七届五中全会精神和市委十届十一次全会精神结合起来，采用多种形式、利用各种载体，组织全市社科界学习好、研究够十七届五中全会精神，深入做好干部群众的理论武装工作。

二是积极组织纪念建党90周年、建市60周年理论研讨活动。根据市委的统一部署安排，充分发挥社科界联系面广、辐射力强的优势，通过召开座谈会、撰写理论文章和在《株洲社会科学》、株洲社科网开辟专栏等方式，积极开展具有特色、富有成效的纪念活动，为建党90周年和建市60周年营造奋进向上、浓厚热烈的舆论氛围。

三是搞活科普宣传活动。以全省举办“科普宣传活动周”为载体，紧密结合株洲实际，科学确立科普宣传主题，积极开展集中宣传、主题报告会和科普下乡等活动，不断扩大哲学社会科学的影响力和覆盖面。

2.以打造“三大品牌”为目标，不断扩大株洲社科对外影响。

一是重点办好“一刊两网”。立足打造株洲社科理论研究的前沿阵地，力争把《株洲社会科学》办成全彩印、全覆盖、全民阅读的全国一流社科期刊。精心创建株洲市社科联、《株洲社会科学》两个网站，力争把网站办成有品位、点击率高、普及面广的知名社科类网站。

二是努力创办株洲社科论坛。适时创办株洲社会科学论坛，定期进行专场论坛活动，为机关、企事业单位学习培训服务，力求把论坛打造成市级乃至省级“学术精品”和“科普精品”平台。

三是精心开辟决策咨询直通车。紧密结合市委重大战略部署，开展调查研究，形成一批有深度、有分量的研究成果，以《社科专报》等形式向市领导及相关部门反映，为株洲经济社会科学发展提供理论依据和智力支持。

3.以完善“三种机制”为手段，充分激发社科工作活力。

一是完善社科优秀成果奖励制度。今年是株洲市社科成果评奖年，将在过去积累的经验基础上，进一步完善株洲市哲学社会科学优秀成果奖励制度，认真做好株洲市第十届哲学社会科学优秀成果评奖工作。

二是建立优秀人才激励机制。在市委市政府主要领导的高度重视下，市社科联今年正式启动株洲市首届优秀社科专家和优秀青年社科专家评选活动。将以评奖为契机，建立社科专家人才库，认真做好优秀社科专家和优秀青年社科专家的宣传、推介工作，极力发挥社科专家服务株洲经济社会发展的贡献力。

三是完善社科工作先进单位和先进工作者考评办法。今年，将加强对市级社科类学会、协会、研究会的管理，进一步规范学会资料档案，进一步加强学会经常性的沟通联系，通过推行量化的工作考核办法，建立健全社科工作先进单位和先进工作者考评体系。

4.以加强“三个建设”为重点，致力夯实社科工作基础。

一是加强县市区社科联建设。今年，将学习沿海发达地区和相邻兄弟市州成功经验，推动和指导醴陵市、天元区等县市区成立县级社科联，夯实社科工作组织基础。

二是切实抓好机关自身建设。以建设学习型党组织和开展创先争优活动为载体，进一步抓好社科联机关自身建设，不断增强机关活力，切实改进工作作风，努力提升服务能力。

三是逐步成立一批社科专业研究所。在充分发挥已成立的园区与县域经济研究所作用的同时，逐步成立新闻与传播、社会学等更多服务株洲经济社会发展的社科专业研究所，并且使其尽快成长为株洲社科主导力量和权威声音。

各位领导、同志们，回首过去，我们为创造的业绩而感到兴奋与自豪；展望未来，我们为全市社会科学事业发展的美好前景而备受鼓舞！新的一年，我们将在市委市政府的正确领导下，进一步振奋精神，开拓创新，务实工作，为实现我市社科事业大发展大繁荣，为推进我市 “四个株洲”建设作出新的更大的贡献。

03 专项工作

HUNAN ACADEMY OF SOCIAL SCIENCES YEARBOOK

科普宣传

社科评奖工作

科研组织与管理、出版工作

科普宣传

◀ 市委常委、常务副市长王志刚主持在我市举办的省社会科学普及宣传主题报告会。

▼ 省社科联党组成员、副主席黄建华，市政协副主席贺夏盛，市委党校校长聂方红等出席省社会科学普及宣传主题报告会。

举办首次社会科学咨询服务日活动

1989年10月15日，市社科联组织16个学会近400名会员上街开展社会科学咨询服务日活动，共组织600多幅宣传版画，接待800余人次市民咨询，回答各种政策、理论问题近500个，收到了很好的社会效果。

举办“哲学与文化”大型专题讲座

为了促进干部学哲学，加强社会主义教育，弘扬民族文化，市社科联、社科所于1990年7月举办了1期“哲学与文化”大型专题讲座，特邀北京大学哲学系教授、著名学者楼宇烈、叶朗、张翼星、张文儒、李士绅，北京青年政治学院教授、著名学者雷永生等来株洲讲学，作了“评趋同论”、“列宁哲学思想与苏联社会主义道路”、“中国传统文化”、“中国传统美学”等专场学术报告，受到株洲党政干部与社会科学界人士的热烈欢迎，听课者达2000多人次，岳阳石油化工总厂和湘潭钢铁厂亦有人专程冒着酷暑远道赶来听课。

举办“株洲市40年建设成就知识大奖赛”

市社科联于1991年3月至6月在全市范围内举办了“株洲市40年建设成就知识大奖赛”，这次活动由株洲玻璃厂、株洲洗煤厂、株化集团、庆云大厦、南方公司、中国人民银行株洲支行、株洲纤维水泥厂、硬质合金厂、市交通局、市建委等10家协办，市社科界10多个学会参与撰题。历时4个多月，经过策划准备、征题编卷、审卷制卷、阅卷评卷等阶段，最后从7502份有效卷中评出一等奖3名、二等奖10名、三等奖100名。

组织“株洲市社会主义市场经济法律法规咨询服务日”活动

1996年5月18日，市社科联组织举办了“株洲市社会主义市场经济法律法规咨询服务日”活动。市法学会、检察学会、工商行政管理学会、税务学会、审计学会、行政法学会、金融学会、劳动学会、财政学会、女检察官协会等10多个学会200多名会员，在市中心广场开展了咨询活动。据不完全统计，这次咨询日活动散发各种法律法规宣传资料近万份，接待咨询千余人次。

开设“观察与思考”电台节目

1998年9月，市社科联与株洲广播电台联合策划开办了“观察与思考”节目，共播出7期。节目围绕再就业、教育改革、市民素质等热点问题，对社科界专家学者进行专访。专家学者访谈既提出问题，又分析原因；既提出正确认识的思维方法，又指出解决问题的具体途径，节目播出后收到了良好的社会效果。

举办“坚持唯物论，反对伪科学”学术报告会

1999年，市社科联与市直机关党委、市委宣传部联合举办了“坚持唯物论，反对伪科学”专题学术报告会，市直机关各单位负责人、各大中型企业宣传部以及各大中专院校的负责人和从事宣传理论工作的同志近300人参加了学术报告会。

开展科普下乡活动

2000年10月17日，市社科联在株洲市群丰镇举办了“株洲市首届社会科学科普下乡活动”，全市社科类20多个学会、协会、研究会近40名理论工作者和实际工作者参加了这次活动。市委领导及省社科联领导均到会讲话，这项活动系全省首创。

创建科普基地

2002年，市社科联把为广大市民和农民服务作为社科科普工作的重点，创建了企业（株洲电力机车厂）、学校（株洲市二中）、农村（云田乡）3个社科科普基地。9月4日，在花木之乡——云田乡举行了3个科普基地的挂牌、授牌仪式。同时，在云田乡建立了一个“商品信息室”，安装了电脑和电子显示屏，农民足不出户就可了解全国各地的商品信息，深受当地群众欢迎。

开展企业社科普及活动

市社科联根据省委省政府《关于加强哲学社会科学普及工作意见》及湖南省“社科普及宣传月”的安排，以企业管理为重点，进一步加强了社会科学普及工作。2003年4月10日，与省委宣传部、省社科联联合举办了“现代工商企业管理与电子商务”学术报告会，株洲市部分大中型国企和民企负责人、市直机关有关单位近两百人听取了湖南商学院柳思维教授的报告。本次报告会着眼于现代管理理论、知识与实践的最新前沿，将管理科学与信息技术综合运用的最新态势加以讲解、宣传，具有新颖性和先导性。

开展“发展经济、壮大财政”主题科普咨询活动

2004年3月，为进一步贯彻落实省委省政府《关于加强哲学社会科学普及工作意见》精神，市社科联成立了“社科普及宣传月”活动领导小组，开展了以“发展经济、壮大财政”为主题的“入校、进厂、下乡”社科普及系列宣传活动。3月31日，在市中心广场举办了以财政税收为主题的板报展，拉开了科普宣传月帷幕，领导小组组长、市委副书记赵湘珍出席启动仪式并讲话。随后，在马家河镇、株洲电力机车厂、株洲工学院等单位进行了板报巡回展，新闻媒体作了全面报道，《株洲日报》开辟“发展经济、壮大财政”研讨专栏进行科普理论宣传。组织征集了13篇文章参与湖南省《社会科学普及文库——湖南财政问题研究》征文，获一等奖2项，二等奖3项，三等奖5项；组织推荐参与省首届“优秀理财专家”、“优秀理财专家”、“优秀理

财能手”评选，中国南车集团株洲电力机车厂总会计师贺文成和高新区、天元区财政局长刘运娥分获省“优秀理财专家”、“优秀理财能手”殊荣。

开展“开发人才资源，推进人才强市”主题科普宣传活动

2005年，开展了“开发人才资源，推进人才强市”为主题的社科科普宣传活动。一是组织《株洲市重点产业人才队伍建设情况的调查与思考》、《优化资源配置，发展职业教育》等10多篇论文入选《湖南省社科文库——人才创新篇》，株洲市企业工委以“实施人才兴企战略，加强企业经营者队伍建设”为题，在全省人才开发创新工作会上作典型发言。二积极参加“院士专家株洲行”有关开发人才资源、加强人才队伍建设系列活动。上海市公共行政与人力资源研究所所长、研究员沈荣华，中国人民大学劳动人事学院院长、博士生导师曾湘泉在株洲分别作题为“新世纪新阶段区域性人才战备”和“创新人才资源管理创造企业核心竞争力”的专题报告。三是借助新闻媒体宣传普及社科知识。《株洲日报》先后介绍了株洲化工集团、株洲电力机车工厂、株洲硬质合金访集团等单位开发人才资源的经验。四是围绕当前人才队伍建设中的热点问题，与市委人才办、市委政研室商定了7项指定课题、14项参考课题组织调研。

开展“弘扬科学精神，落实科学发展观”主题科普宣传活动

2006年，市社科成果评审委、市委宣传部、市科协、市社科联4家联合组织在全市开展了以“弘扬科学精神，落实科学发展观”为主题的社科科普宣传活动。承办了省委宣传部、省社科联、省科协组织的“弘扬科学精神，落实科学发展观”专题报告会，并把报告会纳入市直机关、事业单位、高校中心组学习内容。组织市直机关、有关企事业单位、大中专院校、人民团体500余人听取了由国防科技大学科技史专家朱亚宗教授作的“哲学思维——无形而巨大的科技创新资源”专题报告，获得了较好的社会反响。参与市委讲师团组织的落实科学发展观巡回讲课，为县（市）区、有关单位讲授科学发展史10余场次。开展了“弘扬科学精神，落实科学发展观”征文活动，共收到论文40余篇，择优选出了近20篇论文报省社科联，人选2006年《湖南省社科科普文库》。推荐市发改委和中国南车集团株洲电力机车有限公司参加湖南省“弘扬科学精神，落实科学发展观”座谈会，并在大会上发言。

开展“知荣知耻，和谐发展”主题科普宣传活动

2006年年底市社科联以株社评字[2006]5号下发了《2007年开展以“知荣知耻，和谐发展”为主题的社科科普宣传月活动的通知》。2007年，市社科联围绕主题开展了一系列活动。4月14日，召开社科理论界树立社会主义荣辱观座谈会；5月25日，承办湖南省社会科学普及宣传月株洲报告会，邀请中南大学行政管理学院院长李建华教授作“义利冲突与和谐——社会主义和谐社会建设的价值基础问题”报告，市区宣传部、高校、社科学会和市直有关部门共400余人参会听课；组织“知荣知耻、和谐发展”专题征文，收到论文30余篇、推荐12篇优秀论文入选《2007年湖南省社科科普文库》。

开展 “资源节约、环境友好、跨越发展”主题科普宣传活动

2009年，市社科联以“资源节约、环境友好、跨越发展”为主题，着力从四个方面开展了社会科学普及活动。一是发挥市委党校主阵地作用，进行“两型社会”建设理论宣讲，共为党校学员、有关企事业单位宣讲10余场次。二是紧贴株洲实际，组织“两型社会”改革方案解读。邀请市发改委、市“两型”办有关领导专家深入石峰区、荷塘区、株洲县、炎陵县等地进行“两型社会”建设专题宣讲。三是以《株洲社科信息》为平台，进行科普知识宣传。四是组织专题研究和征文。确定了《长株潭产业发展战略及结构调整研究》等18项课题为2009年株洲市社科立项课题，开展专题研究。同时，在全市范围组织专题征文40多篇，从中择优选送28篇入选《2009年湖南省社科科普文库》。

举行“加快转变经济发展方式”专题报告会

2010年8月20日，株洲市“加快转变经济发展方式”专题报告会在天台山庄和谐厅举行。中国管理科学研究院高级研究员、美国西海岸大学工商管理博士班导师刘炽隽教授应邀作了题为“加快转变经济发展方式——区域经济与产业发展模式创新”的专题讲座，近300名来自各企事业单位、市直机关各单位、县市区的领导干部和企业负责人聆听了报告，株洲市委副书记、宣传部部长阳卫国，市人大副主任鲁立彬参加报告会。整个报告会为期一天，上午，刘教授从中国面临的经济增长之忧、地方政府如何促进经济发展方式的转变和中部地区经济增长方式的三大选择等方面作了一堂生动的报告。下午，刘教授和与会人员举行了一次精彩的互动，对株洲加快转变经济发展方式提出了许多建设性的意见和建议。

全省“发展创新与两型湖南”专题报告会在株洲举行

全省“发展创新与两型湖南”专题报告会在株洲市委党校大礼堂如期举行。省长株潭“两型社会”建设改革试验区领导协调委员会办公室副主任陈晓红应邀作了题为“发展创新与两型湖南”的专题报告，近500名来自株洲各企事业单位、市直机关各单位、各人民团体和中央、省属在株各单位主要负责人，各市级社科类学会（协会、研究会）负责人，市区区委宣传部门和市委党校主题培训班干部聆听了报告。报告会由市委常委、常务副市长王志刚主持。

这次报告会是全省科普宣传的五大主体活动之一，由省社科普及宣传活动组委会、株洲市委主办，具体由株洲市社科联、株洲市社科院承办。参加这次报告会的领导还有：省社科联党组成员、副主席、省社科普及宣传活动组委会办公室主任黄建华，市政府副市长张国浩，市政协副主席贺夏盛，市委党校、市行政学院校（院）长聂方红。在报告会现场，株洲各社科类学会、协会、研究会摆放了七八十块展板，集中展示了近几年社科事业的繁荣新气象。

①

②

① 市社科联（院）主办的“加快转变经济发展方式”专题报告会在天台山庄和谐厅举行，市委副书记阳卫国主持会议并讲话。

② 以“发展创新与两型湖南”为主题的湖南省社会科学普及宣传启动式在长沙隆重举行，市社科联（院）主席周文杰代表全省14个市州的社科联（院）发言。

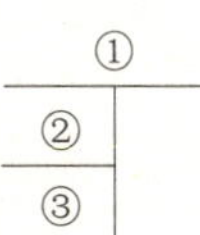

① 湖南省社会科学普及宣传主题报告会在我市隆重举行。

② 省长株潭“两型社会”建设改革试验区领导协调委员会办公室副主任陈晓红应邀作了题为“发展创新与两型湖南”的专题报告。

③ 图为报告会现场。

社科评奖工作

一 株洲市历届哲学社会科学优秀成果一、二等奖获奖项目

届别	等级	成果名称	成果形式	作者
第一届	一等奖	中国古代商业史话	专著	龙碧秋、许人毅、龙军红
		乡镇经济法概论	教材	喻自然、吴正根、宋益多
		试论新技术革命的成因和动力	论文	胡潇、陈胜利
		从调查测验结果看加强干部理论学习的必要性	调查报告	市委讲师团、市委宣传部
	二等奖	青年创造心理与智力开发	专著	陈达专
		乡镇外贸知识	教材	刘家成、何迪平、文家禄
		市领导县体制几个理论问题的探讨	论文	王德蓉
		关于株洲市发展战略的思考	论文	董志武
		地市报纸优势论	论文	沈良桂
		以逻辑与历史相一致的辩证方法认识社会主义经济体制	论文	程为宝
		变株洲交通优势为流通优势 建设服务全国的物流中心	论文	李兆光
		从离异到回归	论文	熊罗生
		我省生猪发展决策观应有的转变	论文	徐猷美
		系统工程在长远规划中的应用	论文	王筱川
		端正党风必须发展民主	论文	陶辉武
		对山区文化发展的再认识	论文	刘芳九
		论家庭生态农业	论文	陈登高
		部委办局领导干部考核研究	论文	市委组织部
		搞活大型企业的成功尝试	调查报告	罗育常、陈建泽、陈友庚
第二届	一等奖	企业的开放带动株洲的开放	论文	程兴汉
		城郊经济学	专著	陈胜利、康心富、余小平、丁建平、陈湘等
		企业运行的新视野——企业社会学导论	专著	王德蓉等
		株洲文物名胜志	编著	曹敬庄等
		完善公平竞争条件建立企业生长机制	论文	曾维伦
		试论深化企业人事制度改革的几个问题	论文	刘气云、文闻
	二等奖	株洲发展市场经济的立体思考	论文	王汀明
		企业集团的发展方向	论文	金倜伟
		浅谈地方党委和政府在发展社会主义市场经济中的地位和作用	论文	侯林青
		加大改革力度，促进经济发展	论文	任尚仁
		唯物辩证法的“度”与实践中的最佳适度	论文	何迪平
		努力使党的组织工作为社会主义市场经济提供服务和保证	论文	袁授铭
		乐学•勤学•会学	著作	饶伟振、王继志等
		科技长入经济的必由之路	论文	陈友庚、彭建国等
		东周列国铸币单位及比价研究	论文	陈晓华
		浅谈群众自治组织在农村思想政治工作中的重要作用	论文	周协军、王伯秋等
		关于国有企业转换机制操作过程的探讨	论文	宁建业
		新闻开拓规律探	著作	沈良桂

届别	等级	成果名称	类别	作者
第三届	一等奖	改制、调整、配套、整顿 ——株洲市“百厂万人”调查研究	论文	王汀明
		老山边贫区县域经济发展探索	著作	向宋文
		资本经营：现代企业经营管理的新课题	论文	刘安民
		自学、引导、发现教学	论文	刘志明、陈玉林、张淑娥
		邓小平哲学主体性思想初探	论文	陈胜利
		地方工作札记	著作	程兴汉
	二等奖	科技进步过程	论文	宁建业
		形象的寓意，有效的方法	论文	任尚仁、罗禧瑰、刘柱江
		试论经济运行效率化的理论与实践	论文	朱桂生
		“湘三角”扩大对外开放途径探讨	论文	刘岁文
		加快小城镇建设是我市一项紧迫的战略任务——加快发展我市小城镇的调查与思考	论文	刘迪恺、刘朝前、朱汉钦
		过渡模式与宏观配套：劳动力市场建设的两个重要问题	论文	刘家城
		大力推行股份合作制，再上乡镇企业新台阶	论文	肖雅瑜、张伦
		论企业破产与银行信贷资产保全	论文	张业万
		论新时期组工干部的“三高标准”	论文	秦卓夫
		关于取保候审问题的几点思考	论文	夏云华
		普法教育“娃娃工程”	论文	夏文星、王志刚、袁兵秋、李建平、何田善
		新时期思想政治工作与“人民利益标准”	论文	陶辉武
		株洲市东区弱智教育实验报告	论文	黄亚萍、唐千益、言展、陈惠明、朱伯华
		炎帝神农氏——长江文明的旗帜	论文	曹敬庄
		试论建立与现代企业制度相适应的会计人事管理体制	论文	盛佑生、周自强、叶中祥
第四届	一等奖	推进资本运营优化资本结构	论文	王汀明
		艰难跨越——世纪之交沉思录	著作	吴穆
		齐梁文坛和四萧研究	专著	胡德怀
		坚持速度和效益相统一的原则	论文	程兴汉
		严格党内规矩依章依规办事	论文	颜石生
	二等奖	论我国农业增长方式的转变	论文	刘家城
		妥善处理群体性治安事件积极推国有企业改革	论文	刘益鸿、凌娅
		“普九”适宜人口双驼峰现象及对策探讨	论文	刘富喜
		关于社会风气问题的思考	论文	陈友庚
		市场经济与商品包装	著作	程为宝、张应高
		关于在社会主义市场经济条件下增强企业凝聚力的思考	论文	廖前进、任重
第五届	一等奖	商人中国——中国商人的区域风格与大智慧	著作	欧绍华
	二等奖	小学美术“开发式”素质教育模式实验研究	应用成果	王建军、丁家辉、易玲、余立琼、郭建军
		医院分配制度和人事制度改革的探索与思考	论文	刘学云
		华夏上古史研究	著作	刘俊男
		企业经营者激励约束机制新方式——对株洲市企业经营者持大股的调查	调研报告	宋益多、邓志辉、唐少青、刘青松、黄夏先
		完善和发展农业产业化	论文	陈友庚
		地方高师改革发展研究	著作	范进军
		近代中国走向现代化的阻滞与转机	论文	蒋永清
		株洲市下岗职工子女德育的现状与对策	调研报告	曾湘漳、刘祖元、郭世珍、张婷贵、孙福喜

第六届	一等奖	《科学》课程活动教学	编著	宋罗星、陈晓玲、黄伟傅、希望孙、汪波
	二等奖	发展农村经济增加农民收入的对策研究系列	论文	胡立和
		“精神服务”的实践与探讨	应用成果	邓多福、蔡基伟、黄小云、谢莹、何岳梅
		孔子思想研究	专著	陈科华
		马克思主义是科学技术学的典范	论文	彭纳揆
		学校思想政治工作研究	专著	王守猛
		论中国先进文化的本质特征	论文	何辉宇
		税务筹划理论与实务	编著	郑贵华
		包装与包装企业发展战略研究	专著	王润球
第七届	一等奖	论创新能力的内在整合	系列论文	陈若松、吴常青、姚冬梅、蔡红梅、陈艳飞
		税务文化建设探索与实践	编著	罗彪、祝卫平、孙晓廷
	二等奖	复式教学实验与实践	著作	马安健
		古典诗歌典故研究	专著	范进军
		地方高师院校教学质量管理与监控体系的改革与实践	系列论文	刘初生、黄赐英、荣光宗、蔡首生、李中奇
		企业管理辩证法的思考与应用	系列论文	陈跃、罗方凡、张宽政
		炎帝文化与炎帝陵旅游资源开发研究	系列论文	刘艳、廖建勇、欧绍华、田定湘、袁莉
		会计电算化应用研究	系列论文	李春友、胡承德、曹湘平、刘锦恒
		文化的转播与超越——论邓小平对中国传统文化的继承与发展	专著	李军林
		制度防腐论	专著	贺培育、张兆凯
第八届	一等奖	包装经济学	专著	刘建国、程为宝、王友良、田定湘、王润球
		建国初期（1949－1957）农村基层政权建设研究	专著	陈益元
		中国古代司法制度史	专著	张兆凯
	二等奖	中小学校本研究	编著	丁文平、黄怀清、丁光木、易辉、付德
		现代忧患意识论	专著	阳春乔、蔡红梅、李郴生、向青松、周小灵
		建立文学批评的立交桥	论文	肖丽君
		发展民有经济夯实和谐社会不可忽缺的微观经济基础	系列论文	陈跃
		高校思想政治工作探索	专著	何芬林
		北派山水画论研究	专著	张同标
		株洲市城市商业网点布局规划	调研报告	张公武、陈科华、杨连登、郑根成、田定湘
		现代医院文化建设与实践	编著	周伦祥、蔡基伟、黄小云、刘昕晨、唐仲秋
		当代中国社会发展的理论与实践	专著	周若辉
		思想政治教育与人的创造力培养研究	系列论文	周宏军
		中小学教师信息技术能力培训的研究	系列论文	荣曼生
		地方高校大学生廉洁教育的实践与研究	系列论文	夏云强、邹兰香、蔡红梅、傅丽华、阳春乔
		会计人员管理相关问题研究	系列论文	曹湘平

第九届	一等奖	国有企业经营者最优报酬激励机制研究	专著	侯清麟
		《世说新语》艺术研究	专著	刘伟生
		虚拟与现实——数字化时代人的生存方式	专著	周若辉
	二等奖	贫困地区脱贫致富对策研究	专著	张公武
		公共产品价格政策博弈分析	编著	易文端、顾峰、吴振先、王步云、唐代喜
		领导关系协调艺术	专著	赖建明
		EVA在我国企业绩效评价中的应用研究	专著	成蓉晖
		和文化与和谐医院建设	专著	周伦祥、蔡基伟、谢莹、黄小云
		新课标，新英语口语评价	系列论文	周亚娟、杨放、罗军、沈华、刘正芳
		高职校园文化与企业文化对接的研究与实践	系列论文	雷久相、颜莉芝、邓志革、蔡滔
		高职高专会计专业规划教材建设	编著	胡承德、肖俊斌、成蓉辉、李春友
		株洲市农村远程高等教育的开发研究	论文	钟牛平、周成良、王小青
		醴陵（板杉）方言研究	专著	言岚
		稼轩词分类研究	专著	黎修良
		自然环境与人的生存发展	编著	汪瀛
		新闻写作研究	系列论文	余习惠
		高职学院在农村人力资源开发中的作用研究	系列论文	欧彦麟
		宪法基本价值研究	专著	陈雄
		中共第一代领导集体人才组合机制研究	专著	谭炳华
第十届	一等奖	设计的因缘——中国家具设计的民族性研究	专著	胡俊红
		马克思的休闲观及其当代价值	专著	张永红
		湖南近现代法制思想史论——近现代湖南人的法制思想与法治理念	专著	张兆凯、陈雄、尚代贵、黄启昌、蔡浩明、曹霞
		科技创新及管理	系列论文	钟荣丙
		推进基层学习型党组织建设研究	调研报告	李智
	二等奖	女性学基础	编著	胡黄卿
		高分是这样炼成的	专著	刘强、宋哲、向长斌
		生态文明建设的理论与实践研究	系列论文	胡帆
		现代审美文化视野中的波希米亚精神	专著	陈卫华
		中国传统文化概论	编著	李军林
		范畴与方法：生态批评论	专著	刘文良
		茶陵红色新闻研究	专著	余习惠
		环境景观设计原理	编著	黄春华、唐飚、李昊、杨喜生、唐果、滕娇、许桂芳、李静
		平面构成	编著	吴卫、宋立新
		湖南企业体育文化发展研究	专著	曹刚
		株洲市大中专学生网络心理健康教育的研究与实践	调研报告	李正军、文春风、吴智慧、龚文霞
		高校思想政治理论课有效教学研究	专著	姚冬梅
		高职装备制造类专业群工学结合人才培养模式的改革与实践	系列论文	首珩、陈维克、唐亚平、王娟、罗友兰
		股东大会制度研究	系列论文	石纪虎
		中小企业项目投资研究	系列论文	郑明望、熊美珍、王葆琴、朱再英
		广告客户管理	编著	陈艳彩
		中国房价博弈论	专著	龙均云
		产业转移工业园	系列论文	华金科
		我国房地产税改革研究	系列论文	李晖
		医卫体制改革中基层医疗卫生机构补偿机制研究	调研报告	侯苏勤、邓文飞、刘中发、陈伟元

二 株洲市获湖南省历届哲学社会科学优秀成果评奖项目情况

届别	等级	成果名称	成果形式	作者
第一届	三等奖	为有源头活水来	著作	曹伯纯
第二届	优秀奖	人与企业共振	著作	陶辉武、任基安、陈国平等
第三届	优秀奖	运作正常有待规范——对株洲市股份制企业运作情况的调查	论文	王汀明、金倜伟、刘太平、龙松林、任尚仁等
		株洲市策记	著作	程兴汉、王汀明、陈胜利、任尚仁、康心富等
第四届	特别奖	向优化结构要效益	论文	程兴汉
	三等奖	搞好大中型企业是转变城市经济增长方式的重中之重	论文	王汀明
	优秀奖	化解不良信贷资产的研究	论文	汪其昌
第五届	特别奖	实施跨世纪全民文明素质教育工作理论与实践的思考	论文	邓德芳、黄玉成、傅普生、周康波、许志汉
	三等奖	老山边贫区县域经济发展探索	著作	向宋文
	优秀奖	社会流动与再就业工程	论文	邓玲玲
第六届	特别奖	株洲市小学生文明礼貌素质教育应用与实践	论文	邓德芳、赵湘珍、李湘怀、帅常凯、饶伟振
	二等奖	高中学生创造力开发实验	论文	张天如、唐厚睦、黄国雄、张耀华、龚锦燕
		乡镇企业经营管理方略	著作	郑升
	三等奖	知识经济与湖南跨世纪发展战略研究	著作	向世聪、向宋文
		新时期大学生素质教育的研究与探索	论文	朱小东、刘善球、吴永辉、谭　伟、田定湘
		知识经济与湖南高职教育研究	论文	张新民、曾佑庭、李超任、 杨文涛、肖伸平
		采访行为学概论	著作	熊高
	四等奖	学科动态分层教学实验研究	论文	钟莉、傅红军、王强、李少白
		冲破思想的牢笼——中国近代启蒙思潮	著作	彭平一
		新知识青年	著作	蔡典维
第七届	特别奖	发挥先进文化引导在推进工业化进程中的积极作用	论文	赵湘珍、廖雪文、赵先辉、邓锡华、谌孙爱
	三等奖	中国服饰史稿	著作	朱和平
		制度防腐论	著作	贺培育、张兆凯
		面向市场办学是新形势下大学校长的首要任务	论文	张晓琪、彭建平、田定湘、凌四立
	四等奖	商品包装新论	著作	刘建国
		网页美术设计	著作	汪田明、王建民
		湖南灾荒史研究	系列论文	杨鹏程、郑自军
第八届	二等奖	世界现代设计史	著作	朱和平
	三等奖	复式教学实验与实践	著作	马安健
		长株潭旅游资源整合探索	论文	田定湘
第九届	三等奖	中国古代司法制度史	著作	张兆凯
		供应链协调契约设计与实证研究	论文	罗定提、钟德强、刘莉、仲伟俊、李治文
		株洲市城市商业网点布局规划（2005—2020）	调研报告	张公武、陈科华、张玉成、杨连登、田定湘
第十届	二等奖	现代包装设计理论及应用研究	著作	朱和平、柯胜海、万映频、杨丹、颜艳
	三等奖	厚德博学，和而不同：当代大学办学理念与实践	著作	王汉青
	应用研究成果转化奖	大学生法治教育实效性的研究与实践	论文	周雄文、王媛清、吴四江、 周凌、张宽政、曾佑庭、 姚曙明、李谋琪、王记志、宋智敏

科研组织与管理、出版工作

开创成立市级社科专业研究所先河

2010年5月，株洲市社科联原加挂牌子社科研究所经市编办批复更名为社科院。市社科联、社科院根据国家、省有关社科机构设置和工作开展情况，经过细致、周密的工作，形成了一整套规格高、职能明、影响大的专业研究所设置计划。12月，第一个专业研究所——株洲市园区与县域经济研究所在湖南铁路科技职业技术学院正式成立，在全省乃至全国率先开创市级成立社科专业研究所先河。该研究所由市委副书记、宣传部长阳卫国，市委常委、常务副市长王志刚，省社科联巡视员刘晓敏任顾问，省社科院副院长、研究员罗波阳任名誉所长，湖南铁路科技职业技术学院院长、研究员万友根任所长。株洲市园区与县域经济研究所在市社科联、社科院直接领导下开展工作，办公室设在湖南铁路科技职业技术学院，主要职责是“七个一”的年度工作目标，即一个以上理论成果（年初由全体会议研究决定，所长或副所长牵头组织实施）；一个以上工作实践案例（由成员单位申请，并牵头组织实施）；一次务实研讨（由成员单位申请，并牵头组织实施）；一次深度考察（由成员单位申请，并牵头组织实施）；一季一情况通报（由所长召集副所长、秘书长总结后印发给全体成员）；半年一全体会议（由成员单位轮流举办）；每县市区各一次以上决策咨询或评估（可以现场或通信两种形式）。

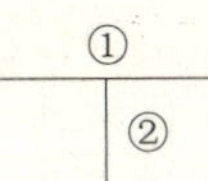

① 省社科院副院长罗波阳、省社科联副主席缪亮、株洲市人大副主任鲁立彬、株洲市市政府副市长张国浩等出席株洲市园区与县域经济研究所成立授牌仪式。

② 省社科院副院长罗波阳，株洲市市政府副市长张国浩，市社科联（院）主席周文杰，株洲市园区与县域经济研究所所长、湖南铁路科技职业技术学院院长万友根等在主席台上。

积极开展科普宣传和理论研讨活动

2010年，株洲市社科联、社科院在开展科普宣传和理论研讨方面，重点组织参加了四项活动：一是积极参加市委市政府组织的 “五下乡”活动。二是积极参加2010年湖南省社会科学普及宣传月活动启动式及宣传活动周，我市送展的两个整版，集中展示了株洲转变经济发展方式，促进创业就业的辉煌成就。三是以贯彻落实省委省政府关于“转方式、促‘两型’”的决定为契机，邀请中国管理科学研究院高级研究员、美国西海岸大学工商管理博士班导师刘炽隽教授来株作了题为“加快转变经济发展方式——区域经济与产业发展模式创新”的专题讲座。四是组织召开 “火车头精神”座谈会，《株洲日报》在头版进行了报道，还辟专版大篇幅刊登与会者发言。株洲电视台、株洲新闻网等主流媒体也进行了报道。

理论研究出现新气象

2010年，株洲市社科理论研究出现了几个喜人的变化。一是领导越来越重视社科理论研究。市第九届哲学社会科学优秀成果颁奖大会，是历届与会领导规格最高、颁发奖金额度最大的一次。市委书记陈君文，市委副书记、宣传部长阳卫国，市人大常委会副主任鲁立彬等领导参加会议并对获奖者进行颁奖。在市委副书记、宣传部长阳卫国的直接倡议和亲切关照下，一等奖奖金由过去每项3000元提高到每项1万元。二是社科工作者从事理论研究的积极性越来越高。县市区要求做课题的积极性很高，大中院校年轻教师立项课题较多，而且市社科联带头向省社科联申报了2项社科课题。三是课题管理更加规范化。2010年，制定印发了《株洲市社会科学研究课题管理办法》，加强立项课题管理，确保课题结题率和结题优良率。

成功创办《株洲社会科学》

2010年5月，株洲市社科联、社科院正式创办双月刊《株洲社会科学》。《株洲社会科学》是经湖南省新闻出版局批准，由株洲市委宣传部主管，株洲市社科联、株洲市社科院承办的人文社科内刊。《株洲社会科学》定位为全国一流社科期刊，各方面都追求高起点、高标准。省人大副主任肖雅瑜，省政协副主席、省文联主席谭仲池，中国作协副主席谭谈，省社科联党组书记、副主席周发源，省社科院党组书记、院长朱有志，市四大家一把手受邀担任该刊顾问，全国著名书法家李铎将军为该刊题写刊名，市委副书记阳卫国，市委常委、宣传部长张雄，市人民政府副市长张国浩任编委会主任，市社科联（社科院）主席、国家一级作家、湖南工大教授周文杰任主编。市委书记陈君文欣然为该刊作创刊词，他在创刊词中指出，《株洲社会科学》的创刊与问世，“势必成为株洲思想解放的先声，发扬光大株洲文化的先驱，推动株洲科学发展的先导”。该刊定位为“领导决策的参考，理论研究的阵地，社会交流的平台，对外宣传的窗口”， 把“思想性、艺术性，可读性、可研性”作为办刊的目标，力求政治性和社会性相结合，高端化和大众化相结合，以满足不同层次、不同群体读者的需求。刊物实行全彩印，每期80版左右，主要设置了 “理论纵横”、“他山之名”、“专家访谈”、“社会热点”、“科普宣传”、“文艺广场”等栏目。发行力求全覆盖，免费邮寄送达中央、省有关领导和单位，全国、省、市三级人大代表和政协委员，全市副县级以上机关事业单位党政一把手，全市有一定规模的企业负责人，各大中型公共场所和全国500多个主要城市。社会各界对《株洲社会科学》好评如潮。国家工商行政管理总局局长周伯华，国家新闻出版总署党组副书记、副署长蒋建国给本刊主编周文杰写来亲笔信，省委常委、长沙市委书记陈润儿专门委托秘书打来电话，对《株洲社会科学》给予充分肯定和高度评价。

市社科联、市社科院根据市委“保二争一”的工作目标，积极开展工作，图为2010年5月创刊的《株洲社会科学》、9月申报全国社科联第23次工作会议的有关资料。

组织撰写出版专著《企业社会学导论》

为了进一步扩大企业研究的视野，市社科联、社科所组织旨在把社会科学引入理论研究，引入企业经营管理和企业思想政治工作的学术专著的撰写工作，最后于1990年初完成，定名为《企业社会学导论——企业运行的新视野》。全书20万字，于1990年7月由广西人民出版社正式出版发行。此书从社会学角度，深入探索在治理整顿和深化改革中，企业发展前进中的许多关键问题，为我国新形势下研究企业问题打开了一片新视野，中顾委委员、中国人民大学校长、中国企业家协会会长、中国职工思想政治工作研究会副会长袁宝华为该书题词："运用马克思主义社会科学指导企业良性运行。"中国职工思想政治工作研究会副会长赵萌华为之作序，称此书是"一部开拓性探索性的新作，是企业理论研究的重要成果，读之可以启迪思想、开阔视野、推进研究，有助于企业管理和企业思想政治工作的加强"。《企业政工信息报》、《研究与探索》、《工商时报》、《株洲日报》、《劳动时报》等中央或省市报刊对此书的出版作了专门报道和介绍。北京大学、湖南师范大学等高等院校的一些著名学者及省社联、省社科院、株洲市委、株洲市政府领导都给予此书很高的评价。

编辑出版《构建和谐株洲对策研究》

为了做好理论研究与地方经济社会发展相结合的文章，进一步发挥社科联"参谋"、"智囊"作用，株洲市社科联连续四年尝试性地将每年的市级

课题重要研究成果汇编成集，先后出版了《构建和谐株洲对策研究》2005年、2006年、2007年、2008年四部专集，分别由中南大学出版社、黑龙江教育出版社出版发行。《构建和谐株洲对策研究》一书的编辑出版，既是社科联科研工作的一个汇报，又为领导和部门决策提供了有益的参考。正如市领导在序言中评价所说，《构建和谐株洲对策研究》一书"是一本思想性、理论性、实用性很强的地方发展研究方面的课题成果集，是株洲市哲学社会科学界对构建和谐株洲作出的新的贡献"。

04 重要活动

举办首届国际烟花文化研讨会

举办炎帝文化学术研讨会

承办“中国经济发展与社会进步高级研讨会”

承办长株潭经济论坛

组织开展“株洲精神”大讨论活动

株洲市园区与县域经济研究所正式成立

其 他

举办首届国际烟花文化研讨会

市社科联在'92湖南（株洲）国际烟花节期间，于9月29日至10月2日在株洲承办了国内首次国际烟花文化研讨会。参加会议的国内学者30人，日本、德国、美国等外籍专家6人。国内学者中有教授学者9人，高级工程师、副教授13人。与会专家学者围绕烟花文化的诞生、发展、演变及发展前景，进行了广泛的交流，研讨成果后形成《烟花与文化》一书公开出版发行。

举办炎帝文化学术研讨会

1993年9月27日至10月1日，海峡两岸来自北京、陕西、河北、河南、湖北、湖南及祖国宝岛台湾等省市的49位专家学者聚会株洲，举行炎帝文化学术研讨会。研讨会系经中华人民共和国文化部批准，由湖南省文物局、省民间文艺家协会、株洲市文化局、市社科联、酃县人民政府联合主办。在会上宣读或作书面发言的学术论文共33篇，专家学者们围绕“炎帝与中华文化”这个主题，从历史学、文化学、考古学、神话学、民俗学诸多方面，对炎帝文化进行了全面深入的探讨。会议期间，专家学者们专程前往酃县祭拜了炎帝陵。与会学者一致认为，炎帝文化是长江文化的旗帜，是中华文化的源头；炎帝文化对中华文化起到了开创性、奠基性作用和长远影响；炎帝确实葬于株洲酃县。两岸学者纷纷表示：研究炎帝文化，就是要弘扬炎帝精神，加强民族团结，振兴中华，实现祖国统一大业。

承办“中国经济发展与社会进步高级研讨会”

1999年5月15日至17日，由中国社会科学院经济研究所主办、株洲市社科联承办的“中国经济发展与社会进步高级研讨会”在株洲召开，来自全国18个省（市）的近百名代表出席了会议。会议期间，中国社科院经济研究所于祖尧、左大培、朝韩华三位著名经济学家分别作了“当前我国宏观经济形势分析”、“国有企业改革与企业家队伍建设”、“我国对外经济形势分析”学术报告会，株洲市各党政机关、企事业单位负责同志近200人参加了学术报告会。

承办长株潭经济论坛

2002年10月29日，市社科联在天台山庄举办了“2002•长株潭经济论坛”。论坛的主题是：“高新技术产业发展与工业化”。会议期间，国务院研究室工贸司副司长陈永杰、国家计委产业所副所长胡春力应邀作了专题学术报告，对长株潭经济一体化进程提出了前瞻性意见。

组织开展“株洲精神”大讨论活动

根据市委的统一部署和安排，市社科联牵头组织了“株洲精神”表述语征集和“株洲精神”大讨论活动。2009年，市社科联组织社会各界开展“株洲精神”理论征文，优秀文章推介到有关媒体刊发，对收集到的株洲精神表述语组织相关专家进行遴选，形成了《株洲精神表述语候选条目》。2010年，组织社科界代表召开“火车头精神”座谈会，《株洲日报》在头版进行了报道，还辟专版大篇幅刊登与会者发言，株洲电视台、株洲新闻网等主流媒体也进行了报道。

株洲市园区与县域经济研究所正式成立

2010年12月，株洲市园区与县域经济研究所正式成立，在全省乃至全国开创了成立社科专业研究所的先河。2010年5月，株洲市社科联原加挂牌子社科研究所经市编办批复更名为社科院。株洲市社科联根据国家、省有关社科机构设置和工作开展情况，经过半年多细致、周密的工作，形成了一整套规格高、职能明、影响大的专业研究所设置计划。园区与县域经济研究所是成立的第一个专业社科研究所，该研究所由市委副书记、宣传部长阳卫国，市委常委、常务副市长王志刚，省社科联巡视员刘晓敏任顾问，省社科院副院长、研究员罗波阳任名誉所长，湖南铁路科技职业技术学院院长、研究员万友根任所长，湖南工业大学财经学院党委书记、教授袁莉任副所长。今后，株洲市社科联、株洲市社科院将逐步成立社会学研究所、新闻与传播研究所等专业研究所，使其尽快成长为株洲社科主导力量和权威声音。

株洲市社科界第一次代表大会召开

1980年1月7日，株洲市在成立哲学、政治经济学、科学社会主义等3个市级学会的基础上召开了社会科学界第一次代表大会，产生了第一届委员会。

① 省市领导熊清泉、覃晓光、陈君文、王群等参加社科联（院）举办的书画展。
② 株洲市社科联五届三次全委（扩大）会议会场（一）。

会议选举袁菊初为社科联主席，安义堃、王仲元、邹松柏、蒋静、高化民、乐常全、谢盛卓、钟前雪等8位同志为社科联副主席，石瑞坤为社科联秘书长。

株洲市社科界第二次代表大会召开

株洲市社会科学联合会第二次代表大会于1989年10月5日在株洲宾馆召开，市社会科学各学会、协会、研究会的代表，市社科联第一届委员会的委员以及来自全市各条战线的特邀代表共160余人出席了大会。省委宣传部副部长、省社科联党组书记刘时平，省社会科学院院长王驰应邀参加大会并讲话。市委书记曹伯纯作了题为《高举马列主义、毛泽东思想伟大旗帜，繁荣我市社会科学事业，为振兴株洲作出新贡献》的讲话。大会选举了市社科联第二届委员会；审议并通过了上一届委员会的工作报告；审议并通过了修改后的《株洲市社会科学联合会章程》；讨论了《株洲市社会科学学会、协会、研究会管理办法》；表彰奖励了株洲市社会科学优秀成果以及社会科学学会工作先进集体和先进工作者。

组织“困境、机遇、奋进”理论研讨

市社科联于1989年年底组织市内部分大中型企业厂长、党委书记和有关部门负责人及理论工作者参加“困境、机遇、奋进”专题理论研讨，市委书记曹伯纯亲自参与研讨。大家结合实际，对当前经济形势进行了客观、全面、辩证的分析，并就如何在困境中寻找和把握发展机遇开展了研讨，提出了“切实抓好产业产品结构的调整”、“采取有力措施稳定金融”、“在实行政策向国营大中型企业倾斜的同时，重视集体、个体私营经济在社会主义现代化中所起的积极作用”等合理化工作建议。

组织“中国共产党的领导与社会主义道路”理论征文

为迎接中国共产党诞生70周年，市社科联于1991年4至5月在全市范围内举办“中国共产党的领导与社会主义道路”火炬杯征文评奖活动。这次活动得到株洲冶炼厂、株洲火花塞厂的大力支持，得到全市许多政工干部与有关人士的积极响应。市领导周吉太、程兴汉、袁授铭、赵占一、邓万池、乔钟涛等亲自撰稿，组委会共收到征文263篇，最后评选出特别奖6篇、一等奖4篇、二等奖9篇、三等奖20篇。

“寻觅伟人平凡的足迹”课题考察

1991年4月，市社科联组织3名青年社科工作者，组成“寻觅伟人平凡的足迹”课题考察组，沿着毛泽东当年考察湖南农民运动的路线，骑自行车考察当今改革开放中农民、农业、农村情况，历时1个月，深入株洲、醴陵、衡山、湘乡、湘潭等县（市）农村20多个村镇，召开座谈会11次，采访农民和干部131位，拍摄照片360张，行程千里，写出了两万余字的通讯及调查报告在有关报刊上发表。《湖南日报》对这次活动给予了报道。

全省地（州）市社科联工作会议在株洲召开

1991年12月12日，全省地（州）市社科联负责同志聚会株洲，共商繁荣发展我省地（州）市社会科学事业大计。省社科联党组书记肖浩辉主持会议，省社科联主席团专职成员罗小凡、贝兴亚，以及株洲市委副书记、市政协主席程兴汉，市委常委、常务副市长王汀明，市委常委、宣传部长邓万池等领导先后到会讲话。王汀明代表市委市政府介绍了株

① 株洲市社科联五届三次全委（扩大）会议会场（二）。
② 株洲市社科联五届二次常委会议。

洲重视社会科学事业的经验，市社科联负责同志汇报了株洲社科事业的发展情况，各地（州）市社科负责同志交流了工作经验。会议期间，与会人员参观了南方动力机械公司，听取了该厂党委副书记、市社联副主席邱杰雄关于企业情况和企业社科工作的介绍。

创办社会科学进修学院

1992年3月，株洲市社科联创办了社会科学进修学院，培养经济建设急需的人才。同时，与有关学院联合举办大专层次的市场营销专业、政工职称高中班等，共有学员百余人。

社科调研成果进入决策层

1995年，市社科联积极组织社科工作者参与市委市政府“搞活大中型企业”、“建立健全社会保障体系”的课题调研活动，对20多个企业进行问卷、座谈、查看报表、听汇报等调查后，起草了《关于支持在株中央、省属企业放开搞活的意见》、《关于搞活地方企业，加快建立现代企业制度的实施意见》、《关于深化城镇企业职工社会保障制度改革、完善社会保障体系的若干决定》3个文件的讨论稿，经市委市政府及有关部门修改后，以市委文件正式下发。这是株洲市社会科学调研成果直接进入决策层的一次成功尝试，省社科联发简报向全省各地（州）市进行了推介。

株洲市社科界第三次代表大会召开

1996年5月9日，株洲市社科联在西苑宾馆召开第三次代表大会。根据《株洲市社会科学联合会章程》，大会进行了换届选举工作。中共株洲市委书记程兴汉，市委副书记、市长王汀明出席大会并讲话，市委副书记肖雅瑜在大会上致贺词，市委常委、宣传部长陈国平在闭幕式上讲话，市人大、市政协有关领导出席了会议。会上表彰奖励了8名“株洲市社会科学专业突出贡献者”和一批学会工作先进单位和个人。

召开“纪念红军长征胜利60周年座谈会”

为了继承和发扬红军长征精神，市社科联在市委宣传部领导的指导下，于1996年10月22日组织召开了“纪念红军长征胜利60周年座谈会”。座谈会邀请社科理论界部分专家、学者进行座谈，与会同志从各方面阐述论证了红军长征胜利的历史意义和现实意义。市委常委、宣传部长邓德芳出席座谈会并讲话。

举办“炎帝文化与创业精神学术座谈会”。

2000年10月5日，市社科联与中华炎黄文化研究会、炎陵县人民政府在炎陵县联合举办了“炎帝文化与创业精神学术座谈会”，来自全国各地50多位领导、专家、学者参加了座谈会。

召开纪念株洲市社会科学界联合会成立20周年座谈会

2000年12月19日，召开了纪念株洲市社会科学界联合会成立20周年座谈会，市社科界的优秀代表、专家学者及老一辈社科界领导参加了会议。市委副书记邓德芳，市委常委、宣传部长赵湘珍出席会议并讲话。

① 湖南省社科联党组书记、副主席周发源率全体机关干部到我市考察。
② 周文杰主席一行到广东省韶关市考察时与该市陪同的市委常委、宣传部长李萍等合影。

社科课题首次向社会公开招标

2001年，市社科联组织开展了“迈向新的世纪，进行新的创业”的“两新”重点立项课题公开招标活动，这是该市首次将社会科学研究课题以市委市政府名义向社会公开招标。本次活动分课题征集、公开招标、调研实施、评审验收等四个阶段。市社科联拟定了13个课题，发布了公开招标公告，有近30个单位和个人前来办理课题申报，最后经过专家评选、审定，确立了《株洲市中小企业发展战略与政策支撑体系研究》、《株洲投资机制运作与对外开放研究》、《株洲县域经济发展思路与农业产业化研究》等6项立项资助课题和7项立项非资助课题，应标个人和单位如期开展了扎实的研究工作。

举办“城市与环境论坛”

2001年8月，市社科联邀请北京大学城市环境系主任、博导杨开忠教授，湖南师范大学国土资源管理学院院长朱翔等知名人士到株洲举办了3场学术报告会和1场咨询座谈会。与会专家对株洲城市形象、城市规划和城市建设进行了有益探讨，提出了很多合理建议，为领导决策“打造株洲市品牌”提供了可贵借鉴。

成立神农炎帝研究会

2001年，市社科联积极筹备成立“神农炎帝研究会”。经多次与市民政局等单位协商，对原“株洲市炎帝文化研究会”等学会进行了清理整顿；起草了《神农炎帝研究会章程》、《关于申请成立株洲市神农炎帝研究会的报告》，并发出邀请函，于10月在举办“公祭炎帝陵”活动中，隆重召开了成立大会。

株洲市社科界第四次代表大会召开

2002年6月26日，在市天台山庄召开株洲市社科联第四次代表大会，165名代表出席会议。中共株洲市委书记王汀明，市委副书记邓德芳出席大会并讲话，副市长张雄在大会上致贺词，市委常委、宣传部长赵湘珍在闭幕式上讲话。大会选举产生了株洲市社科联第四届委员会、常务委员会及主席、副主席、秘书长，邓德芳、赵湘珍、张雄等3人被聘请为市社科

科联名誉主席，邓玲玲当选为市社科联主席，柳波、李正刚、陈建泽、周雄文、孟传庆、黄玉成等6人当选为副主席。大会隆重表彰了市第五届哲学社会科学优秀成果获奖者。

补充调整社科服务功能

2003年8月22日，由市委办、市政府办联合发文，成立了株洲市哲学社会科学规划委员会，调整了市社会科学评审委员会组成人员。该“两委”办公室均设在社科联，明确了市社科联课题规划、招标、立项、社科成果评审、奖励优秀社科人才的重要工作职责。

成立株洲市科研管理工作者协会

为加强和改善对哲学社会科学事业的领导与管理，积极探索和建立符合哲学社会发展规律，与社会主义市场及经济体制相协调的科研管理体制，根据科研工作者队伍的不断发展、壮大趋势，有许多成果经验需要及时交流的需要，市社科联于2003年年底开始，与株洲工学院、株洲师范高等专科学校、湖南冶金职业技术学院等有关单位发起筹备成

① 熊清泉 贺安成书画湖南杰出党史人物作品株洲巡展现场（一）。
② 熊清泉 贺安成书画湖南杰出党史人物作品株洲巡展现场（二）。

立株洲市科研管理工作者协会，于2004年2月19日召开了成立大会。并建立了高校科研处长季度联系会议制度，定期交流社科科研管理经验，取长补短，相互促进提高，营造了发挥各自优长学科特色，整合人力资源，联合攻关重点、难点课题，成果纷呈的良好学术氛围。

学习贯彻中央3号文件

2004年4月13日，市社科联组织召开了市社科界学习贯彻中央中共《关于进一步繁荣哲学社会科学的意见》座谈会。与会代表认为，繁荣发展哲学社会科学是推进全面建设小康社会、开创中国特色社会主义事业新局面、实现中华民族伟大复兴历史进程确定的重大方针，并分别从繁荣发展哲学社会科学的历史、现实意义、在经济社会发展中重要性、贯彻落实科学发展观的必然要求、创新机制、人才培养和使用等方面进行了专题探讨。市委副书记赵湘珍到会并讲话，市委常委、宣传部长程绍光主持了座谈会。4月17日《株洲日报》发表了市委副书记赵湘珍“迎接繁荣发展哲学社会科学的春天”的专题文章；4月25日又以 “哲学社会科学具有不可替代的作用”为通栏标题专版刊发了市委常委、宣传部长程绍光等13名社科界代表学习中央3号文件的心得体会。

清理规范社团组织

2004年，市社科联按照株洲纪发（2004）31号文《株洲市清理规范社会团体和中介机构工作实施方案》和株民（2004）85号文《关于印发〈株洲市清理规范全市社会团体工作方案〉的通知》要求，历时3个月，对全市48个社科类社团进行清理规范。通过清理整顿，注销了炎帝文化研究会等5个社团，对挂靠在市劳动和社会保障局的4个学会合并为1个，株洲市物价学会、市税务学会、市国际税收研究会，借换届和成立之际对领导干部社团兼职问题进行了规范。同时，根据需要新成立了市城市经济发展促进会、株洲市国际税收研究会、社区管理研究会和市直机关党建研究会等4个社科类社团组织。

召开纪念邓小平诞辰100周年座谈会

2004年8月20日，市社科联与市委宣传联合召开了“株洲市社科理论界纪念邓小平诞辰100周年座谈会”，市委书记肖雅瑜到会并讲话。次日，《株洲日报》发表了肖雅瑜书记的重要讲话，并以专版形式刊登了部分代表发言，缅怀伟人丰功伟绩，建言献策株洲社会经济发展。

组织重点课题攻关

2005年，市社科课题研究围绕株洲“十一五”发展需要和为市委市政府提供决策依据的需要，确定了“株洲未来五年经济社会发展战略研究”等13项课题，面向社会公开招标立项，组织对策性研究。组织课题组赴市直有关部门、企业、学校及炎陵、邵东等地实地考察调研。先后召开了“炎帝文化与株洲经济互动”、“职业技术教育情况”、“株洲未来五年经济社会发展研究座谈”、“株洲体育事业发展情况”、“民营企业家座谈”等小型座谈会。《株洲未来五年经济社会发展战略研究座谈会观点综述》等两篇文章在市委《领导内参》刊发。9月份，13项课题均完成专题报告，年底成果集《构建和谐株洲对策研究》一书由中南大学出版社正式出版。市社科联承担了株洲市“十一五”规划重点

熊清泉、陈君文等为“熊清泉 贺安成书画湖南杰出党史人物作品株洲巡展”开幕式醒狮点睛。

课题《关于株洲资本市场的发展》的调研任务，成果获二等奖；参加了市政府组织的株洲中介机构脱钩改制情况调查并参与起草了《株洲市政府关于规范发展中介机构的若干意见》。

株洲市社科界第五次代表大会召开

2008年5月9日，在市天台山庄召开株洲市社科联第五次代表大会，117名代表出席会议。省社科联党组成员、副主席刘晓敏，市委常委、宣传部长阳卫国，市人大常委会副主任鲁立彬，副市长张国浩出席开幕式；开幕式由副市长张国浩主持，省社科联副主席刘晓敏、市委常委、宣传部长阳卫国作重要讲话。大会选举产生了株洲市社科联第五届委员会、常务委员会及主席、副主席、秘书长，刘建洲当选为市社科联主席，陈建光、郭燕等5人当选为副主席，专职副主席由一名增设为两名。大会隆重表彰了市第八届哲学社会科学优秀成果获奖者、一批市社科先进学会、科研管理先进单位和学会个人。

召开学习中共中央政治局常委李长春同志重要文章座谈会

2009年1月13日，市社科联组织召开学习中共中央政治局常委李长春同志重要文章《深入学习实践科学发展观，推动社会主义文化大发展大繁荣》座谈会，来自市直机关、高校、县区等10多家单位的领导和专家参加了会议。与会人员紧密结合株洲实际，从如何改革和完善文化体制机制、把握社会主义核心价值体系、推进文化创新、推进文化资源向基层倾斜等方面，分析株洲文化发展面临的问题，探讨株洲文化发展的方向、思路、举措，为推进株洲“文化提升”战略提供了有力的决策参考和舆论支持。

株洲市举行第九届哲学社会科学优秀成果颁奖大会

2010年5月24日，株洲市第九届哲学社会科学优秀成果颁奖大会在市委大楼一楼会议室举行，市委书记陈君文，市委副书记、宣传部长阳卫国，市人大常委会副主任鲁立彬等领导参加会议并对获奖者进行颁奖。城市四区区委宣传部负责人，有关高校科研处负责人，市社科联常委，市社科类学会、协会（研究会）负责人、秘书长，市第九届哲学社会科学优秀成果获奖作者参加了会议。会上，《国有企业经营者最优报酬奖励机制研究》、《〈世说新语〉艺术研究》、《虚拟与现实——数字化时代人的生存方式》等53项优秀社科成果作者获得表彰奖励，这届社科成果颁奖是该市历届社科成果颁奖规格最高的一次，侯清麟、刘伟生、周若辉等3位一等奖获得者，分别获得1万元奖金。

社科人物 05

HUNAN ACADEMY OF SOCIAL SCIENCES YEARBOOK

株洲市社科联（社科院）主席、副主席、常委简介

主 席 周文杰

周文杰，1965年9月生，湖南浏阳人。中共党员，大学文化。国家一级作家。湖南工业大学教授，硕士研究生导师。湖南省“五个一批”人才，湖南省青年文化名人。2001年通过全省公开选拔任株洲市文联党组书记、主席，把株洲市文联带成全国最有影响力的市级先进文联之一。2009年11月起调任株洲市社科联（株洲市社科院）主席。现任《株洲社会科学》主编，株洲市哲学社会科学规划评审委员会副主任、评审办主任，株洲市城乡规划委员会专家委员，株洲市政协港澳台侨和外事学习文史委副主任。系中国作家协会会员、中国摄影家协会会员、中国报告文学学会会员、湖南省文联委员、湖南省作协理事、湖南省社科联青年常委。

曾主持过中组部关于党员电化教育的课题研究和省级重点课题等多项，在中心核心期刊发表过理论文章多篇。先后出版个人著作7部，共计发表作品400多万字。获得湖南省政府图书奖、湖南省“五个一”工程奖等各种奖励50多次，2006年被株洲市委市政府授予“德艺双馨文艺家”称号，三次荣立二等功。

副主席 刘 宁

刘宁，汉族，河北省献县人，高级经济师，1954年4月生。现任南车株洲电力机车有限公司党委书记、副董事长。2000年湖南大学管理科学与工程专业研究生班结业，从事管理工作近30年，获中国企业联合会、中国企业家协会职业经理人资质认证。提出党群工作“引领思想观念、参与重大决策、组织宣传动员、培育优良文化、实施监督保障”五个功能定位，创造性提出并实践在构建和谐企业过程中“四个结合”的思想政治工作方法，致力于实现“四个统一”的目标。在全国、省以上刊物先后发表十余篇文章。曾获得铁道部“九五”劳动工资管理先进个人、2007年中央企业优秀思想政治工作者等多项奖励。

副主席 陈建光

陈建光，中共党员，1964年1月出生。1983年师范毕业后参加工作，1993年全日制科技哲学研究生毕业，现任株洲市社科联副主席、市委驻北汽控股特派员。近年来先后发表理论文章30余篇，曾参加《湖南省科技兴农》等3个省级科研课题，参与了《科技兴农》《不良资产经营管理》等著作的编著，主编《构建和谐株洲对策研究》、2005、2006、2007、2008四部专著。

副主席 郭 燕

郭燕，女，汉族，湖南衡山人，中共党员，1964年11月生。1982年9月考入湘潭大学经济系，获经济学学士学位。1982年7月分配到中共株洲市委宣传部工作，1991年到株洲市社科联工作，现任副主席。参与《企业运行新视野——企业社会学导论》、《为有源头活水来——株洲市企业劳动人事制度改革的实践与探索》等书的写作，在《湖南社会科学》等刊物发表数篇理论文章。

副主席
赖建明

赖建明，湖南醴陵人，1959年8月生，1978年9月考入湖南师范大学政治系，1982年7月分配到中共醴陵市委党校工作。现任中共株洲市委党校（株洲市行政学院）副校（院）长，教授；湖南省领导科学学会、行政管理学会常务理事；株洲市社科联兼职副主席；株洲神农炎帝研究会副会长；株洲市党校系统哲学社会科学研究会常务副会长；湘潭大学、湖南工业大学、省委党校等十余所高校和党校客座教授。出版了《上下级关系协调艺术》、《领导关系协调艺术》、《领导干部素质培养》等专著。在省级以上报刊及理论研讨会发表论文数十篇。负责主持省级重点社科课题6项、市级重点社科课题6项。曾获得“2004年度中国百名科学管理先进人物”、“湖南省干部教育优秀教师”、“株洲市首届‘十佳’党员教育工作者”等十多项荣誉称号。

常　委
万友根

万友根，汉族，江西南昌人，1956年11月生，中共党员。2004年在中国地质大学（武汉）科学技术史毕业获研究生学历。2006年晋升教授级研究员；历任株洲塑料五厂厂长、株洲市二轻局局长助理兼塑料三厂厂长、湖南工业大学产业处处长、办公室主任、财务处长、总会计师等。2007年4月至今，任湖南湖南铁路科技职业技术学院院长、党委副书记，并担任湖南工业大学硕士研究生导师、湖南省省情决策与咨询专家，中国职业技术教育委员会轨道交通专业委员会、高等职业教育研究会、湖南省职业教育与成人教育专家委员会委员。主持和参与多项省部级及以上课题，曾获得湖南省社科类成果一等奖。在国家、省部级刊物上公开发表学术论文40余篇；出版专著《开放条件下的经济政策与决策研究》、合著2本。多次被评为市级以上先进，2008年当选为株洲市人大代表；2009年入围湖南省首届“黄炎培杰出校长”奖。

常　委
马民杰

马民杰，汉族，湖南武冈人。1963年8月生。曾任株洲市委组织部副部长等，现任株洲市民政局党组书记、局长。1999年10月，通过公开选拔，任市人事局的党组成员、副局长。先后发表论文10多篇。曾获得“株洲市学习型领导干部先进个人”等17项省市级荣誉。

常　委
毛大训

毛大训，回族，湖南汉寿人，1960年7月生。1981年12月毕业于湖南师范大学地理系。1992年被破格评为湖南省首批中学地理高级教师。2001年11月任市教育局副局长。在管理业务期间，先后组织了全国教育工作会议，全市基础教育工作会议等重要会议、活动，推动了教育体制改革，促进了教育质量特别是高考质量的提升。2009年12月，任市教育局党委书记，围绕“办好人民满意的教育”，全力加强队伍建设，促进班子团结协作，塑造教育良好形象，开创了教育工作新局面。出版《高中地理教育与检测》等专著。

常　委
冯　光

冯光，中共党员，大学文化，1971年12月出生。2008年5月当选为市社科联第五届委员会常务委员、秘书长，现兼任学会管理科科长。先后与湖南工业大学多名教师合作课题，如《长株潭地区职业教育研究》等。2007年被评为全省社科联工作先进个人，2008年被评为全市宣传思想工作先进个人。

常　委
邓天日

邓天日，汉族，湖南炎陵县人。中共党员，大学文化，1963年6月生。1982年8月参加工作。2001年任株洲市委宣传部副部长，分管新闻、外宣工作。合撰《实效性是思想政治工作的生命之源》获省“五个一”工程奖，《如何使基层宣传思想工作“热起来”》获全省宣传系统优秀调研成果一等奖。

常　委
邓志革

邓志革，汉族，湖南攸县人，1964年10生。中共党员。教授，武汉大学硕士、湖南大学在读博士，株洲职业技术学院院长，湖南省职业院校教育教学评估咨询专家。主要从事高职教育管理、思想政治教育研究。先后承担过教育部“十一五”规划课题《校企合作办学模式下高职项目课程的开发与实践》、湖南省教育科学规划课题《基于高职学生职业素质的课程开发与建设研究》等国家级、省级课题12项。著有《职业素质研究》著作1部，主编《高职高专学生就业与创业教程》等教材3部。发表学术论文20余篇。获湖南省教学成果奖及株洲市哲学社会科学优秀成果奖各1项。先后荣获湖南省优秀共产党员、湖南省特级教师、湖南省德育标兵、株洲市十大杰出青年、株洲市劳动模范、株洲市十佳校长（书记）等称号。

常　委
邓灿烂

邓灿烂，汉族，湖南湘潭人。高级政工师1957年4月生。1985年在中南工业大学本科毕业。现任株洲冶炼集团有限公司党委副书记、纪委书记，先后从事思想政治工作二十余年，湖南省优秀组织工作者。担任湖南省思想政治工作特邀研究员，株洲市人才研究学会常务理事，株洲市劳动学会常务理事，株洲市党建研究协会常务理事。

常　委
邓恢金

邓恢金，汉族，湖南常德人。高级工程师，1957年11月生。毕业于大连铁道学院。2008年2月起，担任南车株洲电力机车研究所有限公司党委书记、副总经理。作为党政主要负责人之一，他和其他班子成员一道，成功将株洲所从一家纯事业型研究所打造成为一家销售收入过百亿的高增长态势的科技企业。曾获得“湖南省‘十佳’思想政治工作者”等多项奖励。

常　委
包万郑

包万郑，汉族，湖南安乡人。高级工程师，1963年4月出生，1983年8月参加工作。曾任湖南省电信培训中心主任、书记，湖南移动衡阳分公司任党委书记兼总经理。2007年11月至今，在中国移动通信集团湖南有限公司株洲分公司任总经理。曾先后获得湖南省劳模、首届湖南省信息产业十大杰出青年等多项荣誉。

常　委
吴　卫

吴卫，汉族，1967年生，湖南常德人。中共党员，教授，硕士生导师，清华大学美术学院设计艺术学博士。现任湖南工业大学科技处处长、湖南省包装设计艺术与技术研究基地首席专家、中国机械工程学会工业设计分会委员、湖南工业大学学术委员会委员。长期从事艺术设计、教学、科研及管理工作。在中国古代艺术设计文化和传统视觉艺术元素等领域先后发表有较高学术价值的论文40余篇，其中6篇发表于中国艺术类核心期刊《装饰》。出版学术专著和教材《中国水车——明末中国传统升水器械设计思想研究》（湖南美术出版社）、《色彩构成（图说本）》（北京理工大学出版社）、《钢笔建筑室内环境技法与表现》（中国建筑工业出版社）3部。《钢笔建筑室内环境技法与表现》在2005年度“全国建筑学与建筑设计类图书”排行榜中列入热销排行榜第10位，并多次再版。主持或参与完成多项国家级和省、地市级科研课题。获评“湖南省十佳建筑装饰之星”、“湖南省普通高校青年骨干教师”培养对象（2005）。

常 委
谷正气

谷正气，汉族，1963年生，湖南长沙人，中共党员，博士，教授，湖南大学车辆工程专业博士生导师，享受国务院特殊津贴专家。现任湖南工业大学党委委员、副校长。1994年获湖南大学工学博士学位。2000—2001年获德国克虏伯基金资助赴德国Kaiserslautern大学机械系做博士后研究，2003年1月获德国DFG基金资助再次赴德国做客座研究，历任湖南大学机械系教研室副主任、主任，系主任、副院长，常务副院长，长沙市科技局局长助理，湖南大学实验室与资产管理处处长，2008年12月调任湖南工业大学党委委员、副校长。系国家新世纪“百千万人才工程”国家级人选，交通部新世纪“十百千人才工程”第一层次人选，全国高校实验室管理研究会常务理事，湖南省汽车工程学会常务副理事长。《Vehicle Design》、《汽车工程》审稿人，国家“863”项目评审专家，国家自然科学基金面上项目评审专家。先后主持国家“863”项目，国家经贸委科技攻关项目、国家自然科学基金项目、高等学校博士学科点专项科研基金项目、教育部资优计划项目、教育部留学归国人员专项科研基金项目、人事部留学归国人员专项科研基金项目、省科技计划重点项目、省自然科学基金项目，长沙市科技局重点项目及多项企事业单位委托科技开发项目50余项，在国内外专业刊物发表学术论文100余篇，出版专著和主编教材8部，发明专利2个，实用新型专利4个。

常 委
张孝理

张孝理，湖南衡阳市人，1955年1月生。2003年获武汉科技大学工学硕士学位。2005年就读华中科技大学教育科学研究院教育博士。2004年晋升数学教授。2007年5月至2007年12月主持湖南冶金职业技术学院行政工作。2007年12月调入湖南化工职业技术学院任党委书记、院长。主要讲授《高等数序》、《工程数学》、《复变函数》、《线性代数》和《概率论与数理统计》等课程。共发表数学学术论文18篇，其中在全国中文核心期刊发表8篇，被《中国数学文摘》收录4篇。《一类脉冲时滞微分方程的周期边值问题》、Study on the Consistent well-posedness of Cauchy Problem in Linear Partial Differential Equation Group、《二阶线性微分方程求解的一个新方法》被国际著名的三大检索全文收录。主持省级课题研究2项，参与部级课题研究2项，获省级教学成果二等奖排名第一的2项，排名第二的1项，三等奖排名第二的1项。主编公开出版的数学教材5套，参编2套，主审1套。发表教育理论研究论文10余篇。

常 委
郭争鸣

郭争鸣，52岁，汉族，中共党员，湖南医学院临床医疗系毕业。湖南中医学院中西结合研究生课程班结业。2006年晋升教授。2009年12月任湖南中医药高等专科学校校长。坚持深入教学、科研一线，每年担任教学任务均在200学时左右，主持厅级以上的科研课题6项。先后主编、参编教材教参15部。在各级种类学校刊上发表科研、教学和管理论文35篇。负责主讲的《医护心理学》课程2006年被评为省级精品课程。牵头负责的基础医学教学团队获2010年省级优秀教学团队。在生理学和心理学领域中有一定的学术地位，中国中医心理学会理事，湖南省生理科学会常务理事，湖南省心理卫生协会常务理事，湖南省中西医结合学会常务理事。先后获得省市和学校各种表彰奖励30多项。

常 委
周军军

周军军，汉族，湖南临澧人，1963年1月生。大学学历，EMBA在读。现任中国南车株洲电机有限公司党委书记。履职期间，论文《基于公司战略的人力资源规划实践》获中国职工教育和职工培训协会优秀科研成果，调查报告《孔雀缘何东南飞》获铁道部政治部"优秀调研文章"。诗作多次录入《中国新诗年鉴》、《中国新诗年鉴十年精选》、《中国最佳诗选》。

常 委
金美芳

金美芳，女，汉族，上海市人。1955年1月生。1989年1月，湖南财经学校会计专业大专毕业。2000年取得会计师资格，2002年任株洲市会计学会会长。先后发表论文30余篇，获省社科联二等奖、省会计学会优秀奖。

常 委
范进军

范进军，汉族，1955年生，湖南长沙县人，中共党员，教授。现任湖南工业大学党委委员、副校长。1977年恢复高考后考入湖南师范学院中文系，1981年底分配至湘潭师专中文系工作。曾任湘潭师范学院教务处处长、院长助理等职。1997年破格晋升为汉语言文学教授。1999年7月调任株洲师范高等专科学校校长。湖南省高等学校教师高级职务学科评议组专家，湖南省社科院高级职务学科评议组专家，湖南省语言学会常务理事，中国语言学会会员。出版著作19部，其中独著8部，发表论文70余篇， 获省级教学成果奖5次，主持省级课题4个。

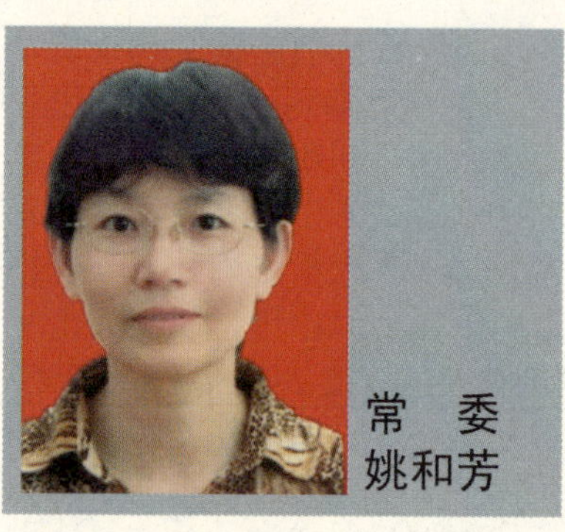
常 委
姚和芳

姚和芳，女，汉族，湖南邵东人，1965年7月生。2006年6月至今任湖南铁道职业技术学院院长，中国职业技术教育学会副会长。2005年主持建设《单片机原理与应用》国家级精品课程。主持《导入IS9001:2000，顶岗实习体制机制研究与实践》获2008年度湖南省高等教育省级教学成果一等奖。主持《国家示范性高职院校建设的研究与实践——以湖南铁道职业技术学院为例》获2010年度湖南省高等教育省级教学成果三等奖。主持《轨道交通专业群顶岗实习运行管理体系创新与实践》获第六届国家级高等教育教学成果二等奖。

常 委
曹道忠

曹道忠，汉族，湖南郴州人，1972年10月出生。2001年获医学硕士学位。2003年参加全省公开选拔县级干部考试，调至株洲县政府任副县长。2006年6月任株洲县委常委，11月兼任渌口经济开发区党委书记，2007年11月至今任县委常委、宣传部部长。出版专著1部，发表文章多篇。

常 委
谭义群

谭义群，1957年2月生。湖南株洲人。大专学历。任芦淞区委常委、宣传部部长。曾担任第8届市人大农业委员会委员。1988年获湖南省财贸办关于解决"菜篮子"工程基地建设论文二等奖，1992年撰写论文获湖南省科技厅科技进步三等奖。

株洲市社科联（社科院）历届负责人名录

<table>
<tr><th rowspan="2">届别</th><th rowspan="2">时间</th><th rowspan="2">主席</th><th colspan="2">副主席</th></tr>
<tr><th>专职</th><th>兼职</th></tr>
<tr><td>第一届</td><td>1980年1月</td><td>袁菊初</td><td colspan="2">安义堃、王仲元、邹松柏、蒋　静、高化民、乐常全、谢盛卓、钟前雪</td></tr>
<tr><td>第二届</td><td>1989年10月</td><td>石瑞坤（兼）</td><td>王德蓉</td><td>任尚仁、邱杰雄、陈胜利、李俊起、张寅南、易定祥</td></tr>
<tr><td rowspan="4">第三届</td><td>1996年5月</td><td>石瑞坤（兼）</td><td>邓玲玲</td><td rowspan="4">刘发科、任尚仁、宋益多、邱杰雄、陈胜利、盛佑生、黄玉成、曾维伦</td></tr>
<tr><td>1998年</td><td>石瑞坤</td><td rowspan="2">邓玲玲、柳　波</td></tr>
<tr><td>1999年</td><td>黄玉成（兼）</td></tr>
<tr><td>2001年</td><td>邓玲玲</td><td>柳　波</td></tr>
<tr><td rowspan="3">第四届</td><td>2002年6月</td><td>邓玲玲</td><td>柳　波</td><td rowspan="3">李正刚、陈建泽、周雄文、孟传庆、黄玉成</td></tr>
<tr><td>2003年5月</td><td>金倜伟</td><td rowspan="2">陈建光</td></tr>
<tr><td>2004年9月</td><td>刘建洲</td></tr>
<tr><td rowspan="2">第五届</td><td>2008年5月</td><td>刘建洲</td><td rowspan="2">陈建光、郭　燕</td><td rowspan="2">刘宁、金继承、赖建明</td></tr>
<tr><td>2009年11月</td><td>周文杰</td></tr>
</table>